山东省高等教育名校建设工程课程改革教材

公路施工技术

主　编　李燕飞　牟　军　任俐璇

副主编　付用坤　惠阵江　张　玮

主　审　刘　廷

黄河水利出版社

·郑州·

内 容 提 要

本书是山东省高等教育名校建设工程课程改革教材，是本着高职教育的特色，依据中央财政支持专业建设方案和山东省特色名校建设方案要求进行编写的。本书根据国家最新颁发的有关公路工程施工的标准、规范和规程编写而成，分为3个学习单元16项任务。学习单元1为施工放样，介绍了测量仪器的使用、路线中线的施工放样、横断面的施工放样等内容；学习单元2为路基施工，介绍了路基施工准备、路基填筑、路堑开挖、软土路基处理、路基防护与支挡工程施工等内容；学习单元3为路面施工，介绍了路面垫层施工、路面基层施工、沥青路面施工、水泥混凝土路面施工等内容。

本书可作为道路桥梁工程技术、公路监理、公路工程检测技术等专业的教材，也可作为交通土建类相关专业工程技术人员的参考用书。

图书在版编目(CIP)数据

公路施工技术/李燕飞，牟军，任俐璇主编. —郑州：黄河水利出版社，2015.8

山东省高等教育名校建设工程课程改革教材

ISBN 978-7-5509-1198-7

Ⅰ.①公… Ⅱ.①李… ②牟… ③任… Ⅲ.①道路施工-工程技术-高等学校-教材 Ⅳ.①U415.6

中国版本图书馆CIP数据核字(2015)第199047号

组稿编辑：王路平 电话：0371-66022212 E-mail：hhslwlp@163.com

出 版 社：黄河水利出版社

地址：河南省郑州市顺河路黄委会综合楼14层 邮政编码：450003

发行单位：黄河水利出版社

发行部电话：0371-66026940、66020550、66028024、66022620(传真)

E-mail：hhslcbs@126.com

承印单位：河南承创印务有限公司

开本：787 mm×1 092 mm 1/16

印张：15

字数：350千字 印数：1—1 000

版次：2015年8月第1版 印次：2015年8月第1次印刷

定价：33.00元

前 言

本书是依据中央财政支持提升社会服务能力重点建设专业和山东省高等教育名校建设工程重点建设专业人才培养方案和课程建设目标要求，并按照国家及行业有关公路工程施工的新规范、新标准编写完成的。在吸收有关教材和技术文献资料精华的基础上，充实了新思想、新理论、新方法和新技术；以“工学结合”为主线，以培养学生的实践动手能力为目标，不过分苛求学科的系统性和完整性，注重学生职业能力训练和综合素质培养，体现了高等职业教育的特点，突出了适用性、实践性、创新性的教材特色。

本书主要面向公路施工员岗位，培养学生在该岗位的职业能力。教材内容精炼，注重理论联系实际，突出学生技能培养，符合高职技术技能型人才培养需要。教材采用分单元（项目）编排，设置各种施工任务，提供大量工程案例，给出课后训练题，满足高职项目化教学需要。教材编写形式新颖，设置任务描述、任务分析、任务实施、知识链接、案例分析以及各种形式的课后习题，便于学生学习。

本书由山东水利职业学院主持编写工作，编写人员及编写分工如下：日照市政工程公司牟军编写学习单元1 任务 1 至任务 3；山东水利职业学院李燕飞编写学习单元 2 任务 1 至任务 6；山东临沂水利工程总公司付用坤编写学习单元 2 任务 7、任务 8；山东交通职业学院任俐璇编写学习单元 3 任务 1、任务 2；山东水利职业学院惠阵江编写学习单元 3 任务 3、任务 4；山东水利职业学院张玮编写学习单元3 任务 5。本书由李燕飞、牟军、任俐璇担任主编，李燕飞负责全书统稿；由付用坤、惠阵江、张玮担任副主编；由日照市公路局刘廷担任主审。

在本书的编写过程中参阅和借鉴了有关教材和文献，吸收了国内外众多同行专家的最新成果，其中绝大部分已在本书参考文献中列出，但也难免有遗漏，编者在此一并表示衷心的感谢！

由于本书编写时间仓促，加之编者水平有限，书中难免有欠妥之处，敬请广大读者批评指正。

编 者

2015 年 5 月

目 录

前 言
学习单元 1 施工放样 …… (1)
任务 1 测量仪器的使用 …… (1)
课后训练 …… (7)
任务 2 路线中线的施工放样 …… (8)
课后训练 …… (14)
任务 3 横断面的施工放样 …… (15)
课后训练 …… (22)
单元小结 …… (23)
学习单元 2 路基施工 …… (24)
任务 1 路基施工准备 …… (25)
课后训练 …… (28)
任务 2 路基填筑 …… (30)
课后训练 …… (52)
任务 3 路堑开挖 …… (54)
课后训练 …… (65)
任务 4 软土路基处理 …… (67)
课后训练 …… (80)
任务 5 路基防护与支挡工程施工 …… (82)
课后训练 …… (96)
任务 6 路基排水施工 …… (97)
课后训练 …… (104)
任务 7 路基季节性施工 …… (105)
课后训练 …… (109)
任务 8 路基整修与交工验收 …… (110)
课后训练 …… (115)
单元小结 …… (116)
学习单元 3 路面施工 …… (117)
任务 1 路面垫层施工 …… (117)
课后训练 …… (120)
任务 2 路面基层施工 …… (121)
课后训练 …… (149)

任务3　沥青路面施工…………………………………………………………………（151）
课后训练 ……………………………………………………………………………（185）
任务4　水泥混凝土路面施工………………………………………………………（188）
课后训练 ……………………………………………………………………………（220）
任务5　路面排水施工………………………………………………………………（222）
课后训练 ……………………………………………………………………………（227）
单元小结 ……………………………………………………………………………（227）
部分课后训练参考答案 …………………………………………………………（228）
参考文献 …………………………………………………………………………（232）

学习单元1 施工放样

【学习目标】

1. 掌握公路工程施工中水准仪、经纬仪、全站仪、全球定位系统(GPS)等测量仪器的使用方法。

2. 掌握路线中线的施工放样方法。

3. 掌握路基横断面的施工放样方法。

【学习任务】

1. 水准仪、经纬仪、全站仪、全球定位系统(GPS)的使用。

2. 公路路线控制点复测、中线恢复和竖曲线放样方法。

3. 路基边桩、边坡、路面放样方法。

【情境导入】

公路工程施工放样是利用测量技术和测量仪器设备将设计图纸上的工程构造物的平面位置和高程在实地标定出来,作为施工的依据。施工放样是公路工程施工过程中重要的一环,它贯穿工程施工全过程。在路基施工前,通过测量放样确定路线中线、路基边桩、公路用地界桩等施工位置;在施工过程中,通过测量放样对工程构造物外形几何尺寸进行控制和检测,及时修正偏差;在工程竣工后,通过测量放样对工程进行质量检查和验收。实践证明,精确测量放样能够准确地控制施工质量和节约工程成本。

公路工程施工放样的依据包括:《公路工程技术标准》(JTG B01—2014),各种构造物的施工技术规范、规程,测量规范及工程设计图纸。在放样过程中,工程设计图纸是图解控制点和工程构造物特征点之间几何关系的依据,现行的施工技术规范、规程,以及测量规范是核查放样结果精度的依据。

任务1 测量仪器的使用

【任务描述】

公路工程从施工准备、正式施工直至竣工验收,均需根据工程进度完成相应的测量工作,技术人员应熟悉水准仪、经纬仪、全站仪、全球定位系统(GPS)的使用。

【任务分析】

1. 水准仪的使用。

2. 经纬仪的使用。

3. 全站仪的使用。

4. 全球定位系统(GPS)的使用。

【任务实施】

1　水准仪的使用

1.1　水准仪的分类

水准仪按结构不同分为微倾水准仪、自动安平水准仪、激光水准仪、数字水准仪，按照工作原理不同分为电子水准仪和光学水准仪，按精度不同分为普通水准仪和精密水准仪。

我国国家标准把水准仪分为 DS_{05}、DS_1、DS_3 和 DS_{10} 四个等级。DS 分别为“大地测量”和“水准仪”的汉字拼音第一个字母，其后 05、1、3、10 等数字表示该仪器的精度，即每千米往返测量高差中数的偶然中误差。DS_{05} 级和 DS_1 级水准仪称为精密水准仪，用于国家一、二等精密水准测量及地震监测。DS_3 级和 DS_{10} 级水准仪称为普通水准仪，用于国家三、四等水准测量以及一般工程水准测量。公路工程测量中一般使用 DS_3 级水准仪。

1.2　水准仪的作用

水准仪用于水准测量。水准测量是利用水准仪提供的一条水平视线，借助带有刻度的尺子，测量出两地面点之间的高差，然后根据测得的高差和已知点的高程，推断出另一个点的高程。

水准仪及水准测量原理如图 1-1 所示。

(a)水准仪

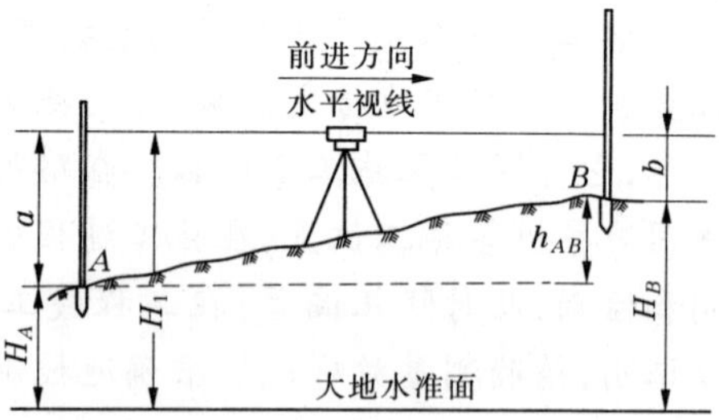

(b)水准测量原理

图 1-1　水准仪及水准测量原理

1.3　微倾水准仪的使用

微倾水准仪的使用步骤包括安置仪器、粗略整平（简称粗平）、照准、精确整平（简称精平）和读数。

1.3.1　安置仪器

安置仪器是将仪器安装在可以伸缩的三脚架上并置于两观测点之间。首先打开三脚架并使高度适中，用目估法使架头大致水平并检查脚架是否牢固，然后打开仪器箱，用连接螺旋将水准仪连接在三脚架上。

1.3.2　粗平

粗平是使仪器的视线粗略水平，利用三个脚螺旋使圆水准气泡居中。在整平过程中，气泡移动的方向与左手大拇指运动的方向一致。

1.3.3　照准

照准是将望远镜对准水准尺，进行目镜和物镜调焦，使十字丝和水准尺成像清晰，消除视差，这样才能精确地在水准尺上读数。具体操作方法如下：首先把望远镜对向远处明亮的背景，转动目镜调焦螺旋，使十字丝清晰；再松开固定螺旋，旋转望远镜，利用照门和准星瞄准水准尺，拧紧固定螺旋；转动物镜对光螺旋，使水准尺清晰地落在十字丝平面上，再转动微动螺旋，使竖丝对准水准尺；眼睛在目镜端上下微微移动，若十字丝与水准尺影像有相对移动（视差），则应重新仔细地进行物镜对光，直到读数不变。

1.3.4　精平

精平是使望远镜的视线精确水平。微倾水准仪，在水准管上部装有一组棱镜，可将水准管气泡两端，折射到镜管旁的符合水准观察窗内，若气泡居中，气泡两端的像将符合成一抛物线形，说明视线水平。若气泡两端的像不相符合，说明视线不水平。这时可用右手转动微倾螺旋使气泡两端的像完全符合，仪器便可提供一条水平视线，以满足水准测量基本原理的要求。

1.3.5　读数

读数是用十字丝截读水准尺上的数值。无论使用的水准仪是正像或是倒像，读数总是由注记小的一端向大的一端读出。先估读毫米级读数，后报出全部读数。通常读数保留四位数。

1.4　精密水准仪的使用

精密水准仪与一般 DS_3 水准仪基本相同，不同之处是精密水准仪是采用光学测微器测出不足一个分格的数值并与高精度水准标尺配套使用。作业时，先转动微倾螺旋，使望远镜视场左侧的符合水准管气泡两端的影像符合，保证视线水平。再转动测微轮，使十字丝上楔形丝精确地夹住整分划，读取该分划线读数。

1.5　自动安平水准仪的使用

自动安平水准仪（见图1-2）与普通水准仪相比，其特点是：没有水准管和微倾螺旋，望远镜和支架连成一体；观测时，只需根据圆水准器将仪器粗平，尽管望远镜的视准轴还有微小的倾斜，但可借助一种补偿装置使十字丝读出相当于视准轴水平时的水准尺读数。因此，自动安平水准仪的操作比较方便，有利于提高观测的速度和精度。对于自动安平水准仪，操作程序为粗平、照准和读数。

1.6　数字水准仪的使用

数字水准仪（见图1-3）与自动安平水准仪的基本原理一样，但数字水准仪能自动观测和记录，并将测量结果以数字的形式显示出来。数字水准仪是集光电、计算机和图像处理等技术为一体的高新技术产品，测量精度高、速度快，具有独立的测量功能、丰富的内置测量程序，具有统计测量误差的功能。

图1-2　自动安平水准仪

图1-3　数字水准仪

2 经纬仪的使用

2.1 经纬仪的分类

经纬仪根据度盘刻度和读数方式的不同可分为光学经纬仪和电子经纬仪，如图 1-4 所示。按精度不同可分为 DJ_{07}、DJ_1、DJ_2、DJ_6和 DJ_{10}等，DJ 分别为“大地测量”和“经纬仪”的汉语拼音的第一个字母，数字 07、1、2、6、10 表示该类仪器一测回方向观测中误差的秒数，DJ_{07}、DJ_1、DJ_2属于精密经纬仪，DJ_6、DJ_{10}属于普通经纬仪。

(a) 光学经纬仪

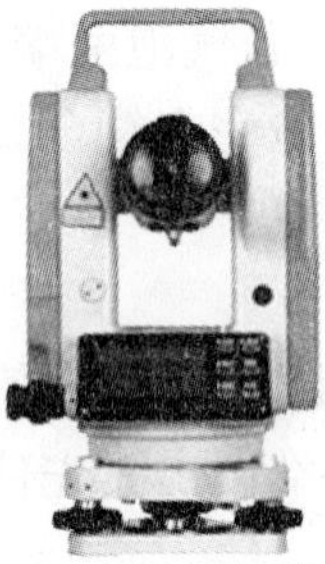

(b) 电子经纬仪

图 1-4 经纬仪

2.2 经纬仪的作用

经纬仪是进行角度测量的主要仪器，用于水平角测量和竖直角测量。另外，经纬仪具有低精度的间接测距、测定高差以及高精度定线的辅助功能。

2.3 经纬仪的使用

经纬仪的使用包括对中、整平、照准和读数四个操作步骤。

2.3.1 对中

对中方法有垂球对中法、光学对中法和激光对中法。

光学对中法的操作步骤是：目估初步对中，并使得三脚架架头大致水平；移动脚架、旋转脚螺旋使对中标志准确对准测站点的中心。

2.3.2 整平

伸缩三脚架架腿，使圆水准气泡居中，仪器粗平。然后检查对中标志是否偏离测站点标志中心，如果偏离，旋松三角架上的连接螺旋，平移仪器基座使对中标志准确对准测站点的中心，拧紧连接螺旋。转动照准部，使管水准器平行于任意一对脚螺旋，两手同时向内或向外旋转这对脚螺旋，使水准管气泡居中，将照准部绕竖轴转动 90°，旋转第三只脚螺旋，仍使气泡居中，再旋转 90°，检查气泡误差，直到小于分划线的一格。

2.3.3 照准

目镜调焦，使十字丝清晰；粗瞄目标，拧紧制动螺旋；物镜调焦，准确瞄准目标。

2.3.4 读数

电子经纬仪可在屏幕上直接读数。

3 全站仪的使用

3.1 全站仪及其作用

全站型电子速测仪简称全站仪，是一种集自动测距、测角、计数和数据自动记录及传输功能于一体的自动化、数字化及智能化的三维坐标测量与定位系统，是目前公路施工单位进行测量和放样的主要仪器。

全站仪的生产厂家很多，主要生产厂家及相应生产的全站仪系列有：瑞士徕卡公司生产的TC系列、日本TOPCN（拓普康）公司生产的GTS系列、索佳公司生产的SET系列、宾得公司生产的PCS系列、尼康公司生产的DMT系列、瑞典捷创力公司生产的GDM系列，此外还有我国南方测绘仪器公司生产的NTS系列全站仪，如图1-5所示。

图1-5　全站仪

全站仪的功能是测量水平角、竖直角和斜距，借助于机内固化的软件，具有多种测量功能，如可以计算并显示平距、高差以及镜站点的三维坐标，进行偏心测量、悬高测量、对边测量、面积计算等。

3.2　全站仪的使用

不同型号的全站仪，其具体操作方法有所不同。下面简单介绍全站仪的基本操作与使用方法。

3.2.1　水平角测量

（1）按角度测量键，使全站仪处于角度测量模式，照准第一个目标 A。

（2）设置 A 方向的水平度盘读数为 $0°00'00''$。

（3）照准第二个目标，此时显示的水平度盘读数即为两方向间的水平夹角。

3.2.2　距离测量

（1）设置棱镜常数。

（2）设置大气改正值或气温、气压值。

（3）量仪器高、棱镜高并输入全站仪。

（4）照准目标棱镜中心，按测距键，开始距离测量，测距完成显示斜距、平距和高差。

全站仪的测距模式有精测模式、跟踪模式、粗测模式三种。精测模式是最常用的测距模式，测量时间约为2.5 s，最小显示单位为1 mm；跟踪模式，常用于跟踪移动目标或放样时连续测距，最小显示单位一般为1 cm，每次测距时间约为0.3 s；粗测模式，测量时间约为0.7 s，最小显示单位为1 cm或1 mm。在距离测量或坐标测量时，可按测距模式（MODE）键选择不同的测距模式。

应注意，有些型号的全站仪在距离测量时不能设定仪器高和棱镜高，显示的高差值是全站仪横轴中心与棱镜中心的高差。

3.2.3　坐标测量

（1）设定测站点的三维坐标。

（2）设定后视点的坐标或设定后视方向的水平度盘读数为其方位角。

（3）设置棱镜常数。

（4）设置大气改正值或气温、气压值。

（5）量仪器高、棱镜高并输入全站仪。

（6）照准目标棱镜，按坐标测量键，全站仪开始测距并计算显示测点的三维坐标。

4 全球定位系统(GPS)的使用

4.1 GPS 的基本原理

全球定位系统 GPS(Global Position System)是一种可以授时和测距的空间交会定点的导航系统,可向全球用户提供连续、实时、高精度的三维位置、三维速度和时间信息。

GPS 的定位方法,若按用户接收机天线在测量中所处的状态来分,可分为静态定位和动态定位;若按定位的结果来分,可分为绝对定位和相对定位。

静态定位,即在定位过程中,接收机天线(观测站)的位置相对于周围地点而言,处于静止状态;而动态定位则正好相反,即在定位过程中,接收机天线处于运动状态,定位结果是连续变化的。

绝对定位亦称单点定位,是利用 GPS 独立确定用户接收机天线(观测站)在 WGS－84 坐标系中的绝对位置的方法。相对定位则是在 WGS－84 坐标系中确定接收机天线(观测站)与某一地面参考点之间的相对位置,或两观测站之间相对位置的方法。

4.2 GPS 在工程中的应用

大地测量、控制测量、变形测量和工程测量采用静态相对定位,精度要求不高的碎部测量可采用动态相对定位。GPS 实时动态定位(RTK)方法在公路施工中的应用越来越广泛。

公路工程的测量主要应用了 GPS 的两大功能:静态功能和动态功能。静态功能是通过接收到的卫星信息,确定地面某点的三维坐标;动态功能是通过卫星系统,把已知的三维坐标点位,实时放样在地面上。GPS－RTK 的优点是:轻便灵活,作业效率高;定位精度高,没有误差累积;全天候作业;作业自动化、集成化程度高,减少人为误差,保证作业精度。

在公路施工中,GPS 可用于隧道控制测量、特大桥控制测量,也可用于公路中线、边桩的施工放样。

4.3 GPS－RTK 的使用

GPS－RTK 的基本原理如图 1-6 所示。

以南方 S82 为例,如图 1-7 所示。GPS－RTK 由两部分组成:基准站部分和流动站部分。其操作步骤是:先启动基准站,后进行移动站操作。

4.3.1 基准站

(1)架好脚架于已知点上,对中整平;如架在未知点上,则大致整平即可。

(2)接好电源线和发射天线电缆。

(3)打开主机和电台,主机开始自动初始化和搜索卫星,当卫星数和卫星质量达到要求后(大约 1 min),主机和电台的指示灯闪烁,表示基准站差分信号开始发射。

4.3.2 流动站

(1)将流动站主机接在碳纤对中杆上,并将接收天线接在主机顶部,同时将手簿夹在对中杆的合适位置。

(2)打开主机,主机开始自动初始化和搜索卫星,当达到一定条件后,接收到基准站差分信号。

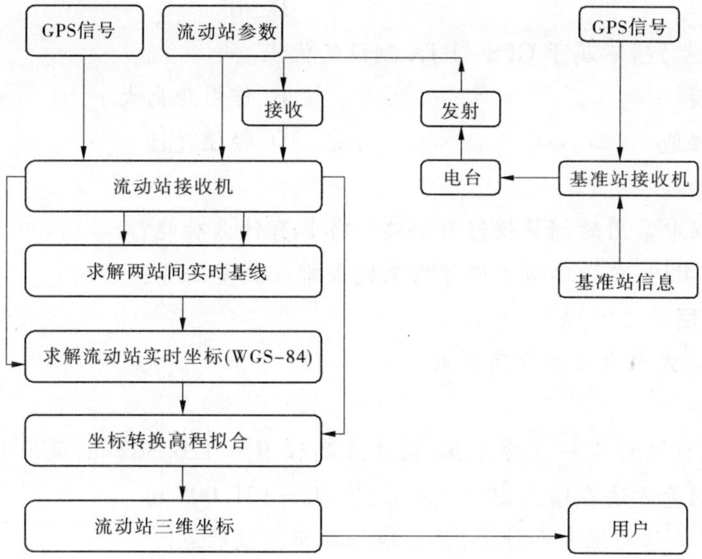

图1-6　GPS－RTK的基本原理

(3)打开手簿,启动配套软件。启动软件后,软件自动通过蓝牙和主机连通。

(4)软件和主机连通后,移动站主机自动匹配基准站发射时使用的通道。如自动搜频不成功,需要进行电台设置。

(5)在确保蓝牙连通和收到差分信号后,填写或选取工程信息,开始新建工程。

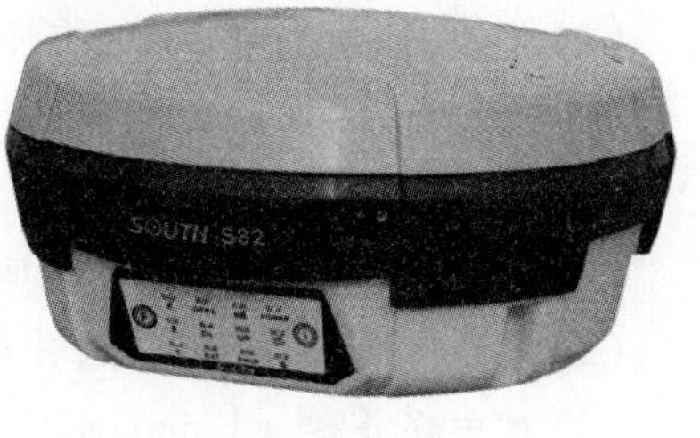

图1-7　南方S82 GPS－RTK

(6)利用控制点坐标库或校正向导进行校正。

(7)将对中杆立在需测的点上,当状态达到固定解时,利用快捷键A开始保存数据。

课后训练

一、单选题

1. 以下符合自动安平水准仪特征的是(　　)。

A. 既没有圆水准器也没有水准管　　B. 没有圆水准器

C. 既有圆水准器也有水准管　　D. 没有水准管

2. 光学经纬仪有DJ_1、DJ_2、DJ_6等多种型号,数字下标1、2、6表示(　　)中误差的值。

A. 水平角测量一测回角度　　B. 竖直方向测量一测回方向

C. 竖直角测量一测回角度　　D. 水平方向测量一测回方向

3. 根据全站仪坐标测量的原理,在测站点瞄准后视点后,方向值应设置为(　　)。

A. 测站点至后视点的方位角　　B. 后视点至测站点的方位角

C. 0°　　　　　　　　　　　　D. 90°

4. 以下(　　)项不属于 GPS - RTK 测设的优点。

A. 高精度　　　　　　　　　　B. 作用距离大

C. 实时性能　　　　　　　　　D. 轻便灵活

二、简答题

1. 公路工程中常用的测量仪器有哪些？各具有什么功能？

2. 什么是 GPS？在公路施工中可用来完成哪些测量任务？

三、实训项目

(一)用微倾式水准仪测设高程点

1. 实训任务

(1)在现场任意标定一点为 A 点，设 A 点高程 $H_A = 120.362$ m，试用 DS_3 型微倾式水准仪普通水准测量方法在墙上测设一点 B，使 $H_B = 121.005$ m。

(2)完成该工作的记录和计算，并实地标定所测设的点。

2. 实训要求

(1)严格按操作规程作业；所标定点的高程与其设计高程之差不超过 ±5 mm。

(2)计算准确、书写工整；所标定的点位正确、清晰。

(二)测回法测量三角形内角

1. 实训任务

(1)用经纬仪(或全站仪)测回法完成一个三角形三个内角的观测。

(2)完成必要记录和计算，并求出三角形内角和及其闭合差。

(3)对中误差 ≤ ±1 mm，水准管气泡偏差 < 1 格。

2. 实训要求

(1)严格按测回法的观测程序作业。

(2)记录、计算完整、清洁，字体工整，无错误。

(3)上、下半测回角值之差 ≤ ±40″。

(4)内角和闭合差 $f_{\beta允} \leq \pm 24\sqrt{n}''$。

任务2　路线中线的施工放样

【任务描述】

某公路工程进入施工准备阶段，测量员应尽快完成路线控制点复测、恢复中线等前期测量任务，以便工程如期开工。

【任务分析】

1. 平面控制点和高程控制点的复测。

2. 恢复道路中线。

3. 计算竖曲线要素，进行竖曲线施工放样。

【任务实施】

1 控制点复测

在公路设计阶段进行了中线定测之后，一般不会立即施工，在这段时间内，部分标桩可能丢失或被移动。因此，施工前必须对公路沿线的导线控制点(也简称导线点)、水准点进行复测，把决定路线位置的各测点加以恢复，以恢复公路中心线的位置。在施工准备阶段，需完成的测量任务包括：导线点和水准点复测，个别导线点、水准点固定和移动，增设导线点或水准点。

1.1 测量方法和工作要求

1.1.1 平面控制测量

平面控制测量应采用GPS测量、导线测量、三角测量或三边测量方法进行。

对控制性桩点，应进行现场交桩，并保护好交桩成果。当原测的中线主要控制桩由导线控制时，施工单位必须根据设计资料做好导线复测工作，测量成果应符合《公路勘测规范》(JTG C10—2007)要求。

1.1.1.1 平面控制测量等级

各级公路的平面控制测量等级应符合表1-1的规定。

表1-1 平面控制测量等级选用

公路等级	平面控制网等级
高速公路、一级公路	一级小三角、一级导线、四级GPS控制网
二级公路	二级小三角、二级导线
三级公路及以下公路	三级导线

1.1.1.2 导线复测精度

原有导线点不能满足施工需要时，可增设满足相应精度要求的附合导线点。同一建设项目内相邻施工段的导线应闭合，并满足同等级精度要求。对可能受施工影响的导线点，施工前应加以固定或改移，从开工至竣工验收的时间段内应保证其精度。

导线复测精度如表1-2所示。

表1-2 导线测量技术要求

测量等级	附合导线长度(km)	平均边长(m)	每边测距中误差(mm)	测角中误差(″)	导线全长相对闭合差	方位角闭合差(″)	测回数	
							DJ_2	DJ_6
一级	10	500	17	5.0	≤1/15 000	$\pm 10\sqrt{n}$	2	4
二级	6	300	30	8.0	≤1/10 000	$\pm 16\sqrt{n}$	1	3
三级	—	—	—	20.0	1/2 000	$\pm 30\sqrt{n}$	1	2

1.1.2 高程控制测量

1.1.2.1 水准测量

高程控制测量应采用水准测量或三角高程测量的方法进行。在水准测量确实有困难的地段，四、五等水准测量可以采用三角高程测量，采用三角高程测量时，起讫点应为高一个等级的控制点。

各级公路的水准测量等级应符合表 1-3 的规定。

表 1-3　水准测量等级选用

公路等级	水准测量等级	水准路线最大长度(km)
高速公路、一级公路	四等	16
二级及以下公路	五等	10

1.1.2.2　水准点复测与加密

使用设计单位设置的水准点，应仔细校核，并与国家水准点闭合，超出允许误差范围时，应查明原因并及时报告有关部门。

沿路线每 500 m 宜有一个水准点。在结构物附近、高填深挖路段、工程量集中及地形复杂路段，宜增设水准点。临时水准点应符合相应等级的精度要求，并与相邻水准点闭合。

当水准点有可能受到施工影响时，应进行处理。

公路水准点的闭合应符合表 1-4 的要求。

表 1-4　水准测量精度要求

等级	每千米高差中数中误差(mm)		往返较差、附合或环线闭合差(mm)		检测已测测段高差之差(mm)
	偶然中误差	全中误差	平原微丘区	山岭重丘区	
三等	±3	±6	$\pm 12\sqrt{L}$	$\pm 3.5\sqrt{n}$或$\pm 15\sqrt{L}$	$\pm 20\sqrt{L_i}$
四等	±5	±10	$\pm 20\sqrt{L}$	$\pm 6.0\sqrt{n}$或$\pm 25\sqrt{L}$	$\pm 30\sqrt{L_i}$
五等	±8	±16	$\pm 30\sqrt{L}$	$\pm 45\sqrt{L}$	$\pm 40\sqrt{L_i}$

注：①计算往返较差时，L 为水准点间的路线长度，km；②计算附合或环线闭合差时，L 为附合或环线的路线长度，km；③n 为测站数，L_i 为检测测段长度，km。

1.2　导线控制点的复测、补测和移位

路线中线施工放样又称为恢复中线，一般有两种方法：一是用路线控制点放样，二是用路线控制桩（交点、直圆、圆直等点）放样，这就要求在施工前对路线控制点或导线控制桩进行复测，以保证后期施工放样的精度。

1.2.1　导线控制点的复测

用导线控制点恢复公路中线，适用于高等级公路。在实际应用中，二级和二级以上公路，沿线均设有导线控制点，因此可采用控制点放样，即用坐标法恢复公路中线。

复测导线时，必须和相邻施工段的导线闭合，对有碍施工的导线点，在施工前应设护桩加以固定。

导线控制点的复测主要是检查它的坐标和高程是否正确。检测方法如下：

(1)根据导线点坐标反算转角和导线边长。

(2)实测转角和导线边长，若观测值和计算值之差满足精度要求，则认为点的平面坐标和位置是正确的。

(3)利用水准测量方法检查水准点高程,高速公路和一级公路水准点闭合差按四等水准控制,二级和二级以下公路水准点闭合差按五等水准控制,应仔细校核,并与国家水准点闭合。如果满足精度要求,则认为点的高程是正确的。

1.2.2 导线控制点的补测和移位

由于人为或其他的原因,导线控制点丢失或遭到破坏,如果为间断性丢失,可利用前方交会等方法补测该点,或采用任意测站方法补测导线控制点,补测的导线控制点原则上应在原导线控制点附近;如果为连续丢失数点,则要用导线测量的方法补测。

若将路基范围内的导线控制点移至路基范围以外,可根据移点的多少分别采用交会法或导线法,也可采用骑马桩加以保护。导线控制点的高程用水准测量或三角测量测定。

知识链接:骑马桩

骑马桩是施工放样中采用的一种护桩手段。为确定中心桩的位置,在其桩位延伸线前后各打一个护桩,在施工时中心桩被挖掉后,利用两个护桩拉线、量距使中心桩恢复,这两个护桩就叫骑马桩。

应注意,在补点时,应尽量将点位选择在路线地势较高的一侧,以免路基填土达到一定高度时影响导线控制点之间的通视。

1.3 路线控制桩的恢复与固定

路线控制桩是指路线的交点桩、转点桩和起讫点桩等对路线起控制作用的桩,如图1-8所示。为了能够有效地控制中桩的位置,需要在不易被施工损坏、便于引测和保存桩位的地方设置路线控制桩。对于低等级公路或沿线没有布设导线控制点的公路,只能采用路线控制桩来恢复公路中线。

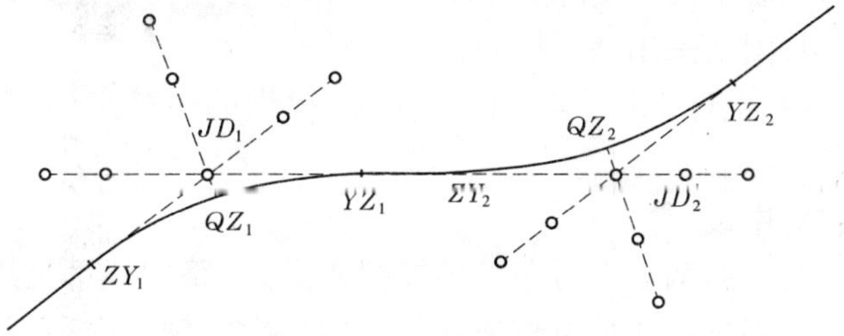

图1-8 路线控制桩

1.3.1 路线控制桩的恢复与复测

1.3.1.1 路线控制桩的恢复

当原勘测设计所钉设的交点桩和转点桩基本完好,只有个别点丢失时,可采用角度交会法,将丢失或破坏的路线控制桩恢复出来,并检测精度。

当原勘测设计所钉设的交点桩和转点桩大部分丢失时,则应根据原勘测设计的"直线、曲线和转角表",用放样已知水平角和已知长度直线的方法,放样出丢失的交点桩。

1.3.1.2 路线控制桩的复测

路线控制桩的复测主要检查其平面位置是否正确。一般有两种情况:

(1)路线控制桩本来就是由导线控制点坐标放样的,可根据放样的原始资料,按导线控制点复测的方法进行。

(2)路线两侧没有导线控制点或者施工单位没有测距仪的情况下，路线控制桩的复测在直线路段用普通钢尺量距来复测路线控制桩是否正确，曲线段可按常规的偏角法来复测桩位。

1.3.2　路线控制桩的固定

在施工过程中，随着路基施工高度的变化，有些交点桩或转点桩会被掩埋或挖掉，因此对路线的主要控制点，如交点、转点、曲线的起讫点，以及起控制作用的百米桩和加桩，应视当地的地形条件和地物情况，采用有效的方法加以固定，以便在施工时能随时利用它们来恢复或检查公路中线。通常在所需固定的桩点附近设置护桩。

加钉护桩的方法，一般是以所需固定的控制点桩为交叉点，沿两个大致相互垂直的方向，在每条方向线上，将桩点移到路基施工范围以外。路线控制桩固定后，要求做好记录并绘制草图，以供随时恢复查寻。

2　道路中线的恢复

恢复中线就是把标定路线中线位置的各点在地面上重新钉出，有时还要在平曲线上以及地形有突变或土石方成分有变化等处增钉加桩，并复核路线的长度。

路基开工前，应进行全段中线放样并固定路线主要控制桩，如交点、转点、曲线的起讫点等。高速、一级公路宜采用坐标法进行测量放样。中线放样时，应注意路线中线与结构物中心、相邻施工段的中线闭合，发现问题应及时查明原因，进行处理。

2.1　导线控制点恢复中线

用导线控制点放样中线，放样精度能得到充分的保证，因此这种方法得到了广泛的应用，成为恢复中线的主要手段。实际应用中，二级以上公路的勘测设计，均沿线建有导线控制点作为首级控制，因此采用路线控制点放样。

根据导线控制点和设计文件中“逐桩坐标表”提供的中桩坐标，采用坐标法，将公路中线放到实地。

2.2　路线控制桩恢复中线

在低等级公路中，公路两旁没有布设导线控制点，公路中线都是用交点桩号、曲线元素标定，施工单位只能根据路线控制桩来恢复中线。中线恢复时所用公路平面设计资料主要包括路线平面图、路线固定表、直线、曲线和转角表等。施工前，当路线控制桩恢复完成后，应首先恢复直线段的施工控制桩，再恢复曲线段的施工控制桩。曲线段上应先恢复主点桩，再按照施工要求设置加桩。

在直线段上，利用已经恢复的交点桩、转点桩和路线起讫桩，利用直线定向和量距可以很方便地确定中线上施工控制桩；在曲线段上，可利用切线支距法、偏角法、坐标法等放样施工控制桩。

2.3　测量放样方法

2.3.1　传统放样方法

2.3.1.1　切线支距法

在没有全站仪的情况下，利用经纬仪和钢尺，以曲线起(终)点为直角坐标原点，计算出待放点 x、y 坐标进行放样。

2.3.1.2　偏角法

在没有全站仪的情况下，利用经纬仪和钢尺，以曲线起（终）点为极坐标原点，计算出待放点偏角 Δ 和距离 d 进行放样。

2.3.2　坐标法放样

根据设计单位布设的导线点和提供的逐桩坐标表进行放样。全站仪架设在第 n 号导线点，后视第 $n-1$ 号导线点或者第 $n+1$ 号导线点，计算出两导线点所组成的边与仪器所在点和待放点所组成的边的夹角 α 及仪器所在点和待放点之间的距离 d，利用全站仪进行放样。

2.3.3　GPS－RTK 技术放样

GPS 载波相位差分技术又称为 RTK 技术，是将两个测站的载波相位进行实时处理，及时解算出观测点的三维坐标或地方平面直角坐标，并达到厘米级的精度。观测时基准站通过数据链实时将其载波相位观测量及基准站坐标信息一同转送给流动站。流动站接受 GPS 卫星的载波相位和来自基准站的载波相位，并组成相位差分观测值进行实时处理，解算出厘米级的定位结果。

GPS－RTK 技术用于公路中线的施工放样，有别于全站仪或其他传统放样方法，这种方法简单实用，不受地形条件的限制，能高精度、快速测设出中线上各里程桩位置。

3　竖曲线的施工放样

纵断面施工放样时，放样的关键在于确定各里程桩号的高程。当待放点在直线段上，可很方便地放样出坡度高程。当待放点在竖曲线上，确定该点设计高程有两种方法：一是在路基设计表或纵断面图上直接查得中桩设计高程；二是根据纵断面设计资料，计算出待放点设计高程。

如图 1-9 所示，根据边坡方向的不同，竖曲线分为凸形和凹形两种。

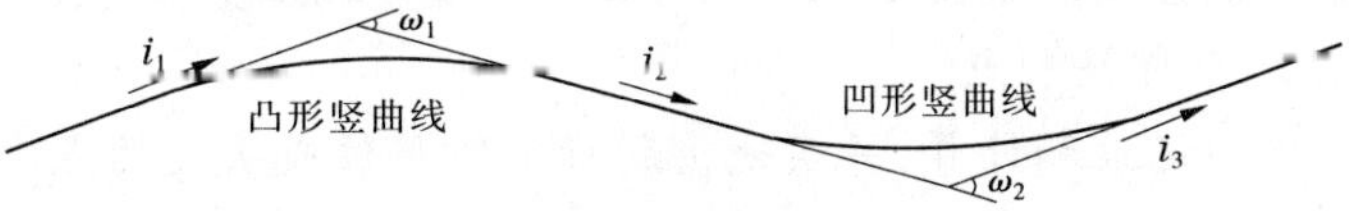

图 1-9　竖曲线

若竖曲线半径为 R，前坡坡度为 i_1，后坡坡度为 i_2，则竖曲线的测设要素计算如下：

竖曲线的转角

$$\omega = i_1 - i_2 \tag{1-1}$$

曲线长

$$L = R\omega \tag{1-2}$$

切线长

$$T = \frac{R\omega}{2} \tag{1-3}$$

外距

$$E = \frac{T^2}{2R} \tag{1-4}$$

若已知变坡点桩号，根据上述曲线要素，可计算出竖曲线上起、终点桩号。当中桩位于竖曲线范围内时，应对其坡度高程进行修正。竖曲线计算的改正值为

$$y = \frac{x^2}{2R} \tag{1-5}$$

可得：竖曲线上中桩设计高程 = 中桩坡度高程 ± 改正值。

课后训练

一、填空题

1. 路线中线施工放样一般有两种方法：＿＿＿＿＿、＿＿＿＿＿。

2. 导线控制点的复测主要是检查它的＿＿＿＿＿和＿＿＿＿＿。

3. 恢复中线使用的测量放样方法包括：切线支距法、偏角法、＿＿＿＿＿和＿＿＿＿＿。

4. 凸形竖曲线上的中桩设计高程等于中桩坡度高程减去＿＿＿＿＿。

5. 路基施工前应全面恢复中线并固定路线主要控制桩，对于高速公路、一级公路恢复主要控制桩应采用＿＿＿＿＿法。

二、简答题

1. 路基施工前控制点复测的主要工作内容有哪些？

2. 如何固定路线控制桩？

3. 恢复中线的方法有哪些？如何恢复？

三、实训项目

（一）路线控制点坐标复测

1. 实训任务

（1）现场布置路线控制点如图 1-10 所示，若其中 1 ~ 2 点移位或丢失，应根据已知各点坐标用全站仪复测全部控制点。

（2）完成该工作的记录和计算，并实地重新标定所移位或丢失的点。

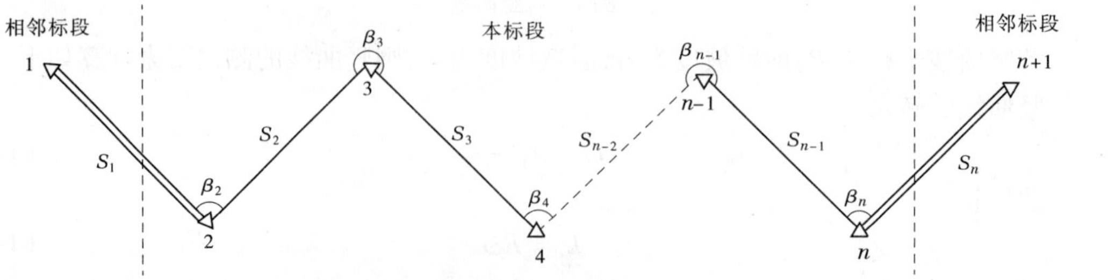

图 1-10　路线控制点

2. 实训要求

（1）严格按操作规程作业，测量精度符合要求。

（2）计算准确、书写工整，所标定的点位正确、清晰。

（二）恢复中线实训

1. 实训任务

（1）根据某公路逐桩坐标表（见表1-5），已知K0+000.000~K0+100.000中桩上各点坐标，若沿线路线控制点坐标为（10 060，9 900），试恢复道路中线。

（2）完成该工作的记录和计算，并实地重新标定中桩点。

表1-5　逐桩坐标表

序号	里程	中边桩	x坐标	y坐标	方位角
1	K0+000.000	中桩	10 021.102	9 987.286	130°08′17″
2	K0+020.000	中桩	10 008.209	10 002.576	130°08′17″
3	K0+040.000	中桩	9 995.317	10 017.866	130°08′17″
4	K0+060.000	中桩	9 982.424	10 033.156	130°08′17″
5	K0+080.000	中桩	9 969.531	10 048.445	130°08′17″
6	K0+100.000	中桩	9 956.639	10 063.735	130°08′17″

2. 实训要求

（1）严格按操作规程作业，测量精度符合要求。

（2）计算准确、书写工整，所标定的点位正确、清晰。

任务3　横断面的施工放样

【任务描述】

公路工程施工过程中，测量员应根据工程进展相继完成路基、路面施工等各阶段的横断面施工放样任务。

【任务分析】

1. 路基边桩放样。

2. 路基边坡放样。

3. 路基施工阶段各层次抄平。

4. 路面放样。

【任务实施】

1　路基边桩的放样

路基施工前，应根据中线桩和设计图表在实地定出路基的几何形状，作为施工依据。路基边桩的放样就是将每一个横断面的路基边线在地面上标定出来，即在地面上标定路基边桩（包括路堤的坡脚桩和路堑的坡顶桩）。边桩的位置由中桩沿横断面方向至边桩的距离来确定。

1.1　图解法

图解法是利用设计单位提供的图纸，直接在横断面图上量取中桩至边桩的距离，然后在实地用皮尺沿横断面方向量出相应的距离把边桩标定出来。这种方法精度不高，常用于填挖方不大的情况。

1.2 解析法

解析法是根据路基填挖高度、边坡率、路基宽度结合实际地形计算求得路基边桩至中桩的距离，然后在实地上沿横断面方向量出相应的距离将边桩标定出来。

1.2.1 平坦地段路基边桩的放样

如图 1-11(a)所示，填方路基称为路堤，路堤边桩至中桩的距离为

$$D = \frac{B}{2} + mh \tag{1-6}$$

如图 1-11(b)所示，挖方路基称为路堑，路堑边桩至中桩的距离为

$$D = \frac{B}{2} + s + mh \tag{1-7}$$

式中，B 为路基宽度；m 为边坡坡度；h 为中桩填挖高度；s 为边沟上口宽度。

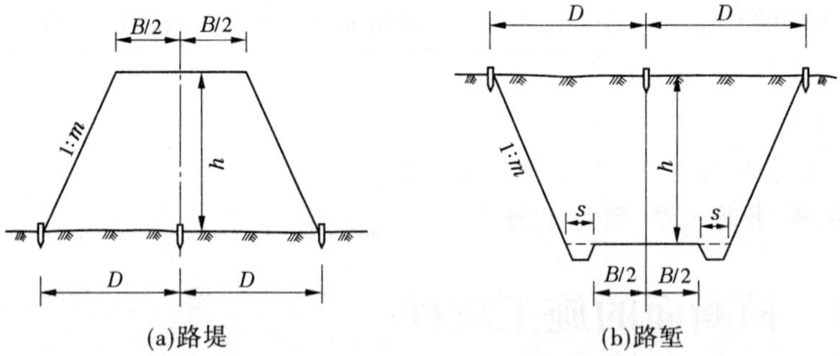

图 1-11 平坦地段路基边桩放样

1.2.2 倾斜地段路基边桩的放样

倾斜地段，边桩至中桩的距离在路基宽度、边坡坡度确定时，随地面坡度而变化。

如图 1-12(a)所示，路堤边桩至中桩的距离为

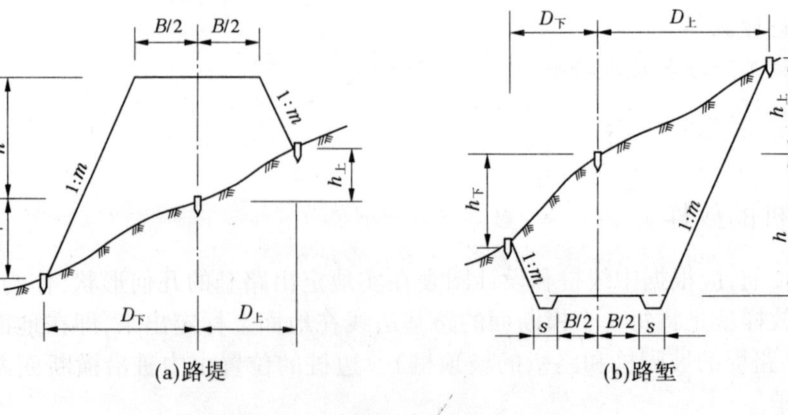

图 1-12 斜坡地段路基边桩放样

上侧

$$D_{上} = \frac{B}{2} + m(h - h_{上}) \tag{1-8}$$

下侧

$$D_{下} = \frac{B}{2} + m(h + h_{下}) \tag{1-9}$$

如图 1-12(b)所示,路堑边桩至中桩的距离为

上侧

$$D_{上} = \frac{B}{2} + s + m(h + h_{上}) \tag{1-10}$$

下侧

$$D_{下} = \frac{B}{2} + s + m(h - h_{下}) \tag{1-11}$$

式中,$h_{上}$为上侧坡脚与中桩的高差;$h_{下}$为下侧坡脚与中桩的高差。

应当指出,上述各式中$h_{上}$和$h_{下}$都是未知数,因此还不能直接计算路基边桩至中桩的距离,实际工作中,采用渐近法,在现场边测边标定。如果结合图解法,则更为简便。

2 路基边坡的放样

2.1 用挂线法放样边坡

如图 1-13 所示,O 为中桩,A、B 为边桩,CD 为路基宽度。测设时在 C、D 处竖立竹杆,在高度等于中桩填土高度 H 处 C'、D'用绳索连接,同时由 C'、D'用绳索连接到边桩 A、B 上。当路堤填土不高时,可挂一次线;当填土较高时,可分层挂线。

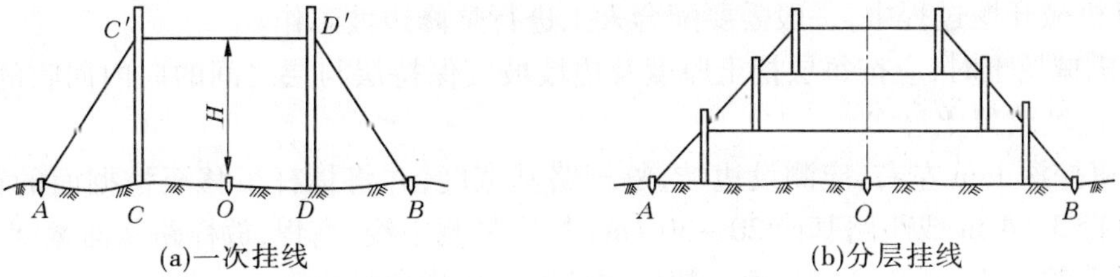

图 1-13 用挂线法放样边坡

2.2 用边坡样板放样边坡

2.2.1 用活动边坡尺测设边坡

如图 1-14(a)所示,当边坡尺的水准器气泡居中时,边坡尺的斜边所指示的坡度正好为设计坡度,可依此来指示与检验路堤的填筑或路堑的开挖。

2.2.2 用固定样板来测设边坡

如图 1-14(b)所示,在开挖路堑时,在坡顶外侧按设计坡度设立固定样板,施工时可指示并检核边坡开挖和修整情况。

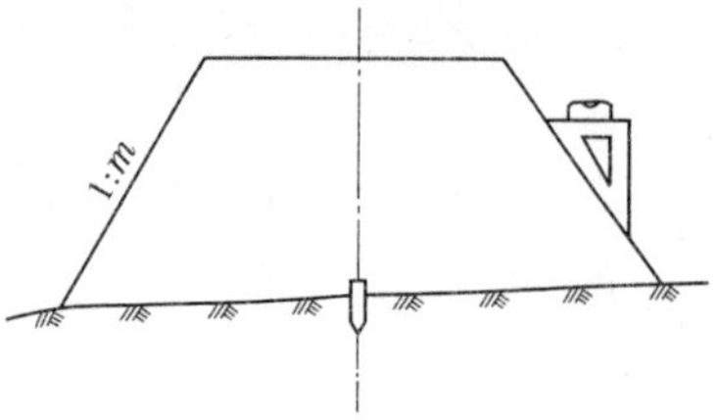

(a)活动边坡尺测设边坡

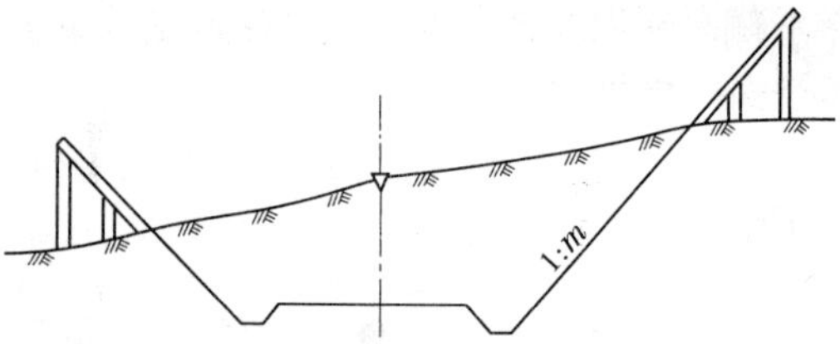

(b)固定样板测设边坡

图 1-14　用边坡样板放样边坡

2.3　机械化施工路基横断面的控制

2.3.1　路堤边坡与填高的控制方法

(1)机械填土时,应按铺土厚度及边坡坡度保持每层间正确地向内收缩一定的距离,不可按自然的堆土坡度向上填土,以避免超填而浪费土方。

(2)每填高 1 m 左右或者填至距路肩 1 m 时,要重新恢复中线、放样高程、放铺筑面边桩,用石灰显示铺筑面边线的位置,并将标杆移至铺筑面边上。

(3)距离路肩 1 m 以外的边坡,通常按设计宽度每侧多填 0.25 m 掌握;距离路肩 1 m 以内的边坡,则按稍陡于设计坡度掌握,使路基面有足够的宽度,以便整修边坡时铲除超宽的松土层后,能保证路肩部分的压实度。

(4)填至路肩标高时,应将大部分地段(填高 4 m 以下的路堤)设计标高进行实地检测;填高大于 4 m 的地段,应按土质和填高不同考虑预留沉降量,使粗平后的路基面无缺土现象。最后测设中线桩及路肩桩,抄平后计算整修工作量。

2.3.2　路堑边坡及挖深的控制方法

路堑机械开挖过程中,一般需要配合人工进行整修边坡工作。

(1)机械挖土时,应按每层挖土厚度及边坡坡度保持层与层之间的向内回收的宽度,防止挖伤边坡或留土过多。

(2)每挖深 1 m 左右,应测设边坡、复核路基宽度,并将标杆下移至挖掘面的正确边线上。每挖 3 ~ 4 m 或距路基面 20 ~ 30 cm 时,应复测中线、高程,放样路基面宽度。

按以上的做法,可及时控制填方超填和挖方超挖现象的出现。

3　路基各层次抄平

3.1　填方路基各层的抄平

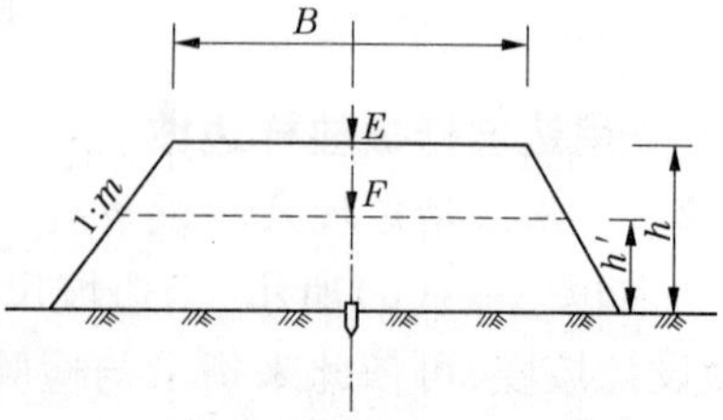

图 1-15　填方路基各层的抄平

填方路基在施工过程中是分层进行填筑的,各结构层的厚度又各不相同。这就需要在填筑之前先测定各结构层的顶面高程。如图 1-15 所示,h 为松铺厚度,h' 为压实厚度。在填筑以前需要先标定松铺厚度 E 点的位置,压实后检测 F 点高程。

3.2　直线段路基顶面的抄平

路基施工高度达到设计高程后,应检查路基中心顶面的高程及路基两侧边缘的设计高程。路面横坡度的形成,一般在路基顶面施工时就应该做成横向坡度。路基顶面的横坡和路面的横坡是一致的。

如图 1-16 所示,图(a)为路基断面图,图(b)为路基平面图。在图(b)中 A、B、C、D 为路基中线施工控制桩,E、F、G、H 和 M、N、O、P 为与路中线施工控制桩相对应的路基边桩。

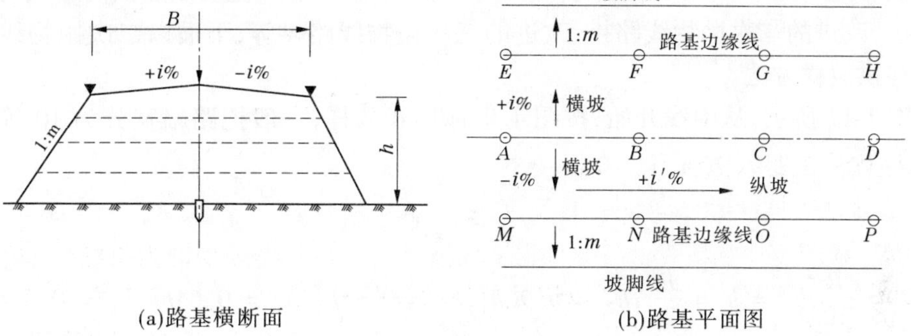

图 1-16 路基顶面抄平

路基顶面抄平时路线控制桩各点设计标高按以下方法计算:如图 1-16(b)所示,路基顶面中线上 A、B、C、D 各点施工控制桩设计标高,利用中线上已知点高程根据路线纵坡进行计算;路基顶面两侧边桩 E、F、G、H 和 M、N、O、P 各点施工控制桩设计标高,利用求得的中线控制桩设计标高根据路面横坡进行计算。

对于路基两侧的其他各点,可采用同样方法进行检查。

3.3 曲线段路基顶面的抄平

在曲线段上,由于存在超高和加宽,计算要相对复杂一点。在路基设计表中曲线段的加宽和超高值已经给出,在进行放样时只需直接引用即可。在计算路基边线上的施工检查点的高程和坐标时,为计算方便,一般是以与其对应的在同一个横断面方向上中线施工控制点的坐标和高程为基准。检查方法同直线段。

3.4 竖曲线段路基顶面设计标高的计算

在进行路线纵坡设计时,已经确定了路线起终点的设计标高和各变坡点的桩号、设计标高、竖曲线半径,根据这些资料即可计算竖曲线上任意一个中桩的设计标高。

4 路面施工放样

路面施工时,放样的精度要求比路基施工阶段放样的精度高。为了保证精度、便于测量,通常在路面施工之前,将线路两侧的导线点和水准点引测到路基上,一般设置在桥梁、通道的桥台上或涵洞的压顶石上,以避免被破坏。引测的导线点和水准点要和高一级的导线点和水准点进行附合或闭合,精度应满足一、二级导线和五等水准测量的要求。路面施工阶段的测量放样工作仍然包括恢复中线、放样高程和测量边线。

4.1 路面放样方法

路面各结构层的放样方法仍然是先恢复中线,然后由中线控制边线,再放样高程控制各结构层的标高。除面层外,各结构层横坡按直线形式放样。需要注意的是路面的加宽和超高。

4.1.1 路面边桩放样

路面边桩的放样可以先放出中线，再根据中线的位置和横断面方向用钢尺丈量放出边桩。在高等级公路路面施工中，有时不放中桩而直接根据边桩的坐标放样边桩。

4.1.2 路拱放样

路拱有抛物线形、屋顶线形和折线形等多种形式。其中，抛物线路拱的形式有二次抛物线路拱、改进的二次抛物线路拱、改进的三次抛物线路拱等，下面以二次抛物线路拱为例说明路拱放样方法。

如图 1-17 所示，从中线开始，按图示坐标形式放样，一般把路幅宽分为 10 等份。计算公式如下：

$$y = \frac{4h}{B^2}x^2 \tag{1-12}$$

可得，$B' = \frac{B}{10}, h_1 = h = \frac{B}{2}i, h_2 = 0.96h_1, h_3 = 0.84h_1, h_4 = 0.64h_1, h_5 = 0.36h_1$。

式中，x 为离中线的横向距离；y 为相应于 x 各点的竖向距离；B 为车道宽度（即路面宽）；h 为路拱高；i 为平均横坡度（%）。

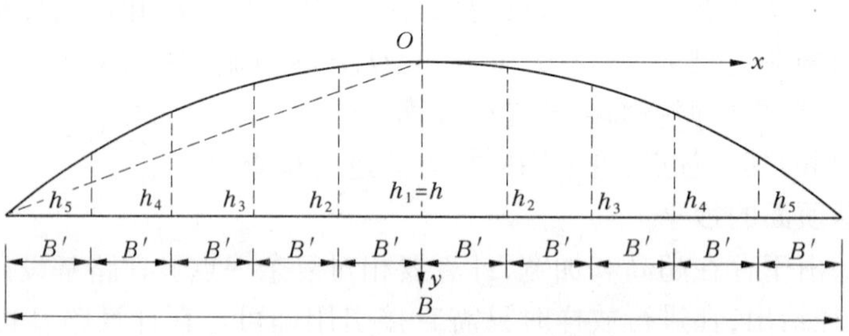

图 1-17 二次抛物线路拱放样

公路路面路拱的放样一般采用路拱样板进行，在施工过程中逐段检查。

4.2 路面放样的精度要求

路面放样的精度要求，具体可按《公路工程质量检验评定标准》(JTG F80/1—2004)执行。表 1-6、表 1-7 仅列举规范中对路面面层和水泥稳定粒料基层（底基层）放样精度要求，表中数据均为规定值或允许值。

表 1-6 路面面层放样精度要求

序号	检查项目		水泥混凝土面层		沥青混凝土面层		沥青贯入式面层	沥青表面处治面层
			高速公路、一级公路	其他公路	高速公路、一级公路	其他公路		
1	中线平面偏位(mm)		±20		±20		±30	±30
2	纵断面高程(mm)		±10	±15	±15	±20	±20	±20
3	宽度(mm)	有侧石	±20		±20	±30	±30	±30
		无侧石			不小于设计值		不小于设计值	不小于设计值
4	横坡度(%)		±0.15	±0.25	±0.3	±0.5	±0.5	±0.5

表1-7 水泥稳定粒料基层和底基层放样精度要求

序号	检查项目	基层		底基层	
		高速公路、一级公路	其他公路	高速公路、一级公路	其他公路
1	中线平面偏位(mm)	±50		±50	
2	纵断面高程(mm)	+5，-10	+5，-15	+5，-15	+5，-20
3	宽度(mm)	不小于设计值		不小于设计值	
4	坡度(%)	±0.3	±0.5	±0.3	±0.5

案例分析

一、工程背景

水泥混凝土路面的横断面形式如图1-18所示，已知：中间带宽度为4.50 m，半幅行车道宽度为8.50 m，基层厚度为18 cm，面层厚度为25 cm。

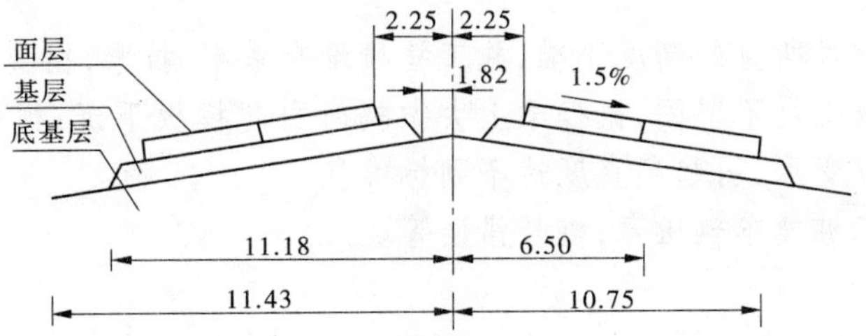

图1-18 公路横断面 (单位:m)

二、问题提出

1. 基层施工放样的方法及测量误差产生的原因。

2. 面层施工放样的方法及测量误差产生的原因。

三、问题解决

(一)基层施工放样

图1-18左半部分为基层放样示意图。

设基层设计标高为$H=h+0.18$ m(h为底基层中心设计标高)，则距中心1.82 m、11.18 m、11.43 m处的基层设计标高为

$$H_{1.82}=H-1.82i$$
$$H_{11.18}=H-11.18i$$
$$H_{11.43}=H-11.43i$$

式中，i为路拱横坡度，$i=1.5\%$。其中，11.43 m是按基层外边缘多填0.25 m控制。

将以上计算的设计标高放样到实地，便可指导基层施工。

以上设计标高中：$H_{1.82}$、$H_{11.18}$是在摊料时所用，其虚厚按不同的路面结构形式掌握，一般灰土基层虚厚为6 cm；H、$H_{11.43}$是在推土机初步压实后为找平时所用，其虚厚按不同的路面结构形式掌握，一般灰土基层虚厚为2.5 cm。

基层施工误差主要来自测量误差、施工误差、虚厚误差三个方面。

施工误差主要指，当某一区域摊料过多，摊料人员为了省力，将料摊铺得过实，甚至将施工挂线提一提；当堆料过少时，又会将料摊铺得虚，或者将施工桩向下钉一钉。因而要求施工员要有高度的责任心，保护好施工桩，严格控制摊铺质量。

虚厚误差主要包括：黏土的密实度差别，摊铺材料有的被压实，有的松散，路槽标高的误差引起底基层的厚度不一。主要的消除方法是人工摊铺，机械充分拌和，用推土机初步压实后再次找平。

（二）水泥混凝土面层施工放样

图 1-18 右半部分为面层放样示意图。由中线控制桩量出 2.25 m、6.50 m、10.75 m 处边线，钉入钢钉，测出桩顶标高，根据水泥混凝土面层的设计标高得出模板顶面标高。其中，2.25 m 为半幅路面内边缘，6.50 m 为半幅路面中线，10.75 m 为半幅路面外边缘。当模板支好后，用经纬仪对顺直度进行复测，用水准仪对模板标高进行复测，不合格者予以调整，然后开始铺筑混凝土。

水泥混凝土面层标高误差主要由测量误差和施工误差两方面的原因造成。施工误差主要包括：

挂线误差：用钢尺所量的高度不准，施工挂线没有系牢、拉紧，出现中间凹的现象。

模板误差：模板支得不坚固，振捣梁上去振捣时引起模板下沉；模板上的残余混凝土没有清除干净；模板变形，引起顺直度达不到标准。

其他误差：施工桩被车辆压弯；桩号错误等。

课后训练

一、填空题

1. 横断面的放样包括__________放样、__________放样和__________放样。

2. 路基边桩放样的基本方法有：________________、________________。

3. 路基边坡放样的基本方法有：________________、________________。

二、简答题

1. 公路路面施工放样的主要工作内容有哪些？

2. 机械化施工路基横断面控制有哪些要点？

3. 说明二次抛物线路拱放样的要点。

三、实训项目

（一）斜坡地段边桩放样

1. 实训任务

选择一处斜坡路段，地面横坡度不小于 1:4，用渐近法测设路基边桩。

已知路基断面为路堑，路基左侧与边沟顶宽之和为 4.7 m；右侧需加宽，其路基右侧与边沟顶宽之和为 5.3 m；中桩挖深 5.0 m，边坡坡度为 1:1。

2. 实训要求

（1）严格按操作规程作业。

(2)完成该工作的记录和计算,并实地标定所测设的点,所标定的点位正确、清晰。

(3)计算准确、书写工整。

(二)路拱放样

1. 实训任务

自定尺寸,对二次抛物线路拱进行计算并现场放样。

2. 实训要求

(1)正确对路拱各点高程进行计算。

(2)严格按规程作业,实地标定所测设的点,所标定的点位正确、清晰。

单元小结

公路施工前,工程技术人员(测量员)首先要进行公路中线施工放样;施工过程中,测量员需要根据工程进展,完成路基放样和路面放样。

本单元主要学习公路施工中常用测量仪器的种类、作用和使用方法;公路中线控制点复测、道路中线恢复及竖曲线放样方法;路基边桩、边坡和路面的放样方法。培养学生独立认知测量仪器使用基本方法;具备水准仪、经纬仪、全站仪、GPS 等常用测量仪器设备操作能力;具备从事公路施工测量放样工作的能力。

学习单元 2 路基施工

【学习目标】

1. 能完成公路路基工程施工准备工作。

2. 能完成路基填筑、路堑开挖、软土路基处理、防护支挡施工、排水施工等施工现场管理。

3. 能完成路基施工过程中主要技术文件和施工资料的编制。

4. 能实施路基季节性施工。

5. 能实施路基整修和交工验收。

【学习任务】

1. 公路路基工程施工准备。

2. 路基填筑、路堑开挖作业方法。

3. 软土路基处理的基本方法。

4. 路基防护支挡工程、公路排水工程的施工。

5. 路基季节性施工。

6. 路基整修和交工验收。

7. 路基施工机械设备的使用。

8. 路基施工过程管理。

【情境导入】

路基工程施工的特点是：土石方工程量大，沿线分布不均匀；土石方、圬工等工程项目多；野外操作，自然条件差、运输不便、设备与施工队伍的供应与调度困难；工地分散，工作面狭窄，遇有特殊地质不良地段，使一般的技术问题复杂化；隐蔽工程较多。鉴于以上特点，要求工程技术人员必须全面掌握现场施工作业的基本技术及其施工管理方法。

路基施工的基本方法有人工和简易机械化施工、水力机械施工、爆破施工和综合机械化施工。其中，机械化施工能提高工程质量、大幅度提高劳动生产率、改善劳动条件。随着我国高等级公路的建设与发展，机械化施工成为公路建设向现代化大生产模式转变的最主要方法。公路施工技术主要解决的问题是如何结合已有的机械设备和企业施工能力，确定适合工程特点的施工方法，组织现场施工，并编制相应施工文件。

本单元依据交通部颁布的《公路路基施工技术规范》(JTG F10—2006)、《公路土工试验规程》(JTG E04—2007)、《公路路基路面现场测试规程》(JTG E60—2008)、《公路工程质量检验评定标准》(JTG F80/1—2004)等标准、规范、规程编写而成。

任务1 路基施工准备

【任务描述】

公路工程正式施工之前,需要从组织、技术、物资等各方面完成施工准备工作,以便工程顺利开工。

【任务分析】

1. 建立项目部,设置施工班组,完成组织准备。

2. 熟悉图纸,制订施工方案,恢复中线,完成技术准备工作。

3. 完成材料、机械等物资准备。

4. 清理场地,设置施工临时设施,完成场地准备。

【任务实施】

施工准备是工程顺利实施的基础和保证,直接影响到工程的进度、质量和施工方的经济效益,因此必须高度重视,认真对待。施工准备工作包括组织准备、技术准备、物资准备和场地准备等。

1 组织准备

1.1 建立组织机构

施工组织准备工作的主要内容是成立工程管理机构(项目经理部)。确定组织机构应遵循的原则是:根据工程项目的规模、结构特点和复杂程度来决定机构中各职能部门的设置,人员的配备应力求精干,以适应任务的需要。坚持合理分工与密切协作相结合,便于指挥和管理,分工明确,责权具体。

项目经理作为工程总承包的责任人,全面负责工程的各项工作。项目经理部下设技术、施工、管理、质量、安全、材料、预算、财务、机械等职能部门,对工程施工的全过程进行管理。

1.2 合理组织施工力量

施工班组的建立应认真考虑专业和工种之间的合理配置,制订出该工程的劳动力需要量计划。进场后应对工人进行技术、安全操作规程,以及消防、文明施工等方面的培训教育。

2 技术准备

2.1 熟悉设计文件,现场调查核对

设计文件是组织工程施工的主要依据,一般应注意以下几个方面:

(1)进行施工前的现场调查,核对设计计算的假定和采用的处理方法是否符合实际情况,工程质量能否保证,施工是否有足够的可靠性,对保证安全施工有无影响。

(2)核对设计是否符合施工条件,如需采用特殊施工方法和特定技术措施,技术上和设备上有无困难。

(3)结合生产工艺和使用特点核对有哪些技术要求,施工能否满足设计规定的标准。

(4)核对有无特殊的材料要求,这些材料的品种、规格、数量能否解决。

(5)核对图纸说明有无矛盾,规定是否明确、齐全,各构造物的主要尺寸、位置、标高有无错误。

(6)熟悉设计文件,确定与施工有关的组织、物质、技术等各方面的准备工作项目。

在熟悉文件的过程中,应进行现场核对,如发现问题、错误之处,应按照有关规定向监理或设计等有关部门提出,及时得到确认或进行相应变更,

2.2 编制施工方案,制订实施性施工组织设计

应根据核实的工程量、工地条件、工期要求及本单位的施工设备情况,制订实施性施工组织设计(包括选择施工方案、确定施工方法、布置施工场地、编制施工进度计划、拟订关键工程的技术措施等),报监理工程师审批。同时,根据施工组织设计的要求,组织施工队伍,合理部署施工力量,做好后勤物资供应工作。

2.3 技术交底

技术交底是为了使参与工程施工的现场技术人员与工人熟悉所承担的工程项目的特点、设计意图、技术要求、施工工艺及应注意的问题,向他们提供详细的技术说明和数据,以使各个专业的设计和施工相互衔接。

2.4 施工测量

路基工程开工前,需完成的施工测量任务有:恢复中线和复核水准点,划定路界,路基放样,清理场地,修建临时设施等。

2.4.1 导线、中线复测和固定

从路线勘测到施工进场一般要经过一段时间,在这段时间内原先钉设的桩可能有部分丢失或发生移动,因此施工方必须按设计图表对路线进行复测,把决定路线位置的各测点加以恢复。

2.4.2 水准点的复测与加设

中线恢复后,对沿线的水准点做复核性水准测量,以复核各水准点的水准基点高程和中桩的地面高程。若相邻水准点相距太远,为便于施工期间引用,可加设一些临时水准点,临时水准点的标高必须符合精度要求。

2.4.3 横断面的检查与补测

路线横断面应详细检查与核对,发现疑问与错误时,必须进行复测,在恢复中线时新设的桩点,应进行横断面的补测。此外,应检查路基边坡设计是否恰当;与有关构造物的设计是否配合相称;取土坑、弃土堆的位置是否合理。

2.4.4 划定路界

划定路界一般由业主完成。

2.4.5 路基放样

路基在施工前,应根据中线桩和设计图表在实地定出路基的几何轮廓形状,作为施工的依据。路基放样的主要工作内容有横断面放样和边坡放样等。

2.5 施工前的复查与试验

2.5.1 土的试验

对路基施工中的基底土、路基填筑用土石及特殊填料进行试验,确保各项指标符合路基施工要求。

2.5.2 外购材料抽样检验、审查

施工前,应审查外购材料的技术指标,必要时派人去厂家了解施工工艺和设备,对原材料及半成品进行抽样检查。

2.6 铺筑试验路段

高等级公路、特殊地区或采用新技术、新工艺、新材料进行路基施工时,应先采用不同的施工方案做试验路段,从中选出路基施工的最佳方案指导全线施工。试验路段的位置应选在地质条件、断面形式均具有代表性的路段,长度大于100 m。

通过试验要确定:不同机具压实不同填料的最佳含水量、适宜的松铺厚度和相应的碾压遍数、最佳的机械配套和施工组织等。

根据规范,以下情况必须进行试验路段施工:①二级及以上公路路堤;②填石路堤、土石路堤;③特殊地段路堤;④特殊填料路堤;⑤拟采用新技术、新工艺、新材料的路基。

3 物资准备

路基施工要消耗大量的人工、材料和机具,所以开工前应进行所需材料的购进、采集、加工、搬运和储备工作。同时,要检修或购置施工机械,做好施工人员的生活、后勤保障。施工物资准备主要包括:施工临时设施准备、材料准备(如钢材、木材、水泥、砂石材料等)、施工机械准备、试验设备准备及其他各种小型生产工具、小型配件等的准备。

4 场地准备

场地准备包括清理场地、房屋及其他构造物的拆除、清除树木和灌木丛、施工场地排水及临时工程。其中,临时工程包括临时供电、临时供水、临时交通道路、临时通信线路及临时施工用房等。

5 开工报告

5.1 项目工程开工报告

施工准备工作完成后,由承包人(施工单位)提出开工申请后报监理工程师初审,符合要求后经驻地监理工程师签认同意后报当地交通部门,由监理、交通部门共同对进场人员、设备、材料进行现场检查核实,签认后才能正式施工。

5.2 分项工程开工报告

分项工程开工报告由承包人提出,经监理工程师审查,符合要求后由驻地监理工程师同意后才能正式施工。

开工报告主要内容包括:开工报告申请单、施工组织设计报审表、施工技术方案报审表、施工放样检验表、进场材料报验单、进场设备报验单、质量保证体系等。

案例分析

一、工程背景

公司承建某高速公路E合同段,全长10.6 km。工程总投资2.82亿元,工期从2010年7月至2012年5月。主要工程包括路基土石方,隧道和大、中、小桥,立交桥,互通式立交,通道桥及涵洞,路基排水和防护等。为确定路基施工相应参数,开工前,进行了路基试验段施工。

二、问题提出

1. 如何组织试验段施工?

2. 如何进行试验段验收?

3. 根据以上背景资料,路基试验段施工能获取哪些成果(数据、方案等)?

三、问题解决

(一)路基试验段施工的组织

为做好路基试验段工程,确保采集的数据准确可靠,项目部应调配专业技术人员对地质情况进行取样,并根据所得数据科学制订施工方案,投入挖、装、推、压及重型运输车辆,按照施工规范要求,选择标准路基用料,严控填筑厚度和碾压次数,在业主规定时间内完成试验段的施工任务。

(二)路基试验段的验收

试验段验收应在高速公路工程指挥部、总监办和驻地监理办公室监督下完成,各检验数据均应符合技术规范要求,为下一步路基施工提供标准化数据支持。

(三)路基试验段施工获取的成果

(1)不同机具压实不同填料的最佳含水量。

(2)适宜的松铺厚度和相应的碾压遍数。

(3)最佳的机械配套。

(4)有效的施工组织方案。

课后训练

一、填空题

1. 路基土石方施工方法有人工和简易机械化施工、水力机械施工、__________和__________。

2. 路基施工准备工作主要有:__________准备、__________准备、__________准备和场地准备。

3. 施工准备工作完成后,由______________提出开工申请后报______________初审。

4. 路基工程施工中,需进行试验段施工的情况有以下几种:________________、______________、____________、______________,以及拟采用新技术、新工艺、新材料的路基。

5. 施工过程中的开工报告包括项目工程开工报告和________________开工报告。

二、简答题

1. 路基施工的特点是什么?

2. 施工准备工作包括哪些内容?

3. 施工前熟悉设计文件有什么作用?

4. 施工现场有哪些准备工作?

三、实训项目

请补充完成以下工程总体开工申请单。

××高速公路工程建设项目

承包单位________________ 合同号____B6____

监理单位________________ 编　号____________

总体开工申请单　A—09

<table>
<tr><td colspan="3">致(总监理工程师代表)__________：
根据合同要求,我们已经做好__________工程开工前的一切准备工作,现要求该工程正式开工,请予批准。
计划开工日期:2012 年 3 月 10 日。
计划竣工日期:2013 年 5 月 30 日。
附件:1.__________
2.__________
3.__________
4.__________
5.__________
6.__________
承包人:　　　　年　月　日</td></tr>
<tr><td>道路结构工程师意见:
可以开工
签字:
年　月　日</td><td>试验工程师意见:
____
签字:
年　月　日</td><td>测量工程师意见:
____
签字:
年　月　日</td></tr>
<tr><td>驻地监理工程师意见:
可以开工
签字:
年　月　日</td><td colspan="2">总监理工程师代表意见:
本项工程可以开工
签字:
年　月　日</td></tr>
</table>

任务 2　路基填筑

【任务描述】

某公路工地正在进行路堤施工，施工人员按“三阶段、四区段、八流程”施工工艺组织填筑现场施工。

【任务分析】

1. 合理选择路基填筑用土。

2. 根据“三阶段、四区段、八流程”的路基填筑工艺组织现场施工。

3. 合理组织路基压实作业。

4. 根据路基压实标准对路基进行验收。

【任务实施】

1　路基填筑用土

1.1　工程用土分类

各类工程用土具有不同的工程性质，在选择路基填筑材料时，应根据不同的土类分别采取不同的工程技术措施。

1.1.1　不易风化的石块

不易风化的石块主要包括漂石和卵石，有很高的强度和稳定性，使用场合和施工季节均不受限制，是优良的填筑路基材料，也可用于砌筑边坡。但石块之间要嵌锁密实，以免在自重和行车荷载作用下，石块松动产生沉陷变形。

1.1.2　碎(砾)石土

碎(砾)石土强度能满足要求，内摩擦系数高，水稳定性好，材料的透水性大，施工压实方便，能达到较好的密实程度，为良好的填筑材料。但若细粒含量增多，透水性和水稳定性就会下降。

1.1.3　砂土

砂土无塑性，透水性和水稳定性均良好，毛细管水上升高度很小，具有较大的内摩擦系数，但砂土黏结性小，易于松散，对流水冲刷和风蚀的抵抗能力很弱，压实困难。

1.1.4　砂性土

砂性土既含有一定数量的粗颗粒，又含有一定数量的细颗粒，级配适宜，强度、稳定性等都能满足要求，是理想的路基填筑材料。

1.1.5　黏性土

黏性土细颗粒含量多，土的内摩擦系数小而黏聚力大，透水性小而吸水能力强，毛细现象显著，有较大的可塑性。干燥时坚硬而不易挖掘，施工时不易破碎，浸水后强度下降较多，干湿循环因胀缩引起的体积变化较大，过干或过湿时都不便施工。

1.1.6　粉性土

粉性土因含有较多的粉粒，毛细现象严重，干时易被风蚀，浸水后很快湿透，在季节性冰冻地区常引起冻胀和翻浆，水饱和时有振动液化问题。粉性土特别是粉土，属于不良的公路路基用土。

1.1.7 膨胀性重黏土

膨胀性重黏土几乎不透水，黏结力特强，湿时膨胀性和塑性都很大。膨胀性重黏土工程性质受黏土矿物成分影响较大，黏土矿物主要包括蒙脱土、高岭土、伊利土。蒙脱土塑性大，吸湿后膨胀强烈，干燥时收缩大，透水性极低，压缩性大，抗剪强度低；高岭土塑性较低，有较高的抗剪强度和透水性，吸水和膨胀量较小；伊利土性质介于上述两者之间。

1.1.8 易风化的软质岩石（如泥灰岩、硅藻岩等）

易风化的软质岩石浸水后易崩解，强度显著降低，变形量大，一般不宜用作路堤填筑材料。

总之，路基用土中，砂性土最优，黏性土次之，粉性土属不良材料，容易引起路基病害，膨胀性重黏土，特别是蒙脱土更是不良的路基土。

1.2 规范中对路堤填料的规定

公路路基的强度和稳定性很大程度上取决于路堤填料的性质及其压实的程度。从现有条件出发，选择良好的填料、合理的填筑方法及改善压实条件是保证路堤质量的最有效和经济的方法。《公路路基施工技术规范》（JTG F10—2006）对路堤填料规定如下：

（1）含草皮、生活垃圾、树根、腐殖质的土严禁作为填料。

（2）泥炭、淤泥、冻土、强膨胀土、有机土及易溶盐超过允许含量的土，不得直接用于填筑路基；确需使用时，必须采取技术措施进行处理，经检验满足设计要求后方可使用。

（3）液限大于50%、塑性指数大于26、含水量不适宜直接压实的细粒土，不得直接作为路堤填料。

（4）粉质土不宜直接填筑于路床，不得直接填筑于冰冻地区的路床及浸水部分的路堤。

（5）填料强度和粒径要求如表2-1所示。

表2-1 路基填方材料最小强度和最大粒径

填料应用部位（路床顶面以下深度）(m)		填料最小强度（*CBR*）(%)			填料最大粒径(mm)
		高速公路、一级公路	二级公路	三、四级公路	
路堤	上路床（0～0.30）	8	6	5	100
	下路床（0.30～0.80）	5	4	3	100
	上路堤（0.80～1.50）	4	3	3	150
	下路堤（>1.50）	3	2	2	150
零填及挖方路基	0～0.30	8	6	5	100
	0.30～0.80	5	4	3	100

注：①表中强度按浸水96 h的*CBR*试验方法测定；②三、四级公路铺筑沥青混凝土和水泥混凝土路面时，应采用二级公路的规定。

2 路基填筑施工工艺

2.1 基底处理

在路堤填筑前进行基底处理，能使填土与原来的表土密切结合，使初期填土作业顺利进行，使地基保持稳定，增加承载能力，能防止因草皮、树根腐烂而引起的路堤沉陷，是保证路堤稳定、坚实极为重要的措施。

路基范围内的原地基应在路基施工前按下列要求进行处理：

(1)路基用地范围内的树木、灌木丛等均应在施工前砍伐或移植清理，砍伐的树木应移置于路基用地之外，进行妥善处理。

(2)路堤修筑范围内，原地面的坑、洞、墓穴等，应在清除沉积物后，用合格填料分层回填、分层压实，压实度应不小于90%。

(3)原地基为耕地或松土时，应先清除有机土、种植土、草皮等，清除深度应达到设计要求，一般不小于15 cm，平整后按规定要求压实。

(4)基底原状土的强度不符合要求时，应进行换填，换填深度应不小于30 cm，并予以分层压实到规定要求。

(5)基底应在填筑前压实。高速、一级、二级公路路堤基底的压实度应不小于90%，当路堤填土高度小于路床厚度(0.8 m)时，基底的压实度不宜小于路床的压实度标准。

(6)路堤填筑时，当原地面纵坡大于12%或横坡陡于1∶5时，应设置成坡度向内、坡度为2%～4%、宽度大于2 m的台阶，如图2-1所示。

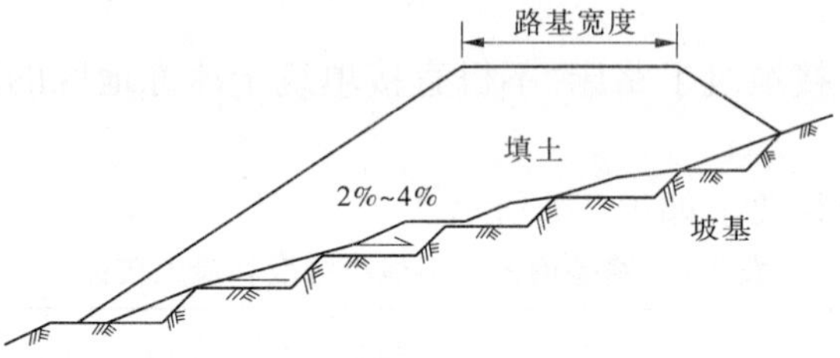

图2-1 基底处理中台阶的设置

2.2 土质路堤施工技术

2.2.1 土质路堤填筑要求

性质不同的填料，应水平分层、分段填筑、分段压实。每种填料的松铺厚度应通过试验确定，且每种填料压实后连续厚度不宜小于500 mm。

每一填筑层压实后的宽度不得小于设计宽度。

路堤填筑时，应从最低处分层填筑，逐层压实。

对潮湿或冻融敏感性小的填料应填筑在路基上层，强度较小的填料应填筑在路基下层。

在透水性不好的压实层上填筑透水性较好的填料前，表面设2%～4%的双向横坡。不得在透水性好的填料所筑路堤边坡上覆盖透水性不好的填料。

填方分几个作业段施工时，接头部位如不能交替填筑，则先填路段，应按1∶1坡度分层留台阶；如能交替填筑，则应分层交替搭接，搭接长度不小于2 m。

如图2-2所示为不同土质填筑的方案，白色部分表示透水性土，斜线部分表示弱透水性土。

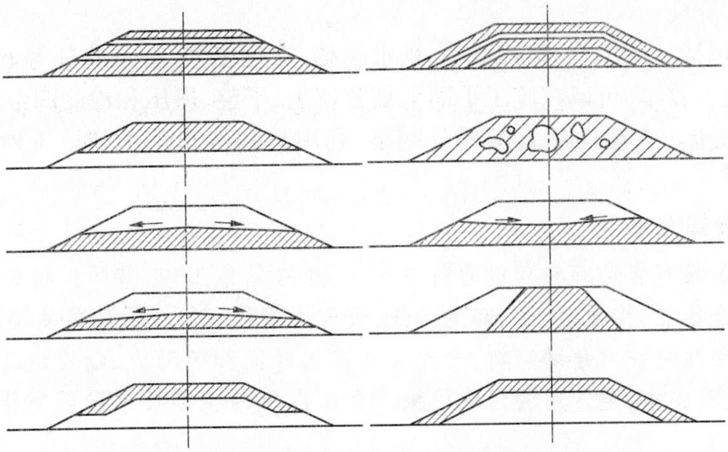

(a)正确的填筑方案　　(b)错误的填筑方案

图2-2　不同土质填筑的正确与错误方案

2.2.2　土质路堤施工工艺流程

土质路堤的施工工艺可归结为“三阶段、四区段、八流程”，如图2-3所示。“三阶段”是指准备阶段、施工阶段和整修阶段，是从时间上对施工阶段进行的划分；“四区段”是指填土区段、平整区段、碾压区段和检测区段，是从空间上对施工区域进行的划分；“八流程”是指施工测量、基底处理、分层填筑、摊铺平整、洒水晾晒、碾压密实、检测签证和路基整修，是路堤填筑施工的主要工作步骤。

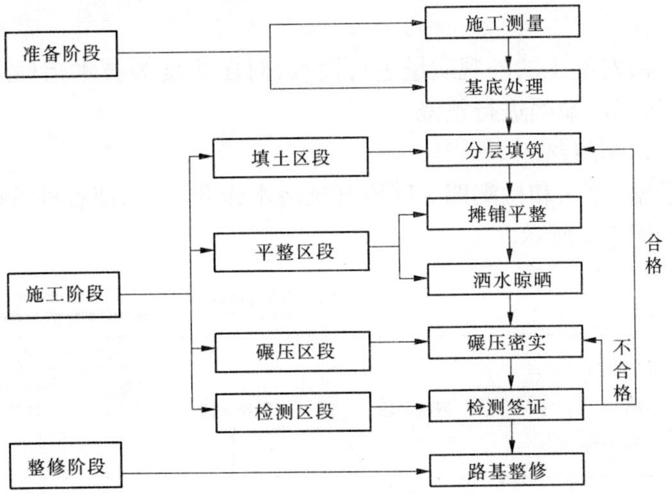

图2-3　路基填筑施工工艺流程图

2.2.2.1　准备阶段

准备阶段包括施工测量和基底处理两个流程。

(1)施工测量。主要任务是进行路基中线和边桩放样，并根据层铺厚度进行高程放样。

（2）基底处理。主要完成场地清理和填前压实等施工任务。

2.2.2.2 施工阶段

施工阶段包括分层填土、摊铺整平、洒水晾晒、碾压密实、检测签证等五个流程，在此阶段，为提高施工效率，可以在施工平面上划分填土、平整、碾压和检测四个区段。

（1）分层填土。在地面洒石灰划分网格，利用自卸汽车运土到填土地段，按网格卸土。

知识链接：自卸汽车

自卸汽车是具有自动卸料功能的载重汽车，在路基施工中，常同挖掘机、装载机、带式输送机等联合作业，构成装、运、卸生产线，进行土方、砂石、松散物料的装卸运输。由于装载车厢能自动倾翻一定角度卸料，大大节省卸料时间和劳动力，缩短运输周期，提高生产效率，降低运输成本，是常用的运输机械。自卸汽车的主要技术参数是装载重量，并标明装载容积。

（2）摊铺平整。利用推土机对填土进行粗平，然后利用平地机进行整平。

（3）洒水晾晒。在摊铺平整过程中，随时检查填土的含水量。如果过干，利用洒水车洒水；如果过湿，则进行晾晒，使填土的含水量控制在最佳含水量 ±2% 范围内。

（4）碾压密实。碾压是路基填筑工程的一个关键工序，是保证路基工程施工质量的重要措施。选择合适的压实机械对平整后的土体进行碾压，应根据压路机类型、土质、松铺厚度等通过试验段确定压实遍数及压实工艺。

（5）检测签证。检查压实后土层的压实度、弯沉、纵断面高程、中线偏位、宽度、平整度和横坡等技术指标，以判定路堤填筑施工质量是否符合规范要求。

2.2.2.3 整修阶段

施工完成后，需对施工的外观质量进行检查，对压实度等技术指标进行检测，并对检查验收阶段发现的局部缺陷进行整修。

2.2.3 路堤填筑施工组织

利用填土、平整、碾压和检测四个区段开展流水作业，可以使各种机械连续施工运转，提高工作效率，如图 2-4 所示。

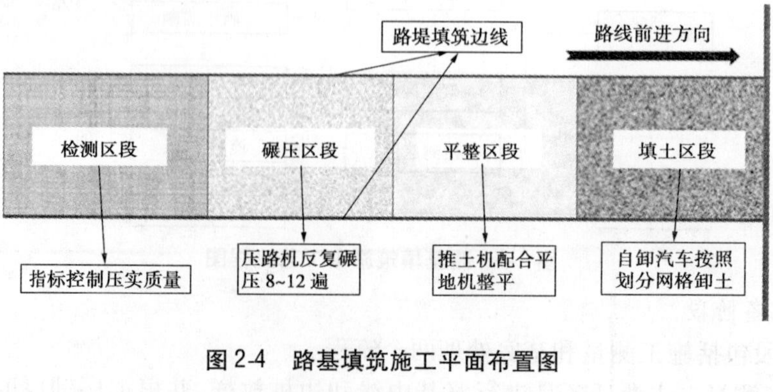

图 2-4 路基填筑施工平面布置图

2.2.4 土质路堤的填筑技术

2.2.4.1 填筑方法

土质路堤填筑常用推土机、铲运机、平地机、压路机、挖掘机、装载机等机械按以下几种方式作业：

(1)水平分层填筑。填筑时按照横断面全宽分成水平层次，逐层向上填筑，是路基填筑的常用方式，如图2-5所示。

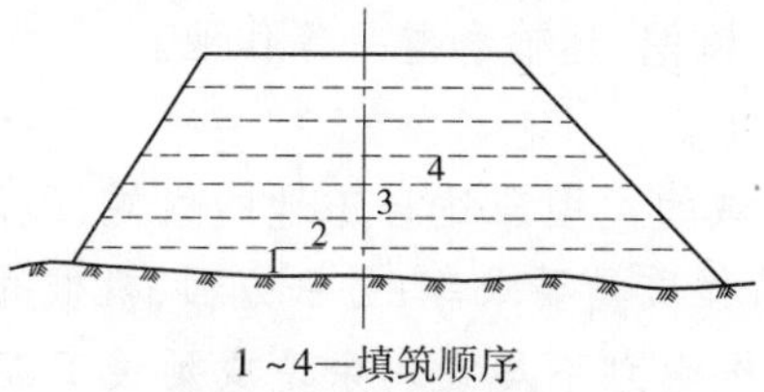

图2-5 水平分层填筑

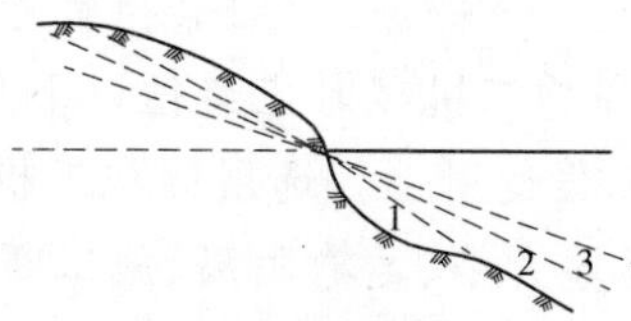

图2-6 纵向分层填筑

(2)纵向分层填筑。依路线纵坡方向分层、逐层向上填筑。常用于地面纵坡大于12%、用推土机从路堑取料、填筑距离较短的路堤，缺点是不易碾压密实，如图2-6所示。

(3)竖向填筑。从路基一端或两端按横断面全高逐步推进填筑。由于填土过厚，不易压实，仅用于无法自下而上填筑的深谷、陡坡、断岩、泥沼等机械无法进场的路堤，如图2-7所示。

(4)混合填筑。路堤下层用竖向填筑而上层用水平分层填筑。适用于因地形限制或填筑堤身较高，不宜采用水平分层填筑或竖向填筑法进行填筑的情况。单机或多机作业均可，一般沿线路分段进行，每段距离以20～40 m为宜，多在地势平坦，或两侧有可利用的山地土场的场合采用，如图2-8所示。

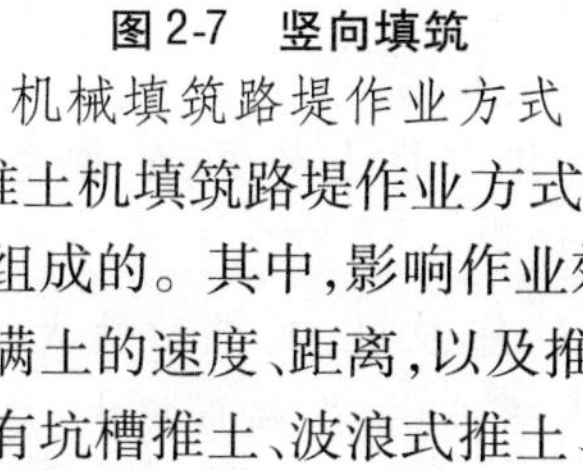

图2-7 竖向填筑

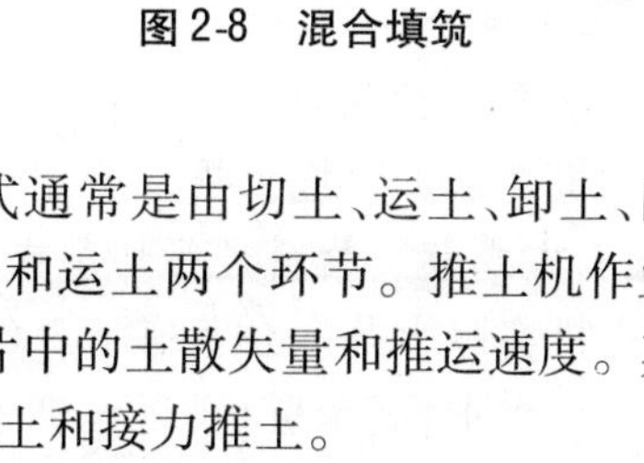

图2-8 混合填筑

2.2.4.2 机械填筑路堤作业方式

(1)推土机填筑路堤作业方式。推土机作业方式通常是由切土、运土、卸土、回程等四个环节组成的。其中，影响作业效率的主要是切土和运土两个环节。推土机作业效率取决于切满土的速度、距离，以及推土过程中切满刀片中的土散失量和推运速度。其作业方式一般有坑槽推土、波浪式推土、并列推土、下坡推土和接力推土。

(2)挖掘机填筑路堤作业方式。利用挖掘机填筑路堤施工，一般有两种方式：一种方式是从路基一侧挖土，直接卸向另一侧填筑路堤，这种方式，用反铲挖掘机比较方便；另一种方式则配合运土车辆，挖掘机挖土装车后，运至路堤施工现场卸土填筑，这是挖掘机填筑路堤施工的主要方式，正铲、反铲都能适用，在取土场比较集中且运距较长的情况下，最宜采用。两种方式都宜与推土机配合施工。

知识链接:公路施工机械选择原则

公路施工机械的种类、规格繁多,常用的机械可分为四类:①土石方机械,包括推土机、铲运机、平地机、挖掘机、装载机等;②拌和机械,包括稳定土拌和机、沥青混凝土拌和机;③摊铺机械,包括稳定土摊铺机、沥青混合料摊铺机和水泥混凝土摊铺机;④压实机械,包括压路机和夯实机械等。

土石方机械包括推土机、平地机、铲运机、挖掘机、装载机等几个重要机种,是路基施工中用途最广泛的施工机械,担负着土石方的铲装、填挖、运输和整平等作业。

在选择施工机械时应遵循以下几条原则:

(1)工程适用性。选用的施工机械,一方面,机械的类型应适合工地的气候、地形、土质、施工场地大小、运输距离、施工断面形状尺寸、工程质量要求等;另一方面,机械的容量要与工程进度及工程量任务相符合,避免因机械工作能力不足或剩余造成延缓工期或机械利用率太低的现象。

(2)技术先进性。一台性能和技术都很先进的机械,其生产能力数倍于一台相对落后的机械。选用先进机械,其生产效率高,故障率低,需要人工维护的时间少,作业质量一般也有保证。

(3)经济合理性。机械的经济性,首先是其购置的经济性;其次是使用的经济性,包括燃油、零部件等;同时应考虑本单位作业人员的技术水平。

(4)配套性。在选择机械时,一方面要考虑单台配套性,特别是进口机械;另外,还应考虑成组设备的配套性。

(5)可靠性。包括运行可靠性和技术可靠性。如果可靠性差,势必影响正常的工程作业,降低利用率,增加机械维修成本,甚至会出现机械事故,造成人员伤亡和财产损失。

(6)应能保证工程质量和施工安全。选择合适的施工机械是保证工程质量的重要因素之一。对于技术要求高的作业项目,应采用性能优良或专用的机械,但不可片面追求高性能,还应兼顾机械的通用性。同时,机械应具有可靠的安全性能,如行驶稳定、有翻车或落体保护装置、防尘隔声等。

知识链接:推土机、铲运机和平地机

一、推土机

(一)性能与适用性

推土机是以工业拖拉机或专用牵引车为主机,前端装有推土装置,依靠主机的顶推力,对土石方或散装物料进行切削或搬运的铲土运输机械。

推土机实际上是一台装有铲刀(可拆装的推土器)的拖拉机,其机动性大,稍加改造即可改装成翻土机、牵引机、运输机等。推土机适用于季节性强、工程量集中、施工条件较差的工程环境,在公路工程施工中,主要用于填筑路堤,开挖路堑,平整场地,管道沟渠的回填土以及其他辅助作业,经济运距为 60 ~ 100 m,并以 30 ~ 45 m 运距内、土壤为 Ⅰ ~ Ⅱ 级时的生产率较高,经济效果也较好。

(二)作业方式

推土机的基本作业是切土、运土、卸土、回程四个过程,如图 2-9 所示。

(a)切土　(b)运土　(c)卸土

图 2-9　推土机基本作业

(三)推土机的施工作业

为提高推土机的生产率,必须增大铲刀前的土壤体积,减少推土过程中的土壤散失,缩短切土、运土、回程等每一工作循环的延续时间。为此,常用以下施工方法:

(1)下坡推土。借助机械向下的重力作用,可增大铲土深度和运土量,提高推土能力,缩短推土时间,一般可提高生产率 30% ~40%,如图 2-10(a)所示。

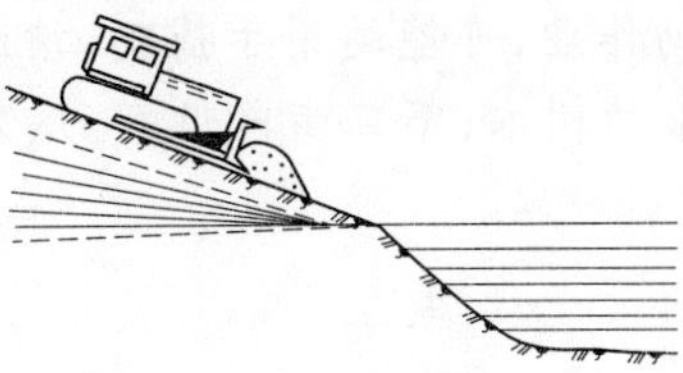

(a)下坡推土

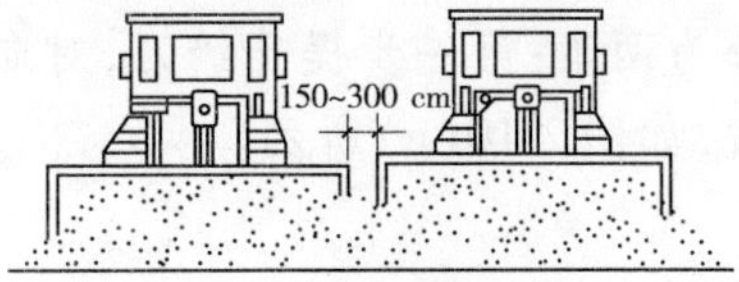

(b)并列推土

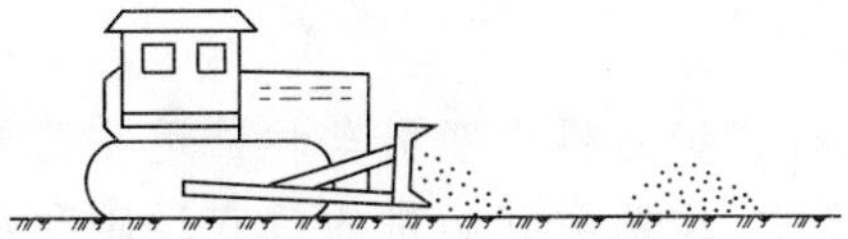

(c)分批集中、一次推送

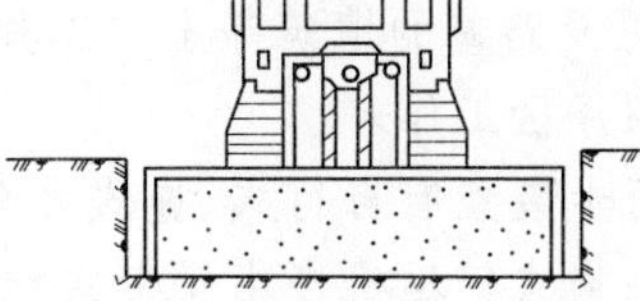

(d)槽形推土

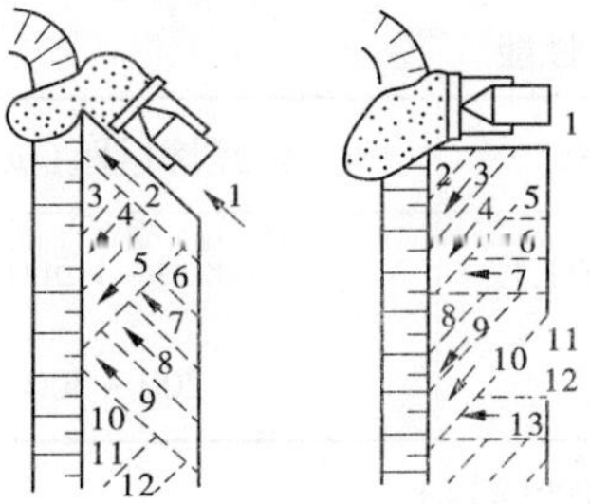

斜向推土　横向堆土

(e)路侧推土

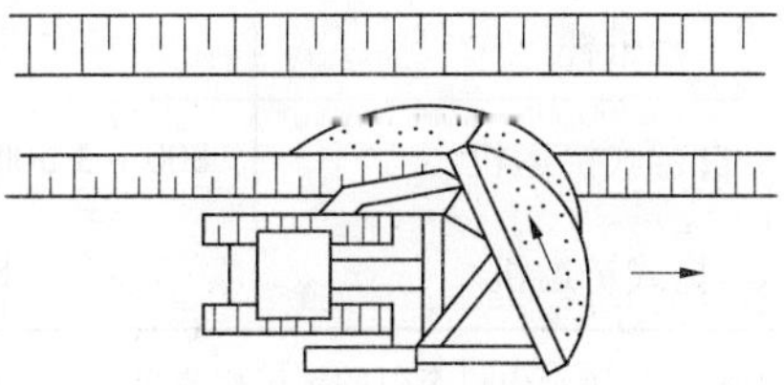

(f)斜角边沟推土

(g) 利用推土机作业方式

图 2-10　推土机作业方式

(2)并列推土。大面积推土时,可用 2 ~3 台推土机并列作业。平均运距不宜超过 50 ~70 m,也不宜小于 20 m,可提高生产率 15% ~50% ,如图 2-10(b)所示。

(3)分批集中、一次推送。推土运距较远而土质较坚硬,切土深不大,可多次铲土,分批集中,一次推送,如图 2-10(c)所示。

(4)槽形推土。推土运距较远,切土层较厚,可用槽形推土,减少推土散失,增加每次推土量,以提高工效,如图 2-10(d)所示。

(5)路侧推土。用推土机把土推向路侧,可采取斜向或横向(垂直于路堤)推土的方法,如图 2-10(e)所示,图注数字表示推土大致程序。

(6)斜角边沟推土。推土机前安装支架,使铲刀斜角推铲,推土朝向路侧边沟,如图 2-10(f)所示。

(7)利用推土机拔树作业。推土机可用于各种辅助作业,亦能运用于拔树,清除场地工作。拔树时分为两步:第一步提升铲刀,对向树中,推动树木;第二步降低铲刀,对准树根附近进行铲拔,如图 2-10(g)所示。

二、铲运机

(一)性能和适用性

铲运机能综合完成挖土、运土和填筑土方等工作,适用于平整大面积的场地、大型基坑(槽)的开挖以及路基的填筑等土方工程。用于Ⅳ类以下的土壤,但不适于在砾石层和冻土地带以及沼泽区工作。

铲运机的行走装置有自行式、拖式之分。自行式铲运机由牵引车和铲运斗两部分组成,运行速度快;拖式铲运机多由履带式拖拉机牵引,这两类铲运机的适宜运距和经济运距见表 2-2。

表 2-2　铲运机的种类及其性能

机种	适宜运距	经济运距(m)
自行式铲运机	800 ~3 500 m 的大型土方工程	800 ~1 500
拖式铲运机	80 ~800 m	200 ~300

注:大功率、大轮胎牵引机牵引的铲运机或自动铲运机的运距可达 5 000 m 以上。

(二)作业方式

铲运机的主要工作装置为一装有铲刀的土斗,构造如图 2-11 所示。铲运机的操纵系统分为液压式和索式两种。前者工作速度慢,有强迫加力的作用,切土较深,但机件占位置较大,多用于小型铲运机;后者工作速度快,多用于大型铲运机。

铲运机的工作过程包括切土、运土和卸土,如图 2-12 所示。

其中,卸土作业包括强制式、半强制式和自由式三种。强制式卸土是利用斗内推土板将土强行推出,适用于卸出黏性土及过湿土,如图 2-13(a)所示;半强制式卸土是提起土斗内的活动斗底进行卸土,多用于大型铲运机,如图 2-13(b)所示;自由式卸土是整个土斗向前或向后倾翻,土壤靠自重卸出,用于小型铲运机,如图 2-13(c)所示。

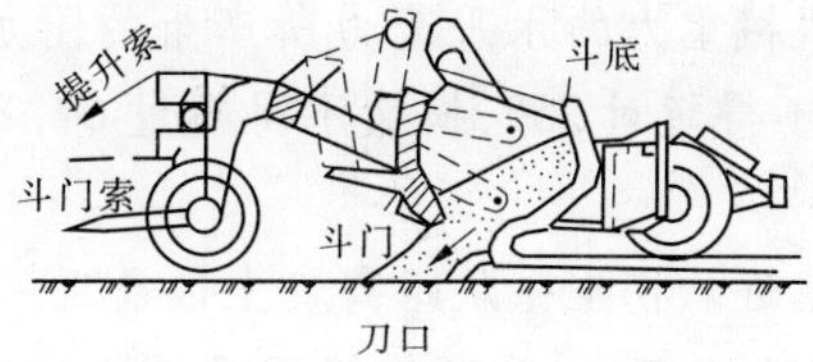

图2-11 铲运机的构造

(a)切土 (b)运土 (c)卸土

图2-12 铲运机的作业过程

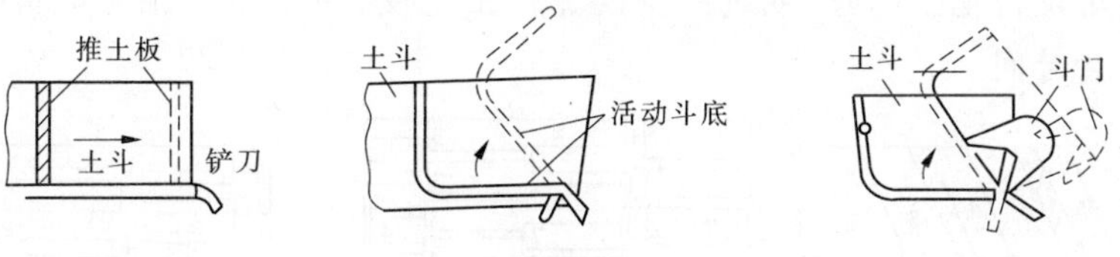

(a)强制式 (b)半强制式 (c)自由式

图2-13 铲运机的卸土方式

(三)铲运机的施工运行路线

铲运机的运行路线(见图2-14)有如下几种:

(1)环形路线。对于地形起伏不大、施工地段较短(50～100 m)和填方不高(0.1～1.5 m)的路堤、基坑及场地平整可用此方式运行,如图2-14(a)所示。

(2)大环形路线。当填、挖交替,且相互间的距离又不太时,可采用大环形路线。这样可进行多次铲土、卸土,并减少铲运转弯次数,以提高工效,如图2-14(b)所示。

(3)"8"字形路线。在地形起伏较大、施工地段狭长的情况下,采用"8"字形路线,可在一个循环中完成两次铲土、卸土,并减少转弯次数,缩短运行时间,如图2-14(c)所示。

(4)锯齿形路线。锯齿形路线是"8"字形路线的发展。当工作地段很长,如从两侧取土进行路基、堤坝填筑时,采用此运行路线最为有效,如图2-14(d)所示。

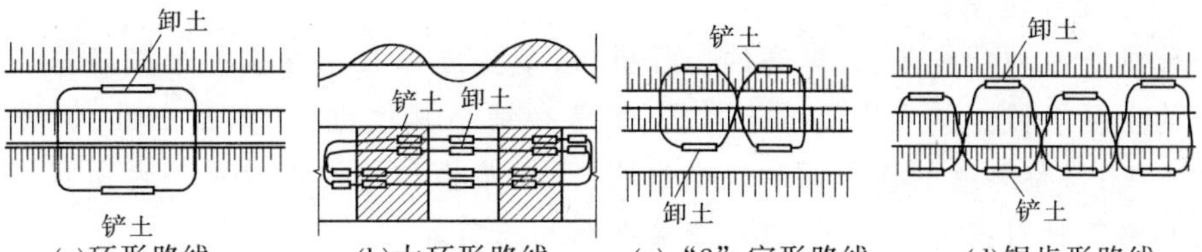

(a)环形路线 (b)大环形路线 (c)"8"字形路线 (d)锯齿形路线

图2-14 铲运机的运行路线

(四)铲运机的施工作业

为提高铲运机生产率,可采取如下施工方式:

(1)下坡铲土。利用机械重力的水平分力所产生的附加牵引力，来加大切土深度和缩短铲土时间。但上下坡不得超过25°，横坡不得超过6°，不能在陡坡上急转弯，以免翻车。

(2)挖近填远和挖远填近。挖土先从距离填土区最近一端开始，由近而远；填土则从距离挖土区最远一端开始，由远而近，既可使铲运机始终在合适的运距内工作，又能创造下坡铲土条件。

(3)挂大斗铲运。在土质松软地区，为充分利用拖拉机的牵引力，除双联铲运外，亦可改挂大型铲斗。

(4)跨铲法。如图2-15(a)所示，预留土埂 B，间隔挖土，减少向外撒土，铲除土埂亦减少阻力，可加快作业速度。图注数字表示推土大致程序。

(5)棋盘式与梳助式铲切法。如图2-15(b)、(c)所示，合理规划铲运机在平面上的铲土顺序，应用坑槽挖土原理，或进一步改变铲土宽度，在牵引力不变的情况下增加铲切厚度，缩短铲装时间。

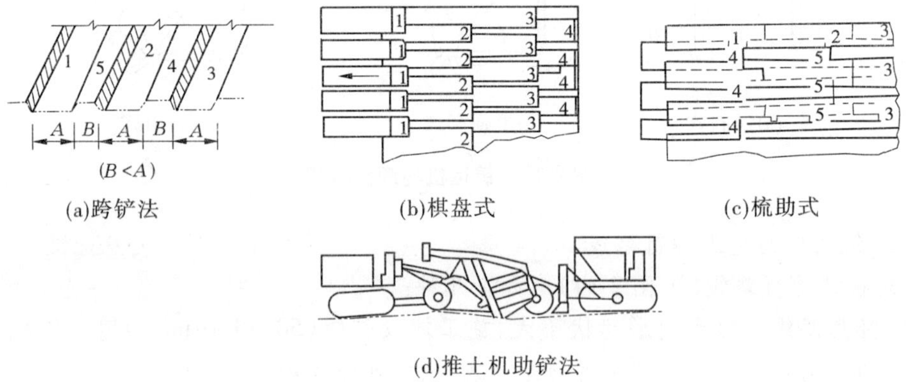

图2-15　铲运机的施工作业

(6)推土机助铲法。在坚硬土壤中，用推土机助铲以加大铲刀切削力、切土深度和铲土速度，为铲运创造条件，如图2-15(d)所示。

三、平地机

(一)性能和适用性

平地机是一种功能多、效率高的工程机械，是土方工程中修刷和平整路基、路面及场地作业的主要机械。其主要使用范围是：平整和铺平其他机械（如推土机、铲运机等）所铺填的土壤；修整路基的横断面和修刷边坡；开挖路槽和边沟以及平整大面积场地；在路基上拌和路面材料；修整、美化土路，清除杂草和积雪等。

此外，平地机虽可用于修筑0.75～1 m高的路堤，但很不经济，因用推土机施工造价可减少30%以上，所以很少采用平地机来填筑路堤。

(二)平地机的工作装置及作业方式

按工作装置和行走装置的操作方式，平地机可分为机械操纵和液压操纵两种，目前自行式平地机多采用液压操纵。

平地机的工作装置是刮刀。在平地机作业过程中，必须根据工作进程需要，正确调整平地机的铲土刮刀位置，如表2-3所示。

表2-3 平地机刮刀的工作位置

刮刀工作角度	图 示	说明
刮刀水平回转角 α	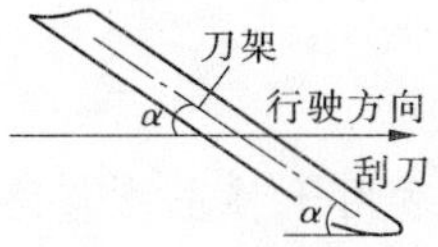	为铲土刮刀中线与行驶方向在水平面上所构成的角度
刮刀的铲土角 γ		为铲土刮刀切削边缘的切线与水平面间形成的角度
刮刀的倾斜角 β	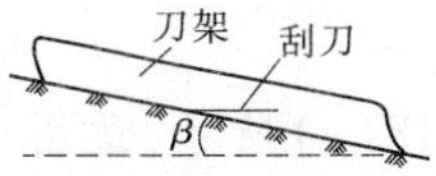	为铲土刮刀中线与水平线之间的夹角

1. 选择铲土角

铲土角是刮刀切削刃与地面的夹角。铲土角的大小由作业类型确定，一般60°左右的切削角适用于平整作业，切削、剥离土壤时，则需要较小的铲土角。

2. 选择刮刀回转角

刮刀回转角对于切削、剥离、混合作业及硬土切削作业，可取30°～50°；对于进行最后一道刮平以及进行松软或轻质土刮整作业，可取0°～30°；在狭窄地段、短距离施工时，将刮刀回转180°，平地机可以在倒退状态下作业。

（三）平地机的施工作业方式

平地机基本作业方法有如下几种。

1. 刀角铲土侧移

如图2-16所示，刮刀一端下倾铲土，适用于挖出边沟土壤来修整路型或填矮路堤。作业时以一档速度前进后，让刮刀前置端抬升，形成最大的倾角，如图2-16(a)所示，被铲下的土层侧卸于左右轮之间。刮刀侧升后下倾铲土：为便于掌握方向，刮刀的前置端应正对前轮之后，若遇有特殊情况（如行驶路线有障碍物），亦可将刮刀的前置端侧伸于机外，再下降铲土。但应注意卸土要处于前轮内侧，不被驱动轮所压，以免增加阻力（见图2-16(b)）。

2. 刮土侧移

刮土侧移分为机外侧卸土和机内侧卸土，如图2-17所示。

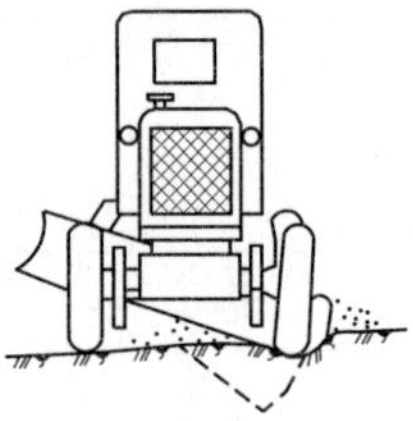

图2-16 刀角铲土侧移

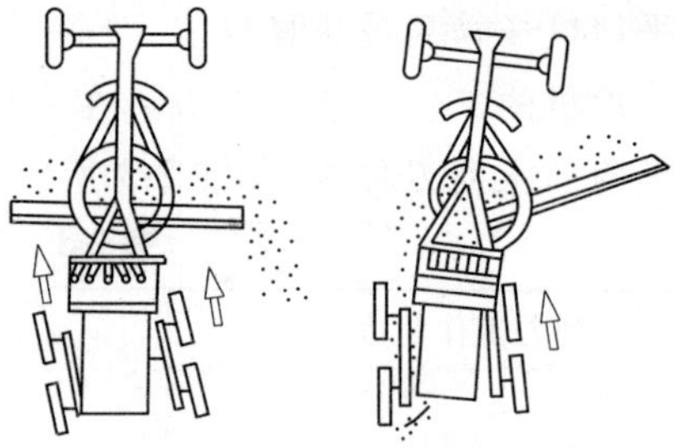

图2-17 刮土侧移

机外侧卸土(见图2-17(a)),适用于移土修整路基、平整场地、回填沟渠、铺撒或路拌路面材料等作业。作业时按施工要求与土质情况调整好刮刀的水平回转角(即刀面与机械前进方向的夹角 α(一般为60°~70°)及刮刀铲土角 γ(一般约45°),当机械以二挡或三挡速度前进时,使刮刀左右端同时放下并切入。

机内侧卸土(见图2-17(b)),作业时被刮起的土料沿刀面侧移卸于一侧,可能处于机械外侧或内侧,视施工要求而定。但回填沟渠时,必须卸土于机械外侧。

3. 刮土直移

平地机直运土壤作业,如图2-18(a)所示,适用于平整不平度较小的场地,作为整修路型时的最后平整工作,以及铺撒材料等作业。先将刮刀铲土角调至60°~70°,刮刀的水平回转角为90°,平地机以二挡或三挡速度前进后,刮刀两端等量下降,少量切土,被刮起的土壤堆积于刮刀前,直向推送。

刮刀全回转倒退作业,如图2-18(b)所示,对于刮刀全回转的新型平地机,为了提高生产率,可卸去齿耙,并将刮刀回转180°,使刮刀处于平地机行驶相反方向位置,让平地机倒退施工。这种方式特别适宜于狭长地段的施工,有利于提高工效。

4. 机外刮土

修刷边沟边坡:如图2-19(a)所示,先将平地机刮刀倾斜于外,然后将其上端朝前,以一挡速度行驶放刀切土,顺刀卸土,再行移走。

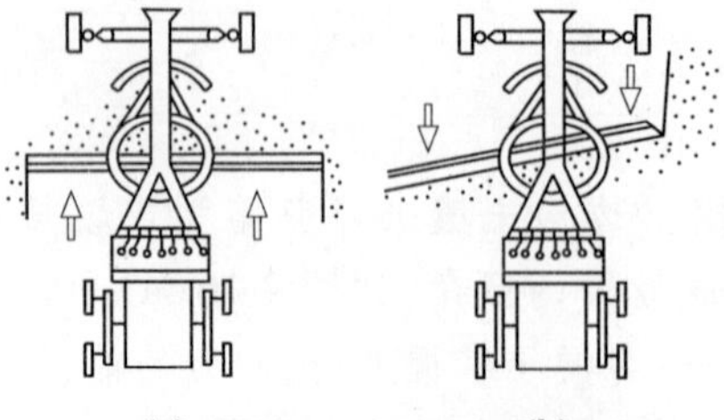

图2-18 刮土直移

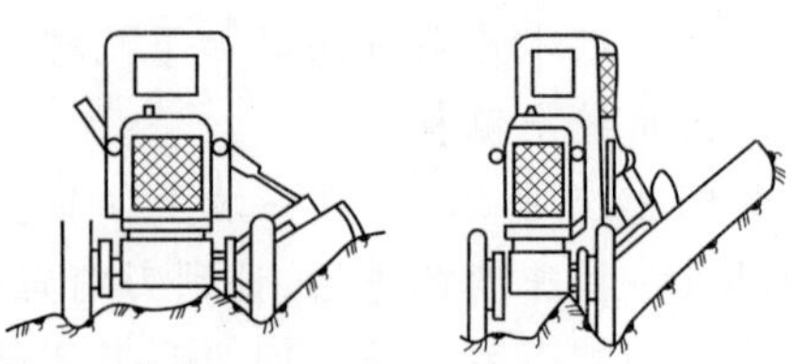

图2-19 机外刮土

修刷路堤、路堑边坡:如图2-19(b)所示,将刮刀伸向机外的同时,用比修刷边沟边坡时更大的水平回转角修刷坡面。在修整路型的同时,应与修刷边坡的工序衔接起来进行。当路堤边坡为1:1.5~1:0.5,高度为1.8 m时,可以用一台平地机采取机外刮土法进行,如路堤高达4 m,则可用两台(堤顶与坡脚各一台)平地机联合作业。

2.3　填石路堤施工技术

2.3.1　填料要求

填石路堤是指粒径大于40 mm且含量超过总质量70%的路堤。山区填石路堤最为常见,石料来源主要是路堑和隧道爆破后的石料,填料应符合以下要求:

(1)膨胀岩石、易溶性岩石等不宜直接用于路堤填筑,崩解性岩石和盐化岩石等不得直接用于路堤填筑。

(2)路基填料粒径应不大于500 mm,并不宜超过层厚的2/3,不均匀系数宜为15～20;路床底面以下400 mm范围内,填料粒径应小于150 mm。

(3)路床填料粒径应小于100 mm。

2.3.2　填石路堤施工工艺流程

填石路堤施工时,应符合以下规定:路基路床施工前先修筑试验段;岩性相差大的填料分层或分段填筑;中硬、硬质石料填筑路堤时,应进行边坡码砌;压实机械宜选用18 t振动压路机;在填石路堤顶面和细粒土填土层之间设置过渡层。

高等级公路和铺设高级路面的其他等级公路的填石路堤均应分层填筑、分层压实,铺设低级路面的一般公路在陡峻山坡段施工特别困难或大量爆破以挖作填时,可采用倾填方式将石料填筑于路堤下部。倾填只能在路基下部进行,而在路床底面下不小于1.0 m的范围内仍应分层填筑压实。

填石路堤施工工艺流程如图2-20所示。

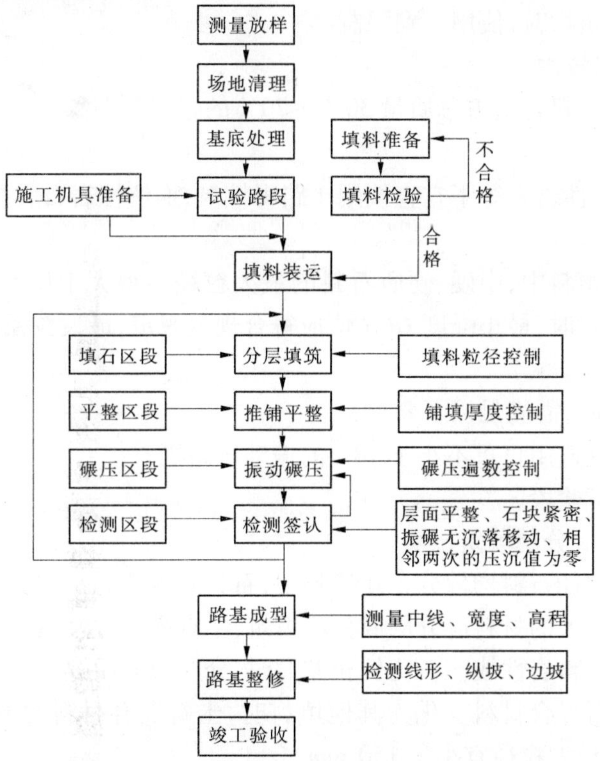

图2-20　填石路堤施工工艺流程

2.3.3 填筑方法

2.3.3.1 分层压实法(碾压法)

分层压实法自下而上水平分层,逐层填筑,逐层压实,是普遍采用并能保证填石路堤质量的方法。高速公路、一级公路和铺设高级路面的其他等级公路的填石路堤采用此方法。

2.3.3.2 竖向填筑法(倾填法)

竖向填筑法从路基一端按横断面的部分或全部高度自上往下倾卸石料,逐步推进填筑。主要用于二级及二级以下,且铺设低级路面的公路,也可用在陡峻山坡施工特别困难或大量以爆破方式挖开填筑的路段,以及无法自下而上分层填筑的陡坡、断岩、泥沼地区和水中作业的填石路堤。该方法施工时路基压实和稳定问题较多。

2.3.3.3 强力夯实法

强力夯实法是用起重机吊起夯锤从高处自由落下,利用强大的动力冲击,迫使岩土颗粒位移,提高填筑层的密实度和地基强度。该方法机械设备简单,击实效果显著,施工中不需铺撒细粒料,施工速度快,有效解决了大块石填筑地基厚层施工的夯实难题。对强夯施工后的表层松动层,采用振动碾压法进行压实。

2.3.3.4 冲击压实法

冲击压实法利用冲击压实机的冲击碾周期性、大振幅、低频率地对路基填料进行冲击,压密填方。它具有分层压实法连续性的优点,又具有强力夯实法压实厚度深的优点;缺点是在周围有建筑物时,使用受到限制。

2.4 土石路堤施工技术

土石路堤是指石料含量占总质量 30% ~70% 的路堤。

2.4.1 填料要求

膨胀岩石、易溶性岩石等不宜直接用于路堤填筑,崩解性岩石和盐化岩石等不得直接用于路堤填筑。

天然土石混合填料中,中硬、硬质石料的最大粒径不得大于压实层的 2/3;石料为强风化石料或软质石料时,最小强度 *CBR* 值应符合规范规定,最大粒径不得大于压实层厚。

2.4.2 填筑方法

土石路堤填筑时,需满足以下要求:

(1)压实机械宜选用自重不小于 18 t 的振动压路机。

(2)必须修筑试验段。

(3)不得倾填,应分层填筑压实。

(4)碾压前大粒径石料均匀分布在填料中,石料间隙填充小粒径石料、土和石渣。

(5)透水性差异大的材料应分层或分段填筑,不宜纵向分幅填筑。

(6)不同料场材料岩性或土石比例相差大时,分层或分段填筑。

(7)填料由土石混合材料变化为其他填料时,土石混合材料的最后一层压实厚度应小于 300 mm,填料最大粒径宜小于 150 mm。

(8)中硬、硬质石料路堤应进行边坡码砌,软质石料路基边坡按土质边坡处理。

2.5　高填方路堤施工技术

水田或常年积水地带,用细粒土填筑路堤高度在6 m以上,其他地带填土或填石路堤高度在20 m以上时,称为高填方路堤。

高填方路堤填料宜优先采用强度高、水稳性好的材料,或采用轻质材料;受水淹、浸水路段的高填方路堤应采用水稳定性和透水性好的填料。

高填方路堤应采用分层填筑压实的方法施工,每层填筑厚度根据所采用的填料决定。如果填料来源不同,性质相差较大,不应分段或纵向分幅填筑。

2.6　粉煤灰路堤施工技术

粉煤灰路堤可用于高速公路。由于粉煤灰是轻质材料,使用时可减轻土体结构自重,减少软土路堤沉降,提高土体抗剪强度。

粉煤灰路堤一般由路堤主体部分、护坡、封顶层、隔离层以及排水系统等组成,其施工步骤与土质路堤施工方法类似,仅增加了包边土和设置边坡盲沟等工序。工序包括基底处理、粉煤灰储运、摊铺、洒水碾压、养护与封层等。

3　路基压实

路基压实是路基施工过程中一个重要的工序,是提高路基强度与稳定性的根本技术措施之一。试验和工程实践证明:土基压实后,路基的塑性变形、渗透系数、毛细水作用及隔温性能等,均有明显改善。

3.1　影响压实效果的因素

3.1.1　含水量

试验证明:压实时,若能控制土的最佳含水量,则压实效果最好,耗费的压实功能最经济。因此,施工时应控制土的含水量在最佳含水量附近。含水量对干容重(压实度)的影响曲线如图2-21所示。

3.1.2　土质

不同的土质,有着不同的最佳含水量及最大干容重。粗粒量越多,最佳含水量越小,最大干容重越大;细粒量越多,最佳含水量越大,最大干容重越小。总体看,砂性土的压实效果优于黏性土。如图2-22所示,亚砂土优于亚黏土,亚黏土优于黏土。

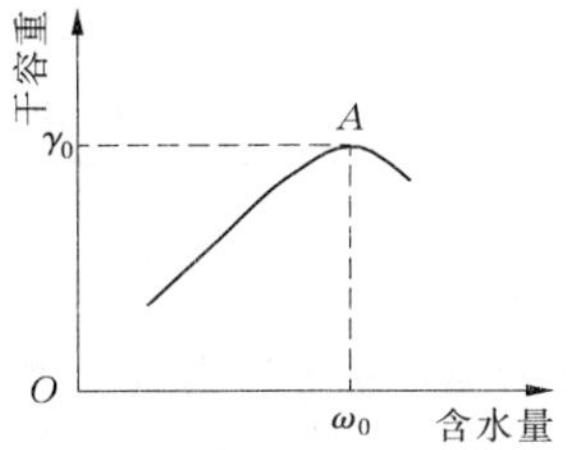

图2-21　含水量对干容重的影响

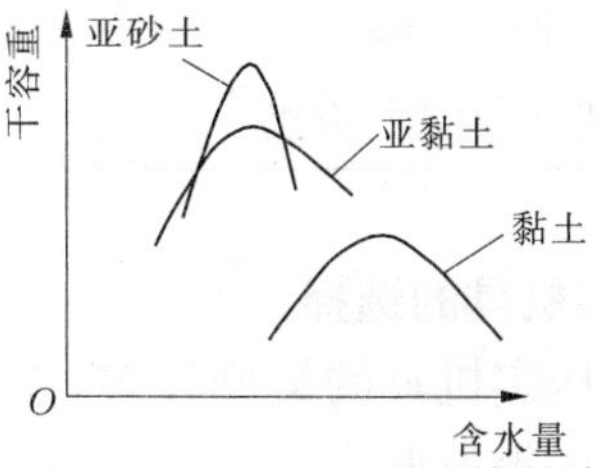

图2-22　土质对干容重的影响

3.1.3　压实功能

压实功能与压实工具的质量、碾压次数或锤落高度、作用时间等有关,其对压实效果的影响是除含水量外的另一个重要因素。如图2-23所示,同一种土的最佳含水量随压实功能的增大而减小,最大干容重则随压实功能的增大而增大;在相同含水量条件下,压实功能越高，土基密实度越高。

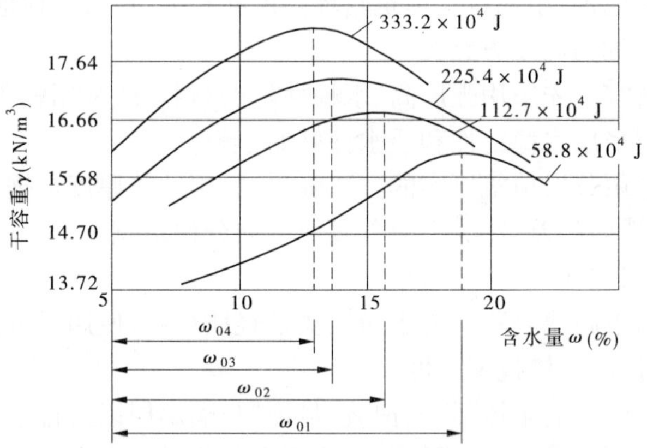

图 2-23　不同压实功能下土"干容重—含水量"关系

在工程实践中可以增加压实功能（选用重碾、增加次数或延长作用时间等），以提高路基强度或降低最佳含水量。但压实功能增加到一定限度以后，效果提高越来越缓慢，在经济效益和施工组织上不尽合理。压实功能过大，一是可能导致土基结构破坏，二是由于相对应含水量减少造成土体的水稳定性差，其压实效果适得其反。相比之下，严格控制最佳含水量，要比增加压实功能收效大得多。

3.1.4　压实厚度

不同压实工具的有效压实厚度有所差异，根据压实工具类型、土质及土基压实的基本要求，路基分层压实的厚度如表 2-4 所示。一般情况下，夯实不宜超过 200 mm，12 ~ 15 t 光面压路机不宜超过 250 mm，振动压路机或夯实机宜以 500 mm 为限。实际施工时的压实厚度应通过试验确定。

表 2-4　填土每层的铺土厚度和压实遍数

压实机械类型	每层铺土厚度（mm）	每层压实遍数（遍）
平碾（光面碾）	200 ~ 300	6 ~ 8
羊足碾	200 ~ 350	8 ~ 16
振动平碾	600 ~ 1 500	6 ~ 8
蛙式、柴油式打夯机	200 ~ 250	3 ~ 4

3.2　压实机具的选择

土基压实机具的类型较多，通常按压实工作原理分为碾压式（静力式）、振动式、夯击式和冲击式等类型。

碾压式机具包括光面碾、羊足碾和轮胎碾等几种；振动式机具有振动器、振动压路机等；夯击式机具有夯锤、夯板、风动夯及蛙式打夯机等；冲击式机具有冲击式压路机。

不同压实机具适用于不同土质及不同土层厚度，正常条件下，对于砂性土的压实效果，振动式较好，夯击式次之，碾压式较差；对于黏性土则宜选用碾压式或夯击式，振动式较差甚至无效。压实机械的选用可参考表 2-5 和表 2-6。

表 2-5 压路机技术性能

机具名称	最大有效压实厚度(m)	碾压行程遍数				适宜的土类
		黏性土	亚黏土	粉砂土	砂性土	
人工夯实	0.10	3~4	3~4	2~3	2~3	黏性土与砂性土
牵引式光面碾	0.15	—	—	7	5	黏性土与砂性土
羊足碾(2个)	0.20	10	8	6	—	黏性土
5 t 自动式光面碾	0.15	12	10	7	—	黏性土与砂性土
10 t 自动式光面碾	0.25	10	8	6	—	黏性土与砂性土
25 t 轮胎压路机	0.45	5~6	4~5	3~4	2~3	黏性土与砂性土
50 t 轮胎压路机	0.70	5~6	4~5	3~4	2~3	黏性土与砂性土
0.5 t 夯击机	0.40	4	3	2	1	砂性土
1.0 t 夯击机	0.60	5	4	3	2	砂性土
1.5 t 夯板落高 2 m	0.65	6	5	2	1	砂性土
履带式	0.25	6~8	6~8	6~8	6~8	黏性土与砂性土
振动式	0.40	—	—	2~3	2~3	砂性土

表 2-6 各种土质适宜的碾压机械

机械名称	细粒土	砂类土	砾石土	巨粒土	备注
6~8 t 两轮光轮压路机	√	√	√	√	用于预压整平
12~18 t 两轮光轮压路机	√	√	√	○	最常使用
25~50 t 轮胎压路机	√	√	√	√	最常使用
羊足碾	√	×或○	×	×	黏性土
振动压路机	○	√	√	√	最常使用
凸块式振动压路机	√	√	√	√	最宜使用含水量较高的细粒土
手扶式振动压路机	○	√	√	×	狭窄地点
振动平板夯	○	√	√	×或○	狭窄地点
夯锤(板)	√	√	√	○	狭窄地点
推土机、铲运机	√	√	√	√	仅用于摊平土层和预压

注:①表中符号,√代表适用,○代表无适当机械可用,×代表不适用;②土的类别按《公路土工试验规程》(JTG E04—2007)的规定划分;③对特殊土和黄土(CLY)、膨胀土、盐渍土等的压实机械选择可按细粒土考虑;④羊足碾(包括凸块碾、条式碾)应有光轮式压路机配合使用。

知识链接:压实机械

一、压路机

按压实工作原理,压实机械可分为静力式、振动压、夯击式和冲击式;按压路机行驶方式可分为自行式和拖式;按压路机滚轮的外部结构可分为光轮式、轮胎式、凸块式等。

各种碾压轮对不同土壤的大致适用范围如图 2-24 所示。

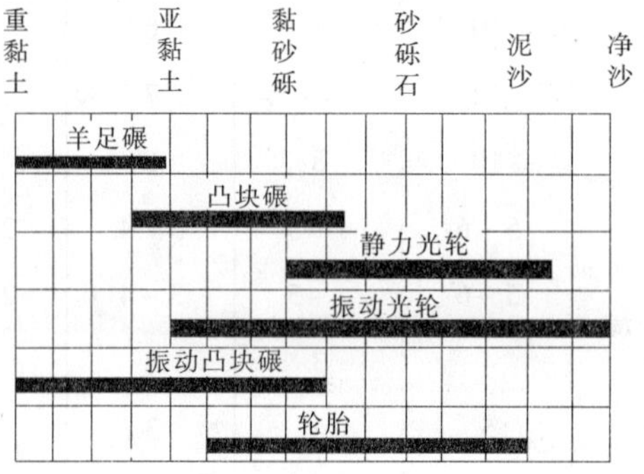

图 2-24 各种碾压轮对不同土壤的大致适用范围

(一)静力光轮压路机

静力光轮压路机利用机械自重对土壤和铺层材料进行压实,自身结构比较简单,使用、维修均较方便,是国内普遍使用的一种传统压实机械。压路机型式有二轮二轴式(2 ~ 13 t)、三轮三轴式(13 ~ 14 t、加配重 15 t)以及三轮二轴式(11 ~ 15 t、加配重 1 ~ 3 t);新型机械多采用液压传动和转向并提高线压力。

静力光轮压路机适用于砂性土和黏性土等各种土壤。

(二)轮胎压路机

轮胎压路机利用充气轮胎对铺装材料进行压实;有拖式与自行式之分,大多为自行式。

自行式轮胎压路机使用方便,机动灵活性高。其轮胎数目为:前轮 3 ~ 5 只,后轮 4 ~ 6 只,前后轮胎相错排列,用以消除碾压空隙;可根据压实需要,将轮胎同时升降或单只升降;整机重一般为 3 ~ 3.5 t,最重的达 50 t;轮胎压路机通过调节轮胎内的压力范围以适应松软土壤至密实土壤,从而改变轮胎的接地压力,是当今压实工程中必备的压实机械之一。

轮胎压路机适用于砂性土和黏性土等各种土壤及沥青混凝土路面。

(三)振动压路机

振动压路机是将振动和静力碾压相结合的压实机械,是在静力式压路机的碾轮上装置激振机构,当振动碾工作时,振动能以压力波形式向被压层内传播,使被压层同时受到静压和振动的综合作用,从而达到密实效果。

振动压路机可调整振动频率和振幅,以适应压实材料的不同,取得良好的压实效果;自重轻,耗能少;生产率高,压实厚度大,压实质量好;可有备用凸块、光轮进行换装,拆装方便;当振动压路机不需振动时,可关闭振动变为静力碾压;铰接式振动压路机可方便而有效地碾压弯道边缘的路面部分使之密实;附装自动观测碾压相对密实度的仪表时,可直接检测整个碾压路段的压实质量。

振动压路机的质量一般是静力压路机的 1 ~4 倍，最适宜压实各类非黏性土、碎石、碎石混合料及各种沥青混凝土等，是筑路工程中不可缺少的压实设备。

(四)冲击式压路机

冲击式压路机是利用非圆形(三边形或五边形)凸轮产生集中的冲击力来压实土石填料的压实机械。冲击式压路机冲击能力大，压实度高，有效压实厚度达 1 m 以上，生产效率高，工作速度快，适用于碎石、黏土、膨胀土、湿陷性黄土等各类填料的压实。由于冲击式压路机压实厚度大，对高填方路基的压实作业效果明显；同时，由于设备具有高能量，可加速土体固结，对填料的含水量范围可以适当放宽。

(五)羊足碾

在滚筒上装置许多凸块的压路机，由于凸块形似羊足，称为羊足碾。羊足碾单位面积的压力大，有捣实作用，压实厚度大，适用于压实黏性土壤及碎石层。尤其对于硬性黏土，凸块有搅拌、揉搓和捣实作用，可使填料均匀、上下铺层黏结良好、不易分层，广泛用于路基工程施工。但应注意，由于砂土的颗粒受到羊足碾较大的单位压力后向四面移动使土的结构被破坏，因此羊足碾不适用砂土的碾压。

二、夯实机械

夯实机械主要用于狭窄的沟槽回填以及大型碾压机械不能到达地段的压实作业。夯实厚度可以达到 1 ~1.5m，适用于桥背、涵侧路基夯实、路面坑槽的振实和路面养护维修的夯实平整。

夯实机械按工作原理的不同，分为冲击式、振动式和振动 - 冲击式三类。

冲击式夯实机是用重物提升到一定高度落下，冲击被压层，使之压实，这类机械包括各种内燃式和电动式夯土机，如蛙式夯实机，主要适用于夯实黏性土和非黏性土。

振动式夯实机利用机械自身产生的高频振动力作用于被压实层，不需要大的跳起高度，但有相当大的振动频率，如振动平板夯，适用于颗粒性土壤(如非黏性砂质黏土、砾石、碎石)的夯实，尤其适用于狭窄地段的工作。

振动 - 冲击夯又称快速冲击夯，是一种新型的小型夯实机械，通过冲击和振动联合作用，适用于砂石等松散物料的夯实，也可用于压实黏性土。

3.3 土质路堤压实施工要点

土基压实时，在机具类型、土层厚度及行程遍数已经选定的条件下，压实操作时宜先轻后重、先慢后快、先边缘后中间(超高路段则从内侧至外侧，先低后高)。

压实时，相邻两次的轮迹应重叠轮宽的1/3，对于三轮压路机则应重叠后轮的1/2，保持压实均匀，不漏压；对于压不到的边角，应辅以人力或小型机具夯实。

压实全过程中，经常检查含水量和密实度，以达到符合规定压实度的要求。

压实机械对土进行碾压时，一般以慢速效果最好，除羊足碾或凸块碾外，压实速度以 2 ~4 km/h 最为适宜。羊足碾的速度可以快些，在碾压黏土时最快可达 12 ~16 km/h。各种压实机械的作业速度，应在填方前铺筑试验段，找出获得最佳效果的碾压速度，正式施工时参照执行。

压路机始终要以纵向进退方式进行压实作业。碾压一端终了，宜采取纵向退行方式继续第二遍碾压，不宜采用掉头方式，以免因机械调头时搓挤土，使压实的土被翻松。

纵向分段压好以后，进行第二段压实时，它在纵向接头处的碾压范围，宜重叠 1 ~ 2 m，以确保接头处平顺过渡。

知识链接：弹簧土

一、弹簧土的概念

在路基压实施工中，“弹簧土”是经常遇到的一种工程病害。“弹簧土”是指因土的含水量高于达到规定压实度所需要的含水量而无法压实的黏性土体。当地基为黏性土且含水量较大，趋于饱和时，压实后地基踩上去有一种颤动的感觉，故称为“弹簧土”。

二、“弹簧土”的主要防治措施

“弹簧土”的防治及处理方法如下：

(1)避免使用天然稠度小于 1.1，液限大于 40%，塑性指数大于 18，含水量大于最佳含水量 2% 以上的土作为路基填料。

(2)清除碾压层下软弱层，换填良性土壤后重新碾压。

(3)对产生“弹簧”的部位，可将过湿土翻晒，拌和均匀后重新碾压；或挖除换填含水量适宜的良性土壤后重新碾压。

(4)对产生“弹簧”且急于赶工的路段，可掺生石灰粉翻拌，待含水量适宜后重新碾压。

(5)严禁不同种类土壤混填，尤其是不能用透水性差的土壤包裹透水性好的土壤，以免形成水囊。

(6)填筑路堤上层时应设置排水沟，或采取其他措施降低地下水位至路基 50 cm 以下。

(7)填筑路堤上层时，应对下层填土的压实度和含水量进行检查，待检查合格后方能填筑上层。

4 路基压实标准

4.1 土方路基压实标准

路基在野外施工，受到种种条件限制，很难达到室内标准击实试验所得的最大干容重，应予以适当降低。土基压实后，应进行压实度检测以控制施工质量。

4.1.1 外观检测

压实完成后的路基表面应平整无起伏、坑槽，无明显轮迹，无翻浆，如有必要可用压路机在检查路段上行走，观察土基回弹情况。

4.1.2 压实度检测

在外观检查合格后，根据规范要求的频率选点实测干容重，工地实测干容重 γ 与室内标准击实试验得到的最大干容重 γ_0 之比的相对值，称为压实度，用 K 表示。

$$K = \frac{\gamma}{\gamma_0} \times 100\% \tag{2-1}$$

压实度 K 就是现行规范规定的路基压实标准。土质路基压实度标准如表 2-7 所示，表中所列压实度以重型击实试验法为准。

表 2-7 土质路基压实度标准

填挖类型		路床顶面以下深度(m)	压实度(%)		
			高速公路、一级公路	二级公路	三、四级公路
路堤	上路床	0 ~ 0.30	≥96	≥95	≥94
	下路床	0.30 ~ 0.80	≥96	≥95	≥94
	上路堤	0.80 ~ 1.50	≥94	≥94	≥93
	下路堤	>1.50	≥93	≥92	≥90
零填及挖方路基		0 ~ 0.30	≥96	≥95	≥94
		0.30 ~ 0.80	≥96	≥95	—

压实度的检测方法有环刀法、灌砂法、灌水法和核子密度湿度仪法等。在使用核子密度湿度仪时,事先应与规定试验方法做对比试验进行标定。

4.2 填石路堤压实标准

填石路堤的压实质量宜采用施工参数(压实功率、碾压速度、压实遍数、铺筑层厚等)与压实质量检测联合控制。

(1)上、下路堤的压实质量标准。填石路堤压实质量可以采用压实沉降差或空隙率进行检测。规范规定平均压实沉降差小于 5 mm,标准差小于或等于 3 mm;空隙率标准如表 2-8 所示。

表 2-8 填石路堤上、下路堤的压实质量标准

分区	路面底面以下深度(m)	硬质石料空隙率(%)	中硬石料空隙率(%)	软质石料空隙率(%)
上路堤	0.80 ~ 1.50	≤23	≤22	≤20
下路堤	>1.50	≤25	≤24	≤22

(2)施工过程中每一压实层,用试验路段确定的工艺流程和工艺参数控制压实过程;用试验路段确定的沉降差指标检测压实质量。

(3)填石路基填筑至设计标高并整修完成后,其压实度应符合试验路段确定的施工工艺,沉降差不大于试验路段确定的沉降差。检测方法:水准仪每 40 m 检测一个断面,每断面检测 5 ~ 9 点。

(4)填石路基外观质量标准:路堤表面无明显孔洞;大粒径石料不松动,铁锹挖动困难;边坡码砌紧贴、密实,无明显孔洞、松动,砌块间承接面向内倾斜,坡面平顺。

4.3 土石混填路堤压实标准

4.3.1 外观检查

土石路堤的外观质量标准是：路基表面无明显孔洞；大粒径石料不松动，铁锹挖动困难；中硬、硬质石料土石路基边坡码砌紧贴、密实，无明显孔洞、松动，砌块间承接面向内倾斜，坡面平顺。

4.3.2 压实标准

对中硬、硬质石料填筑的土石混填路堤，可用试验路段确定的沉降差指标，检测压实质量。对软质石料填筑的土石路堤，应符合土质路基压实标准。

案例分析

一、工程背景

某高速公路M合同段，主要为路基土石方工程，本地区岩层构成为泥岩、砂岩互层，抗压强度20 MPa左右，地表土覆盖层较薄。在招标文件中，工程量清单列有挖方240万m^3（土石比例为6∶4），填方24.9万m^3，填方路段填料由挖方路段调运。在填筑路堤时，施工单位采用土石混合分层铺筑，局部路段因地形复杂而采用竖向填筑法施工，并用平地机整平每一层，最大层厚40 cm，填至接近路床底面标高时，改用土方填筑。

二、问题提出

1. 指出填筑路堤施工方法存在的问题，并提出正确的施工方法。

2. 针对该路段选择的填料，在填筑时，对石块的最大粒径应有何要求？

三、问题解决

1. 填筑路堤时存在以下问题：

(1)不应采用平地机整平。

因含石量为40%，整平应采用大型推土机辅以人工进行。

(2)不应采用竖向填筑法。

土石路堤只能采用分层填筑、分层压实。

2. 规范规定，天然土石混合填料中，中硬、硬质石料的最大粒径不得大于压实层厚的2/3。本案例中土石混合料抗压强度20 MPa左右，因此石块的最大粒径不得超过压实层厚的2/3，超过的石料应清除或打碎。

课后训练

一、填空题

1. 路基填筑四阶段八流程中，在施工阶段的工作流程包括：分层填土、__________、洒水晾晒、__________和__________。

2. 路堤填筑时，当原地面纵坡大于12%或横坡陡于1∶5时，应按设计要求挖台阶，或设置成坡度向内并大于__________、宽度大于__________的台阶。

3. 路基的填筑方式有：水平分层、__________、__________和__________。

4. 推土机的基本作业是铲土、________、________、________四个过程。

5. 铲运机可以进行挖土、________和________等多种作业。

6. 填石路堤压实质量可以采用________和________进行检测。

7. 影响土基压实效果的因素包括:________、________、________和压实厚度。

8. 土基压实机具的类型较多,可分为________、________、________和冲击式等类型。

9. 羊足碾适宜压实________土,振动式压路机适宜碾压________土。

10. 常用路基压实度的检测方法有:________、________和核子密度湿度仪法等。

二、单选题

1. (　　)不适合于填筑路基。

A. 砂性土　　B. 黏性土　　C. 碎石土　　D. 膨胀性重黏土

2. 路基填筑在地面横坡(　　)时需做挖台阶处理。

A. 小于1:10　　B. 介于1:10和1:5

C. 大于1:5　　D. 大于1:2

3. 压实路基填土时的操作不正确的是(　　)。

A. 先轻型压路机再重型压路机　　B. 先慢速碾压后快速碾压

C. 直线段从路肩向路中心碾压　　D. 超高段从超高外侧向内侧碾压

4. 用碎砾石填筑的路基宜用(　　)进行碾压。

A. 振动式压路机　　B. 碾压式压路机　　C. 夯锤　　D. 夯板

5. 含水量较大的黏性土最适合的压实机械为(　　)。

A. 振动式压路机　　B. 小型振动夯

C. 凸块式振动压路机　　D. 轮胎压路机

6. 不同类型土分层填筑时,一种土最小填筑厚度为(　　)cm。

A. 30　　B. 40　　C. 50　　D. 60

7. 场地填筑的填料为爆破石渣、碎石类土、杂填土时,宜采用的压实机械为(　　)。

A. 平碾　　B. 羊足碾　　C. 振动碾　　D. 轮胎碾

8. 当取土距离超过1 km时,宜选取的取土作业方式为(　　)。

A. 铲运机取土　　B. 推土机取土

C. 挖掘机和自卸汽车配合取土　　D. 平地机取土

9. 主要用于50~100 m短距离运输作业的土石方机械是(　　)。

A. 铲运机　　B. 推土机　　C. 挖掘机　　D. 平地机

10. 填石路堤的压实度检测可采用(　　)方法进行。

A. 环刀法　　B. 18 t以上振动压路机进行压实试验

C. 灌砂法　　D. 超声波检测

三、多选题

1. 地下水影响范围内路基适宜填土为(　　)。

A. 砂性土　　B. 砾类土　　C. 黏土　　D. 粉土　　E. 有机土

2. 压实作业应遵循的原则是(　　)。

A. 先轻后重,先边后中,先慢后快　　B. 先重后轻,先中后边,先快后慢

C. 轮迹重叠　　D. 超高地段先外侧后内侧

3. 下面为路基不合格填料的为(　　)。

A. 有机土　　B. 淤泥　　C. 强膨胀土　　D. 强风化砂岩

4. 关于填石路堤,以下说法不正确的是(　　)。

A. 高速公路填石分层厚度不宜大于 60 cm

B. 石料最大块径不宜超过厚度的 2/3

C. 填石路堤石料强度满足 15 MPa

D. 一级以上的公路,上路床可采用填石填筑

5. 影响土石混填路基压实度的主要因素是(　　)。

A. 粗颗粒含量　　B. 含水量　　C. 压路机质量　　D. 碾压遍数

四、简答题

1. 路基填筑施工的主要工序有哪些?

2. 路基填筑方式有哪些? 各自的适用性如何?

3. 影响土基压实效果的因素有哪些?

4. 土基碾压的操作要点有哪些?

五、案例分析

1. 背景材料

某新建一级公路土方路基工程施工,该工程取土困难。K10 +000 ~ K12 +000 段路堤位于横坡陡于1∶5的地面,施工方进行了挖台阶等地基处理,然后采用几种不同土体填料分层填筑路基,填筑至 0 ~80 cm,施工方选择细粒土,采用 18 t 光轮压路机,分两层碾压。两层碾压完成后,检测了中线偏位(合格率 90%)、纵断面高程(合格率 85%)、平整度(合格率 85%)、宽度(合格率 88%)、横坡(合格率 92%)和边坡坡度(合格率 90%),认定土方路基施工质量合格,提请下一道工序开工。

2. 问题及其解决

(1)对于挖台阶处的填筑具体应如何实施? 在公路工程中有哪些情况需要进行挖台阶处理?

(2)影响土方路基质量最关键的因素是填料和压实,该工程的施工方法对此是否能有效控制? 为什么?

(3)你认为该工程进行现场质量控制的检测是否符合工序检查要求?

(4)依据上述检测内容能否认定质量合格? 请简述原因。

任务 3　路堑开挖

【任务描述】

路堑开挖包括土方开挖和石方开挖,需要采用不同的机械设备和方法组织施工,公路技术人员应具备从事土方和石方开挖的施工能力。

【任务分析】

1. 利用挖掘机配合自卸汽车组织土质路堑开挖。

2. 根据工程现场情况选择不同的石方爆破方法。

【任务实施】

1 土质路堑开挖

1.1 土质路堑开挖基本要求

路堑由天然地层构成，开挖后边坡易发生变形和破坏，路基的病害常发生在路堑挖方地段，因此要选择合理的路堑施工方法，施工过程中保证路堑边坡的稳定，防止事故发生，应注意以下几点。

1.1.1 路堑排水

路堑区域施工时，应保证在施工过程中和竣工后能顺利排水，因此应先在适当的位置开挖截水沟，并设置排水沟，以排除地面水和地下水。

1.1.2 废方处理

路堑挖出的土方，除利用外，多余的土方应按设计的弃土堆进行废弃，不得妨碍路基的排水和路堑边坡的稳定。同时，弃土应尽可能用于改地造田，美化环境。

1.1.3 边坡稳定

为了保证土方路堑边坡的稳定，应及时设置必要的支挡工程。开挖时，应自上而下，逐层进行，以防止边坡塌方，尤其在地质不良地段，应分段开挖，分段支挡。

1.2 土质路堑施工工艺流程

土方路堑开挖可分为横向挖掘法、纵向挖掘法及混合式开挖法。

1.2.1 横向挖掘法

对路堑整个横断面的宽度和深度从一端或两端逐渐向前开挖的方式称为全断面横挖法。一般采用机械开挖，具体方法如下：

(1)单层横向全宽挖掘法。从开挖路堑的一端或两端按断面全宽一次性挖到设计标高，逐渐向纵深挖掘，挖出的土方一般都是向两侧运送。该方法适用于挖掘浅而短的路堑，如图 2-25(a)所示。

(2)多层横向全宽挖掘法。从开挖路堑的一端或两端按断面分层挖到设计标高，适用于挖掘深且短的路堑。如图 2-25(b)所示，由于开挖深度较大，分两层进行开挖，为提高工作效率，在第一台阶设置运土道，两层一前一后实现同步作业。

1.2.2 纵向挖掘法

土质路堑纵向挖掘多采用机械作业，具体方法如下：

(1)分层纵挖法。沿路堑全宽，以深度不大的纵向分层进行挖掘，适用于较长的路堑开挖，如图 2-26(a)所示。

(2)通道纵挖法。先沿路堑纵向挖掘一通道，然后将通道向两侧拓宽以扩大工作面，并利用该通道作为运土路线及场内排水的出路。该层通道拓宽至路堑边坡后，再挖下层通道，如此向纵深开挖至路基标高，该法适用于较长、较深、两端地面纵坡较小的路堑开挖，如图 2-26(b)所示。

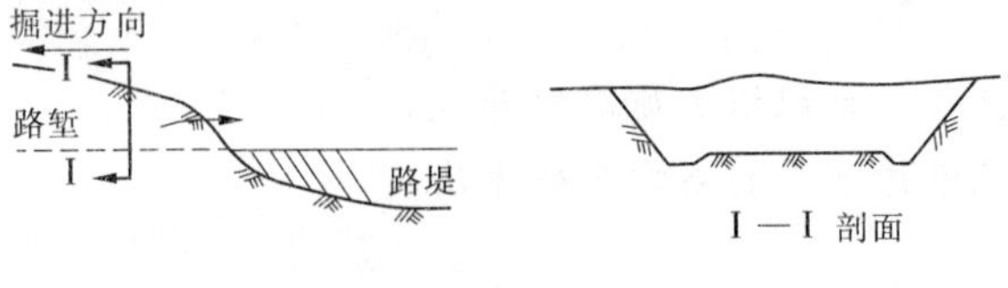

(a)单层横向全宽挖掘法

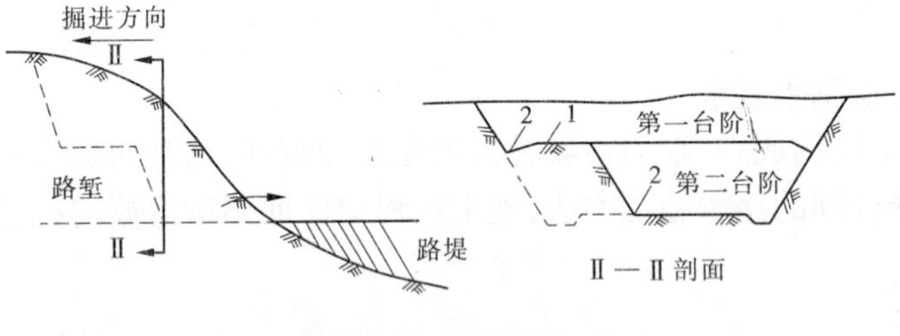

(b)多层横向全宽挖掘法

1—第一台阶运土道;2—临时排水沟

图 2-25　横向全宽挖掘法

(3)分段纵挖法。沿路堑纵向选择一个或几个适宜处,将较薄一侧路堑横向挖穿,将路堑在纵方向上按桩号分成数段,各段再纵向开挖。该法适用于纵向长度过长、弃土运距过远、一侧堑壁较薄的傍山路堑开挖,如图 2-26(c)所示。

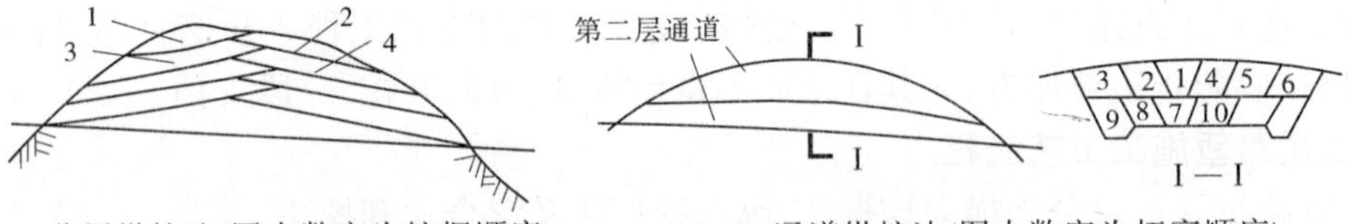

(a)分层纵挖法(图中数字为挖掘顺序)　　(b)通道纵挖法(图中数字为拓宽顺序)

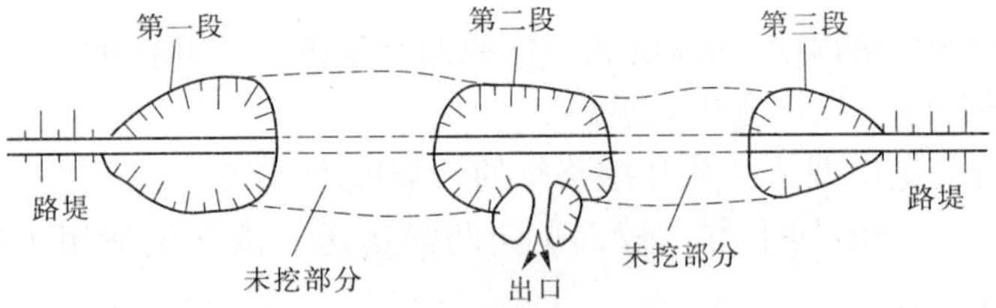

(c)分段纵挖法

图 2-26　纵向挖掘法

1.2.3　混合式开挖法

混合式开挖法指将横向挖掘法与通道纵挖法混合使用,先沿路线纵向挖掘通道,然后沿横向坡面挖掘,以增加开挖面。该法适用于路堑纵向长度和挖深都很大的场合,如图 2-27所示。

1.3　机械开挖作业方式

路基土方开挖工程量大,通常采用机械作业方式。

1.3.1　推土机开挖土质路堑作业

推土机开挖土方作业主要由切土、运土、卸土、回程等过程组成一个循环。影响作业效率的主要因素是切土和运土两个环节,因此必须以最短的时间与距离切满土,并尽可能

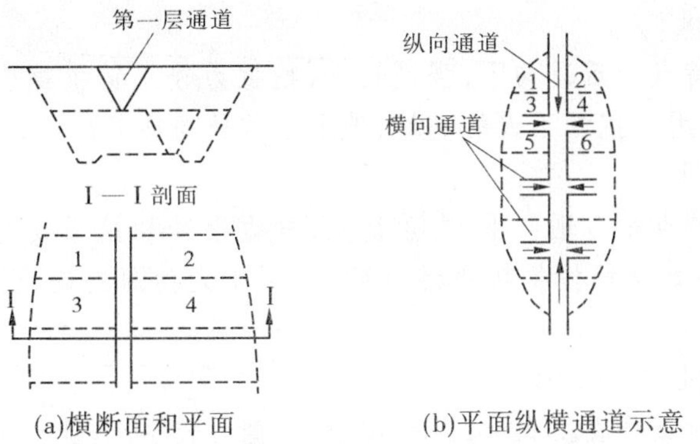

注：箭头表示运土和排水方向，数字表示工作面号数。

图 2-27 混合式挖掘法

减少土在推运过程中的散失。可采用下坡推土法、槽形推土法、并列推土法、接力推土法和波浪式推土法，另有斜铲推土法和侧铲推土法。

1.3.2 挖掘机开挖土质路堑作业

公路工程施工中以单斗挖掘机最为常见，而路堑土方开挖中又以正铲挖掘机使用最多，如图 2-28 所示。正铲挖掘机挖装作业灵活，回转速度快，工作效率高，特别适用于与运输车辆配合开挖土方路堑。正铲挖掘工作面的高度一般不小于 1.5 m，否则将降低生产效率，过高则易塌方损伤机具。其作业方法有侧向开挖和正向开挖。此外，反铲挖掘机也是土方开挖的常用机械。

图 2-28 正铲挖掘机和运输车配合作业

知识链接：挖掘机

一、性能与适用性

在筑路工程中常用的是履带式或轮胎式单斗挖掘机，按其工作装置分为正铲、反铲、拉铲和抓斗四种基本型式，如图 2-29 所示。

（一）正铲挖掘机

正铲挖掘机的特点是前进向上，强制切土，挖掘力大，生产率高，能开挖停机面以上的Ⅰ～Ⅳ级土，宜用于开挖高度大于 2 m 的干燥基坑，但需设置下坡道，见图 2-29(a)。

（二）反铲挖掘机

反铲挖掘机的特点是后退向下，强制切土，挖掘力较正铲挖掘机小，能开挖停机面以下的Ⅰ～Ⅱ级土，宜用于挖深不大的基坑，地下水位较高亦可应用，见图2-29(b)。

（三）拉铲挖掘机

拉铲挖掘机的特点是后退向下，自重切土，挖掘半径和挖深较大，能挖掘停机面以下的Ⅰ～Ⅱ级土，但不如反铲挖掘机灵活准确，宜用于大而深的基坑、河道及水下挖掘，见图2-29(c)。

（四）抓斗挖掘机

抓斗挖掘机的特点是直上直下，自重切土，挖掘力较小，只能开挖Ⅰ级土，宜用于开挖窄而深的基坑、桥梁基础、砂砾及水中淤泥，对潮湿土亦能适用，见图2-29(d)。

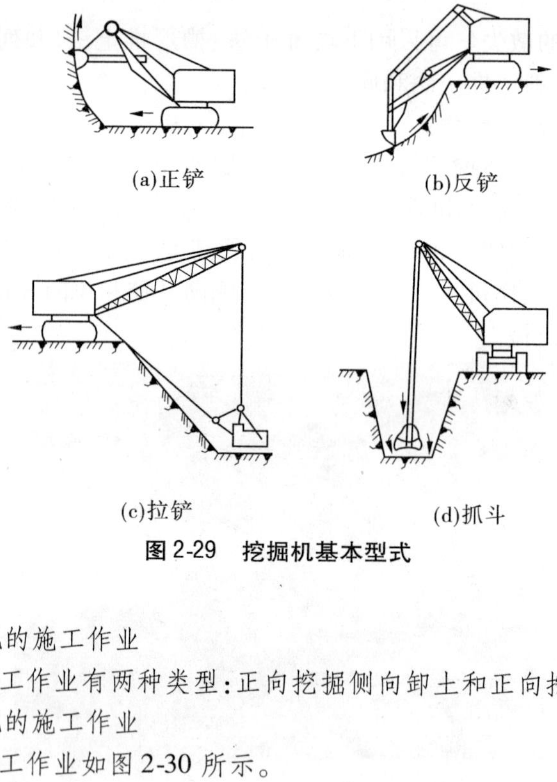

图2-29　挖掘机基本型式

二、施工作业

（一）正铲挖掘机的施工作业

正铲挖掘机的施工作业有两种类型：正向挖掘侧向卸土和正向挖掘机后方卸土。

（二）反铲挖掘机的施工作业

反铲挖掘机的施工作业如图2-30所示。

反铲沟端开挖：挖掘机在基槽一端开挖，开行方向与基槽开挖方向一致，优点是挖土方便和宽度较大，见图2-30(a)。

反铲分段开挖基坑：当开挖大面积基坑时，可采取图2-30(b)所示的分段开挖法。挖掘机的行进如图中箭头所指方向。

反铲沟侧开挖：挖掘机在沟槽一侧挖土。机身移动方向与挖土方向相互垂直。这种方式的机身稳定性较差，开挖深度、宽度较小，见图2-30(c)。

反铲分层开挖：采用反铲沟侧开挖较深坑槽时，可取分层开挖法，逐步下降机身，逐层挖深，见图2-30(d)。

三台反铲联合作业：当挖坑较宽时，可用2～3台反铲挖掘机分别以沟端开挖和沟侧开挖的方式同时联合推进，从而满足施工要求，并加快进程，见图2-30(e)。

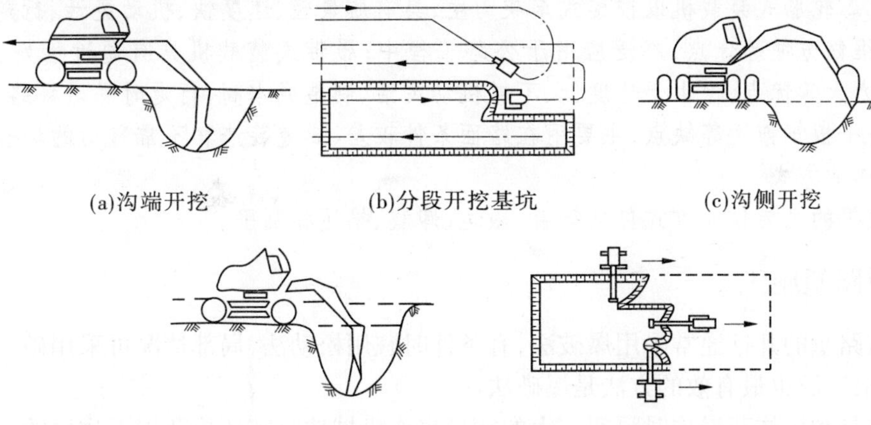

(a)沟端开挖　(b)分段开挖基坑　(c)沟侧开挖

(d)分层开挖　(e)三台反铲联合作业

图2-30　反铲挖掘机的施工作业

(三)拉铲挖掘机的施工作业

拉铲挖掘机施工亦有沟侧及沟端开挖之分，但均有边坡留土较多的缺点。三角形开挖可使边坡余土大量减少，节省人工，提高效率，如图2-31所示。

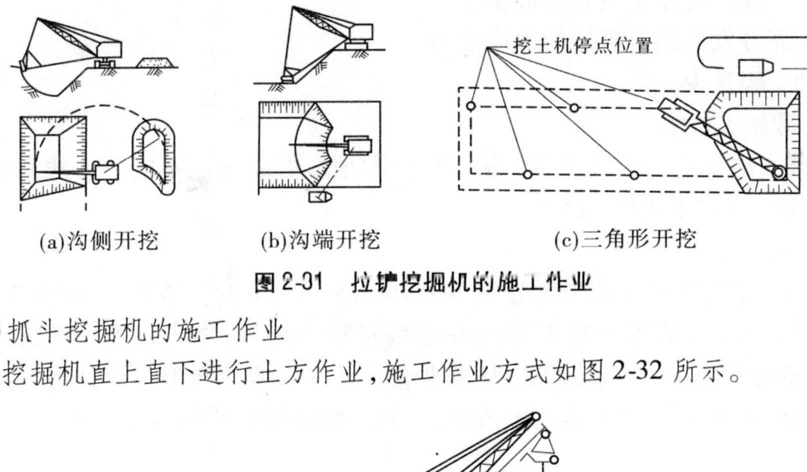

(a)沟侧开挖　(b)沟端开挖　(c)三角形开挖

图2-31　拉铲挖掘机的施工作业

(四)抓斗挖掘机的施工作业

抓斗挖掘机直上直下进行土方作业，施工作业方式如图2-32所示。

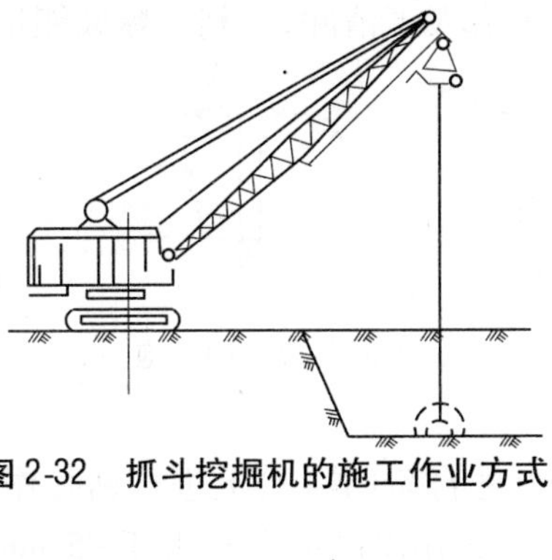

图2-32　抓斗挖掘机的施工作业方式

知识链接：装载机

一、性能与适用性

装载机是公路施工常用的一种机械，主要适用于土石方和松散物料的装载或自卸自运、清理场地和平整地面，以及推土、起重和牵引车辆等多种作业。装载机有轮胎式和履带式两类。轮胎式装载机以铰接式车架为主，具有质量轻、速度快、机动灵活、行走时不破坏路面、维修方便等优点，广泛应用于公路工程中；履带式装载机具有通过性好、稳定性强、牵引力大等优点，但由于速度低、不够机动灵活、制造成本高、行走时易破坏路面、转移工地需用平板车拖运等缺点，主要用在路面条件较差、隧道装渣和不常移动的场合。

二、作业方式

装载机的主要作业方式包括铲装、搬运、卸载、推运和刮平。

2 石质路堑施工

石质路堑的开挖通常采用爆破法，有条件时宜用松动法，局部情况可采用破碎法。其中，使用最广泛也最有效的方法是爆破法。

爆破是利用炸药爆炸时瞬间产生的能量来作机械功以破坏炸药周围物质的过程。在开挖程序确定后，根据岩石条件、工程量和施工技术要求，通过方案比较拟订合理的爆破方式。实施爆破的基本要求是：

(1)保证开挖质量和施工安全。

(2)符合施工工期和开挖强度的要求。

(3)有利于维护岩体完整和边坡稳定。

(4)可以充分发挥施工机械的生产能力。

(5)辅助工程量少。

2.1 路基爆破施工技术

路基爆破方法很多，随药包性质、断面形状和地形的变化而不同。一般来说，用药量1 t以上为大炮，1 t以下为中、小炮。

2.1.1 钢钎炮

钢钎炮通常指炮眼直径和深度分别小于70 mm和5 m的爆破方法，如图2-33所示。

钢钎炮比较灵活，适用于地形艰险及爆破量较小地段(如打水沟、开挖便道、基坑等)，在综合爆破中是一种改造地形、为其他炮型服务的辅助炮型。钢钎炮炮眼浅，用药少，每次爆破的方数不多，且全靠人工清除，不利于爆破能量的利用且工效较低。

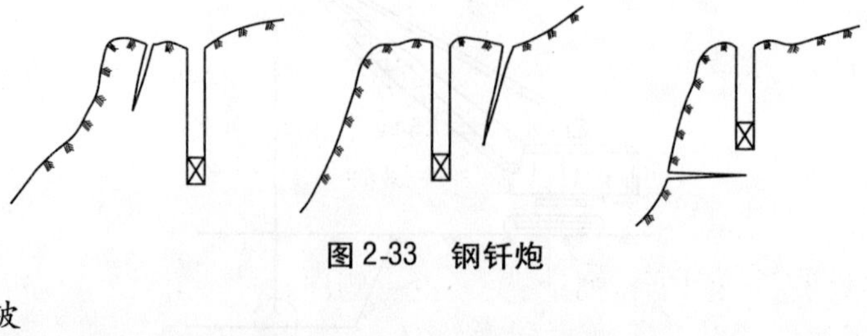

图2-33 钢钎炮

2.1.2 深孔爆破

深孔爆破是指在事先修好的台阶(梯段)上进行钻孔作业，并在钻好的深孔内装入延长药包进行爆破的一种方法。深孔爆破的孔径大于75 mm，深度在5 m以上，如图2-34所示。图中，W为最小抵抗线，是指药包中心或重心到最近自由面的最短距离；H为台阶高度，是梯段开挖的垂直高度；h为超钻深度，是指孔底至梯段平台的超深值。

深孔爆破炮孔需用大型的潜孔凿岩机或穿孔机钻孔,如用挖运机械清方可以实现石方施工全面机械化,劳动生产率高,一次爆落的方量多,施工进度快,爆破时比较安全,适用于石方集中与地形较平缓的垭口或深路堑,是大量石方(万立方米以上)快速施工的重要爆破方式。

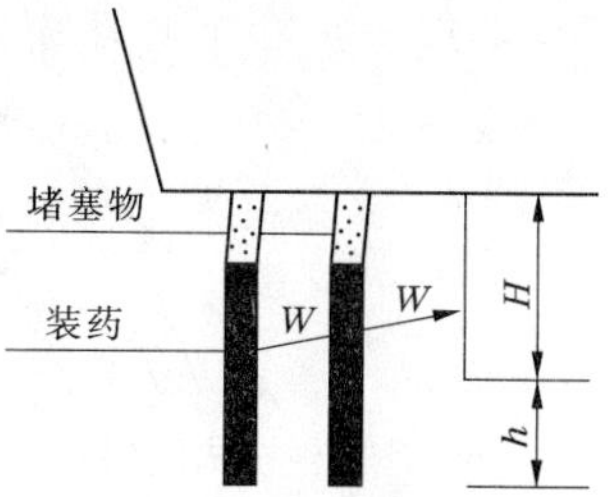

图2-34 深孔爆破

2.1.3 药壶炮

药壶炮也称烘膛炮,是指在深2.5~3.0 m以上的炮眼底部用小量炸药经一次或多次烘膛,使眼底成葫芦形,将炸药集中装入药壶中进行爆破,如图2-35所示。药壶炮主要用于露天爆破,具有爆破效果好、工效高、进度快、炸药消耗少等优点,是小炮中最省工、省药的一种方法。其缺点是扩大药壶操作较为复杂,爆落的岩石不均匀。

2.1.4 猫洞炮

猫洞炮是炮洞直径为0.2~0.5 m,洞穴成水平或略有倾斜(台眼),深度小于5 m,用集中药包于炮洞中进行爆炸的一种方法,如图2-36所示。

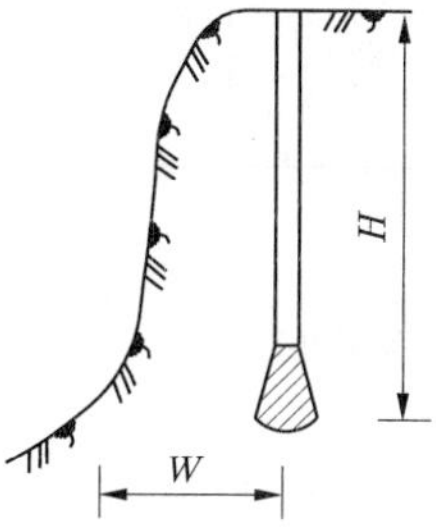

H—阶梯高度;W—最小低抗线

图2-35 药壶炮

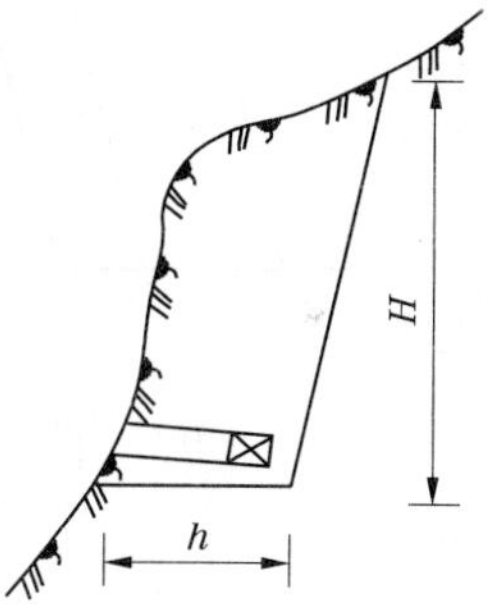

H—阶梯高度;h—眼深

图2-36 猫洞炮

猫洞炮充分利用岩体本身的崩塌作用,能用较浅的炮眼爆破较高的岩体,一般爆破可炸松15~150 m^3。在有裂缝的软石、坚石中,阶梯高度大于4 m,药壶炮药壶不易形成时,采用这种爆破方法,可以获得好的爆破效果。

2.1.5 光面爆破

在开挖限界的周边,适当排列一定间隔的炮孔,在有侧向临空面的情况下,先爆除主体开挖部位的岩体,然后起爆布置在设计轮廓线上的周边孔药包,将光爆层炸除,形成一个平整的开挖面。如图2-37所示为路堑边坡爆破炮孔布置。

2.1.6 预裂爆破

在开挖限界处按适当间隔排列炮孔,在没有侧向临空面和最小抵抗线的情况下,用控制炸药量的方法,预先炸出一条裂缝,使拟爆体与山体分开,作为隔震减震带,起保护和减弱开挖限界以外山体或建筑物的震动破坏作用,如图2-38所示。

预裂爆破的特点是能够缓冲、反射开挖爆破的振动波,控制其对保留岩体的破坏影响,使之获得较平整的开挖轮廓。这种爆破方法适用于获得垂直或倾斜的开挖壁面,在规则的曲面、扭曲面、水平面等也适用。如图2-39所示,通过依次布置主爆孔、辅助孔和预

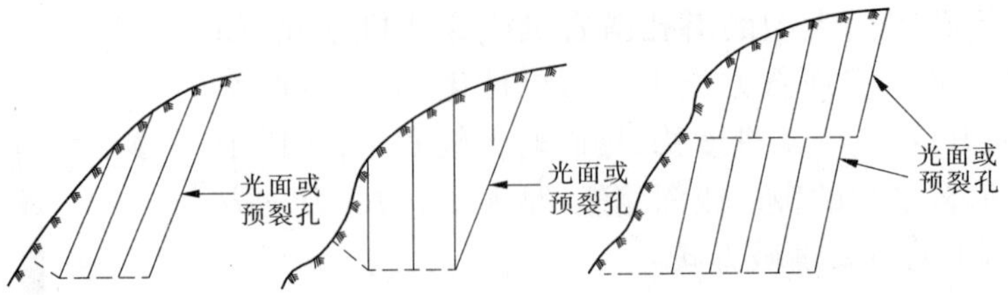

图 2-37　半壁路堑的炮孔布置

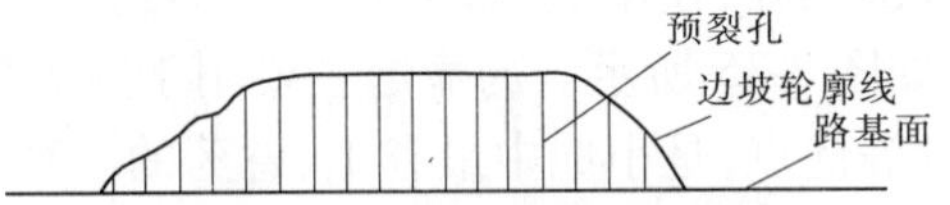

图 2-38　边坡预裂爆破纵剖面图

裂孔，可以获得较为平整的倾斜边坡。

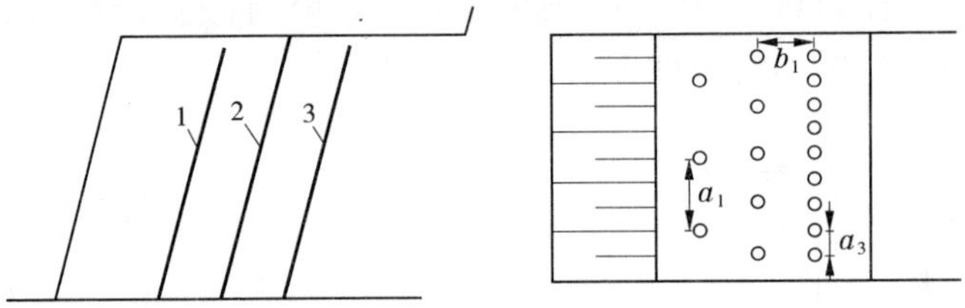

1—主爆孔；2—辅助孔；3—预裂孔；

a_1—主爆孔距；b_1—辅助孔与预裂孔排距；a_3—预裂孔距

图 2-39　预裂爆破布孔示意图

2.1.7　微差爆破

两相邻药包或前后排药包以若干毫秒的时间间隔（一般为 15 ~ 75 ms）依次起爆，称为微差爆破，也称毫秒爆破。

通过微差爆破，爆破产生的岩石破坏作用力（应力波或冲击波）可以叠加，促使岩石易于被炸碎；同时，前后段爆破传递到围岩内部的冲击波又相互干扰和相互抵消，使冲击波对围岩的振动破坏大为减弱。这种爆破方式能有效地控制爆破冲击波、震动、噪声和飞石；操作简单、安全、迅速；可近火爆破而不造成伤害；破碎程度好，可提高爆破效率和技术经济效益。缺点是网路设计较为复杂，需特殊的毫秒延期雷管及导爆材料。

微差爆破适用于开挖岩石地基、挖掘沟渠，以及用于工程量与爆破面积较大，对截面形状、规格、减震、飞石、边坡有严格要求的控制爆破工程。

微差爆破的实现一般有两种方法：一种用毫秒雷管和毫秒起爆器；另一种方法是使用毫秒雷管起爆。如图 2-40 所示为某工程路堑爆破的复式微差爆破起爆网路，一次起爆 40 m，根据排距分成 10 排炮孔，排间采用 1 ~ 19 段非电毫秒雷管进行孔内微差起爆，以达到两级微差控制的目的，形成梯段式爆破。

2.1.8　硐室爆破

硐室爆破是将大量炸药装入硐室和巷道中进行爆破，由于一次装药量和爆落方量较大，常称为“大爆破”，如图 2-41 所示。

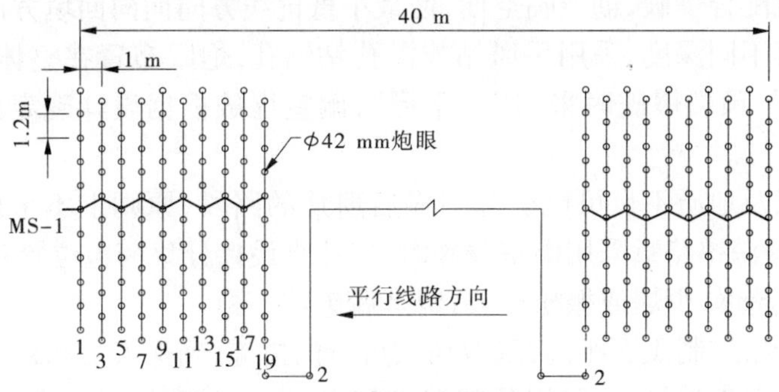

图 2-40　微差爆破起爆网路示意图

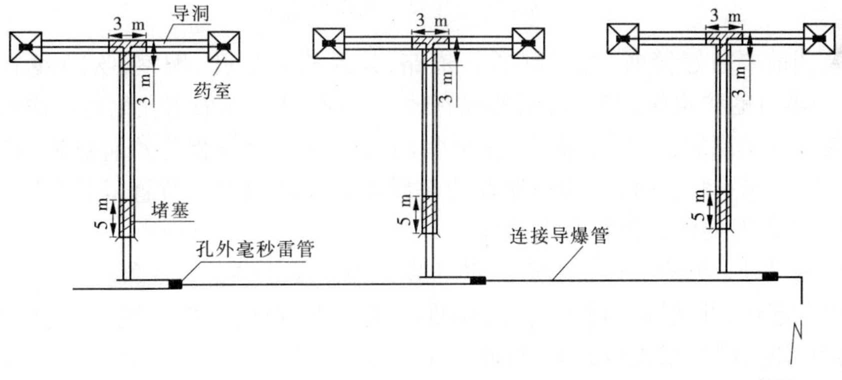

图 2-41　硐室爆破示意图

为使爆破设计断面内的岩体大量抛掷(抛坍)出路基,减少爆破后的清方工作量,保证路基的稳定性,可根据地形和路基断面形式,采用抛掷爆破(扬弃爆破)、定向爆破、松动爆破方法。

抛掷爆破是使爆破作用范围内的岩石不仅被破碎、爆松,而且将部分岩块抛掷出爆破漏斗以外,应用于多面临空和陡坡地形的效果最佳,其抛掷率达 70% ~80%。平坦地形的抛掷爆破(亦称扬弃爆破)是在地面平坦或坡度小于 30°的地形条件下,将开挖的沟渠、路堑、河道等沟槽或基坑内的挖方部分或大部分扬弃到设计开挖范围以外,使被开挖的工程通过爆破基本成型。

定向爆破是利用炸药爆炸的作用,把某一地区的土石方抛掷到指定的位置,并大致堆积成所需形状。

松动爆破仅将土岩松动和破碎,而不进行岩块抛掷和扬弃。

2.2　石质路堑爆破施工技术要点

(1)恢复路基中线,放出边线,钉牢边桩。

(2)根据地形、地质及挖深选择适宜的开挖爆破方法,制订爆破方案,编制爆破施工组织设计,报有关部门审批。

(3)用推土机整修施工便道,清理表层覆盖土及危石。

(4)在地面上准确放出炮眼(井)位置,竖立标牌,标明孔(井)号、深度和装药量等。

(5)用推土机配合爆破,创造临空面,使最小抵抗线方向面向回填方向。

(6)炮眼按其不同深度,采用手风钻或潜孔钻钻孔,炮眼布置在整体爆破时采用“梅花形”或“方格形”,预裂爆破时采用“一字形”,硐室爆破根据设计确定药包的位置和药量。

(7)在居民区及地质不良可能引起坍塌后遗症的路段,原则上不采用大中型硐室爆破。在石方集中的深挖路堑采用硐室爆破时,应认真设计分集药包位置和装药量,精确测算爆破漏斗,防止超爆、少爆或振松边坡,留下后患。

(8)爆破要严格控制飞石距离,采取切实可行的措施,确保人员和建筑物的安全。

(9)确保边坡爆破质量,可采用预裂爆破技术、光面爆破技术和微差爆破技术,同时配合选择合理的爆破参数,减少冲击波影响,降低石料大块率,以减少二次破碎,利于装运和填方。

(10)装药前要布好警戒,选择好通行道路,认真检查炮孔、硐室,吹净残渣,排除积水,做好爆破器材的防水保护工作,雨期或有地下水时,可考虑采用乳化防水炸药。

(11)装药分单层装药、分层装药、预裂装药及硐室内集中装药。炮眼装药后用木杆捣实,填塞黏土,硐室装药时,将预先加好的起爆体放在药包中心位置,周围填以炸药,用砂黏土填塞,填塞时要注意保护起爆线路。

(12)认真设计,严密布设起爆网络,防止发生短路及二响重叠现象。

(13)顺利起爆,并清除边坡危石后,用推土机清出道路,用推土机、铲运机纵向出土填方,运距较远时,用挖掘机械装土,自卸汽车运输。

(14)随时注意控制开挖断面,切勿超爆,适时清理整修边坡和暴露的孤石。

(15)路基开挖至设计标高,经复测检查断面尺寸合格后,及时开挖边沟、排水沟和截水沟,经监理工程师验收合格后,对边沟、边坡进行防护。路槽整理要掌握好,不要留孤石和超爆,做到一次标准成型验收合格。

知识链接:石方机械

一、凿岩机械

钻孔爆破法是最常用的凿岩方法,它首先是用凿岩机械在岩石工作面上开凿一定深度和孔径的炮径,然后装入炸药进行爆破,再将爆破后的碎石由装运设备运走,从而实现凿岩掘进。

凿岩机械是对石方进行钻孔等作业的机械设备,在钻孔爆破法施工中使用的凿岩机械有凿岩机、凿岩台车、潜孔钻机和破碎锤等。

二、破碎与筛分机械

破碎与筛分机械是采石场必备的工程机械,其作用是将大块岩石进行破碎、筛分分级,形成石材中不同粒度的碎石、砾石,用于石方工程中。

开采后的岩石破碎时,主要有压碎、冲击破碎和磨碎等方法,常用破碎机有颚式、锥式、辊式或滚筒式、转子式及锤式等几种。筛分机械用于物料的分级、脱水和脱介等作业,可分为固定式和活动式两大类,其中,使用最广泛的是振动筛。

案例分析

一、背景材料

某山岭重丘区高速公路K29+000～K29+800路段进行路基施工，其中K29+000～K29+400为路堑开挖，原地面自然坡度65°～75°，地表1～3 m为黏土，下为Ⅴ级岩石，不含水分，施工方拟采用药壶炮爆破法爆破，挖方共计13 800 m^3，土方2 000 m^3，石方11 800 m^3；K29+400～K29+800为山坡路堤填筑，需要填方6 000 m^3。由于上段爆破石料较多，经强度检测，大于20 MPa，施工方拟利用石方用水平分层填筑法填筑成土石路堤，土石比例1:2直接铺筑，松铺厚度50 cm，接近设计标高时，改用土方填筑。在施工过程中发现软石、坚石有裂缝，药壶炮药壶难以形成，工班长建议为提高路堑开挖速度，改用中型硐室爆破。

二、问题提出

1. 请从施工角度简述药壶炮爆破法的特点。

2. 分析该工程土石路堤填筑施工的合理性。

3. 工班长建议改用中型硐室爆破的建议是否可以采纳？为什么？

三、问题解决

（一）药壶炮爆破法的特点

药壶炮主要用于露天爆破，其使用条件是：岩石应在Ⅺ级以下，不含水分，阶梯高度（H）小于10～20 m，自然地面坡度在70°左右。如果自然地面坡度较缓，一般先用钢钎炮切脚，炸出台阶后再使用。经验证明，药壶炮最好用于Ⅶ～Ⅸ级岩石，中心挖深4～6 m，阶梯高度在7 m以下。

药壶炮的优点是：装药量可根据药壶体积而定，一般为10～60 kg，最多可超过100 kg。每次可炸岩石数十方至数百方，是小炮中最省工、省药的一种方法。

（二）该工程土石路堤填筑施工的合理性分析

该工程土石路堤填筑施工不合理。

首先用于土石路堤的石料除检测强度外还应该检查粒径，只有两者都合格，经设计变更后方可进行；其次根据土石比例，松铺厚度应控制在40 cm以内。

（三）改用中型硐室爆破的建议是否可行

不可行。

根据工程施工条件应改用猫洞炮爆破。猫洞炮充分利用岩体本身的崩塌作用，能用较浅的炮眼爆破较高的岩体，一般爆破可炸松15～150 m^3。在有裂缝的软石、坚石中，阶梯高度大于4 m，药壶炮药壶不易形成时，采用这种爆破方法，可以获得好的爆破效果。

课后训练

一、填空题

1. 路堑开挖应注意__________、__________和边坡稳定等问题。

2. 土方路堑开挖基本方式主要有__________、纵向挖掘法和__________几种。

3. 将横向挖掘法与通道纵挖法混合使用，即称为__________。

4. 石方路堑的开挖通常采用__________法，有条件时宜用__________法，局部情况可采用破碎法。

5. 石方路堑开挖最有效的方法是__________，可以大大地提高工效，缩短工期，节约劳力，提高公路的使用质量。

6. 土方开挖量很大的路堑施工宜采用__________和自卸汽车配合进行土方挖运。

7. 常用的爆破施工方法有钢钎炮、药壶炮、猫洞炮、__________、__________、预裂爆破、__________、硐室爆破等。

二、选择题

1. 路堑长度不超过 100 m，开挖深度不大于 3 m，地面较陡时，宜采用(　　)作业。

A. 铲运机　　B. 推土机　　C. 挖掘机　　D. 平地机

2. 路堑开挖时所采用的一层横向全宽挖掘法，适用于开挖深度(　　)的路堑。

A. 小且较短　　B. 小且较长　　C. 大且较短　　D. 大且较长

3. 在土质路堑开挖中，横向挖掘法是从路堑(　　)在横断面全宽范围内向前开挖。

A. 一端　　B. 一端或两端　　C. 从上到下　　D. 开挖深度内

4. 公路岩质路堑开挖常用的爆破方式有(　　)。

A. 预裂爆破　　B. 钻孔爆破　　C. 硐室爆破　　D. 药壶爆破

5. 开挖风化较严重、节理发育或岩层产状对边坡稳定不利的石方宜采用(　　)。

A. 深孔排炮　　B. 小型排炮微差爆破　　C. 预裂爆破　　D. 减弱松动爆破

6. 微差爆破是指相邻药包或前后排药包以毫秒的时间间隔依次起爆，其时间间隔一般是(　　)。

A. 15 ~ 55 ms　　B. 15 ~ 65 ms　　C. 15 ~ 75 ms　　D. 15 ~ 85 ms

三、简答题

1. 土质路堑常用的开挖方法分为哪几种？各自的适用性如何？

2. 挖掘机分哪几类？各自适用于何种情况？

3. 公路工程中常用的爆破方法有哪些？

四、案例分析

(一)背景材料

某施工单位承接了某高速公路路基 H 合同段工程施工，该段设计车速 100 km/h，平均挖深 19 m，路基宽度 26 m，其中 K20 + 300 ~ K20 + 520 为石质路堑。该区段岩石为石炭系硅质灰岩，岩石较坚硬，多为厚层构造，局部呈薄层状构造，裂隙发育。要求路堑采用钻爆开挖，爆破石渣最大允许直径为 30 cm，对开挖石渣尽可能提高利用率。

施工单位编制的爆破设计方案摘要如下：

(1)边坡采用预裂爆破，路基主体尽量采用深孔爆破，局部采用钢钎炮、烘膛炮等。

(2)采用直径 8 cm 的钻头钻孔，利用自行式凿岩机或潜孔钻一次钻到每阶平台设计标高位置。

(3)爆破顺序采用从上至下的分台阶，顺路线方向纵向推进爆破，控制最大爆破深度不超过10 m,纵向每40~50 m为一个单元,边坡和主体采用微差爆破一次性完成。

(4)边坡预裂爆破孔间距为1 m,采用"方格形"布置,按水平方向控制炮杆位置,路基主体内炮孔间距4 m,采用"梅花形"均匀布置。

爆破设计方案报主管部门审批时未通过,退回后由施工单位重新修改。

在确定爆破安全距离时,施工单位按《爆破安全规程》(GB 6722—2011)中安全距离不小于200 m的规定,将安全距离设为200 m,并布置警戒线。爆破结束后,未出现安全事故。

K20+300~K20+520段需开挖石方140 000 m^3,采用2台装载机(每台作业率720 m^3/台班)和6台自卸汽车(每台作业率300 m^3/台班)配合装运石方,其他机械均配套,将石方调运到两端的填方路段。

施工完成后,对路基工程进行了质量检验,其中针对K20+300~K20+520路段,实测了纵断面高程、中线偏位、宽度、横坡。

(二)提出问题

(1)指出并改正爆破设计方案中的错误之处。

(2)施工单位确定爆破安全距离的做法是否恰当?说明理由。

(3)在不考虑加班的情况下,K20+300~K20+520路段石方调运工作需要多少天?

(4)K20+300~K20+520段路基施工的质量检验,还应实测哪些项目?

任务4 软土路基处理

【任务描述】

在公路施工中经常遇到软土路基,公路技术人员必须掌握软土路基性质、特点及常用处理方法,应具备正确选择软土路基处理方法和软土路基现场施工的能力。

【任务分析】

1. 利用砂垫层、反压护道、堆土预压及土工聚合物等进行软土路基表层处理。
2. 利用换填法处治软土路基。
3. 利用排水固结法处治软土路基。
4. 利用深层拌和法、粒料桩、强夯法等处治软土地基。

【任务实施】

1 软土地基的工程特性

路基中软土是指滨海、湖沼、谷地、河滩沉积的天然含水量高、孔隙比大、压缩性高、抗剪强度低的细粒土。大部分软土的天然含水量为30%~70%,孔隙比1.0~1.9,渗透系数为10^{-8}~10^{-7}cm/s,压缩系数为0.005~0.02,抗剪强度低,具有触变性和显著的流变性,工程特性较差。

修建在软土地区的路基,通常存在路堤填筑荷载引起软基滑动破坏的稳定问题和沉降量大且时间长的沉降问题。

2 软土地基处理思路

软土地基处理具体方法有几十种，常常多种方法综合应用，通过换填、夯实、挤密、排水、胶结、加筋和热学等方法对地基土进行加固，以改良地基土的工程特性，提高路基的稳定性和承载能力。

软土路基加固思路：一是调整土壤三相体的比例关系，减少土壤中的空气和水分所占体积，增加土壤颗粒成分；二是采取固化措施，增强地基抗变形能力，用水泥、石灰等材料，改善土壤三相体自身的结构强度和变形特征。

按地基处理的作用机理，地基加固处理方法大致分为土质改良、土的置换、土的补强三类。土质改良是指用机械（力学）、化学、电、热等手段增加地基土的密度，或使地基土固结；土的置换是将软土层换填为优质土，如砂垫层等；土的补强是采用薄膜、绳网、板桩等约束住地基土，或者在土中放入抗拉强度高的补强材料形成复合地基以加强和改善地基土的剪切特性。

3 表层处理法

3.1 砂垫层

砂垫层是湿软土层地基固结所需要的上部排水层，同时又是路堤内土体含水量增多的排水层，如图 2-42 所示。砂垫层的作用是加速软弱土层的排水固结，提高承载能力，减少沉降量，同时防止冻胀，消除膨胀土的胀缩作用，也可处理暗穴。

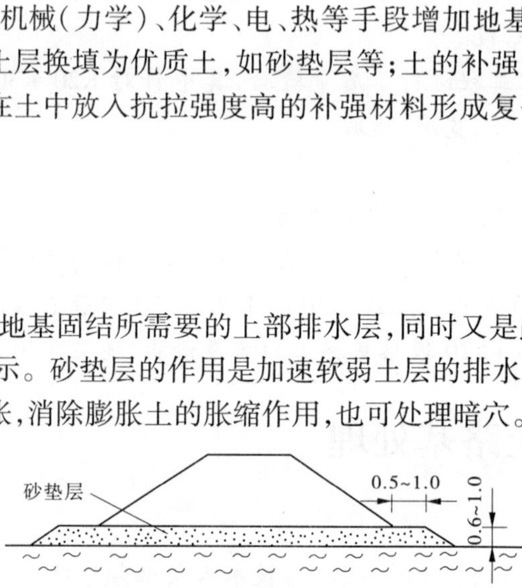

图 2-42 砂垫层 （单位：m）

砂垫层用于路堤高度小于 2 倍极限高度（在天然软土地基上，基底不作特殊加固处理而用快速施工方法修筑路堤的填筑最大高度）软土层及其硬壳较薄，或软土表面有渗透性很低的硬壳等情况，亦可用于软土层稍厚但具有双面排水条件的地基。

砂垫层有排水砂垫层、换土砂垫层、砂垫层和土工布混合使用等形式。

砂垫层的填料，应选用质地坚硬的粒料，不应混入风化料、软岩破碎或其他有机杂物。砂、石材料含泥量（不大于 0.1 mm 颗粒含量）不应超过 5%，碎卵石最大粒径可放宽至 70 mm。砂石垫层中的砂，应为洁净的中、粗砂，避免使用细砂。

砂垫层施工简便，不需特殊机具设备，占地较少。但需放慢填筑速度，严格控制加荷速率，使地基有充分时间进行排水固结。因此，砂垫层适用于施工期限不紧迫、砂料来源充足、运距不远的施工环境。

砂垫层施工要点如下：

（1）设置放样桩，标定施工宽度和松铺厚度。

（2）用自卸汽车及推土机配合分层摊铺。每层铺设厚度应小于 300 mm，如采用大型碾压机械，其铺设厚度可控制在 500 mm 以内。

(3)摊铺第一层的推土机应采用低比压,第二层采用中比压。低比压推土机比普通推土机有较低的接地压力,在含水量高或松软地区以及雨后施工条件变坏的情况下仍能正常作业。

(4)摊铺必须尽量均匀,不要有很大的集中荷载作用。

3.2 反压护道

在路堤两侧填筑一定宽度和高度的护道,以改善路堤荷载方式来增加抗滑力,使路堤下的软基向两侧隆起的趋势得到平衡,从而保证路堤的稳定性,如图2-43所示。

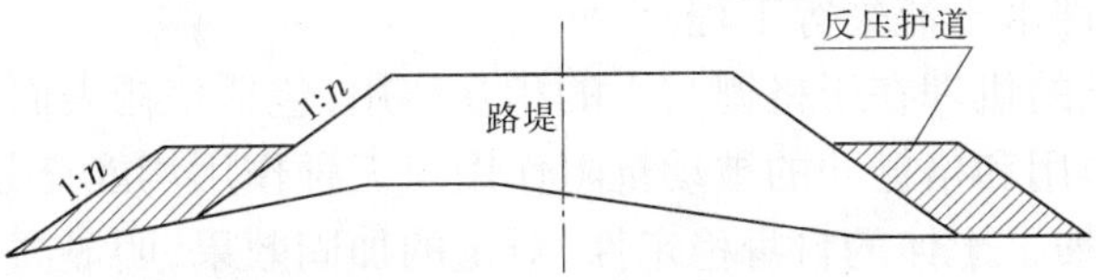

图2-43 反压护道法

反压护道用于路堤高度不大于1.5~2倍极限高度,非耕作区和取土不太困难的地区。采用反压护道加固地基,不需特殊的机具设备和材料,施工简易方便,但占地多,土的用量大,后期沉降大,以后的养护工作量也大。反压护道应与路堤本身同时填筑,如分开填筑,必须在路堤达到临界高度前筑好,其施工工艺要求与路堤填筑要求基本相同。

在施工过程中应注意:

(1)避免一次性高堆填,应分层填筑、分层压至规定的密实度。每层铺筑要有一定向外倾斜的坡度,以利排水。

(2)反压护道的填筑速度不得慢于主路堤。

(3)主路堤在施工中或完工后,如能确定反压护道下面的地基强度已增长到要求值,可将反压护道的超载部分挖除,并用这些材料填筑主路堤。

3.3 堆土预压法

堆土预压法是在工期允许的前提下,施工前在软土地基表面预先堆土加压,加速地基的下沉和软土固结,通过挤密增大土体密实度,提高土的抗剪强度。这种方法施工简单,不需要特殊的机械和材料,但软土的排水、固结时间长,工期一般较长。

3.4 土工聚合物处治

3.4.1 土工布

土工布铺设于路堤底部,在路基自重作用下受拉产生抗滑力矩,提高路基稳定性。土工布在软土地基加固中的作用有排水、隔离、应力分散和加筋补强。

土工布由高分子聚合物合成纤维通过针刺或编织而成,连接时一般采用搭接法或缝接法。土工布一般分一层或多层铺设;当铺设两层以上时,层与层之间要夹10~20 cm的砂或砂砾垫层,以提高基底透水性,如图2-44所示。土工布的铺设需满足锚固搭接长度要求,注意保持土工布的平整和张拉程度,注意端头的位置和锚固,以保证土工聚合物的整体性。土工布存放以及铺设过程中,应尽量避免长时间暴晒,存放过程中避免与污物接触,以防土工布被污染而失去透水性条件。

3.4.2 土工格栅

土工格栅是一种以高分子聚合物为主要原料,经过拉伸形成的具有方形或矩形网格

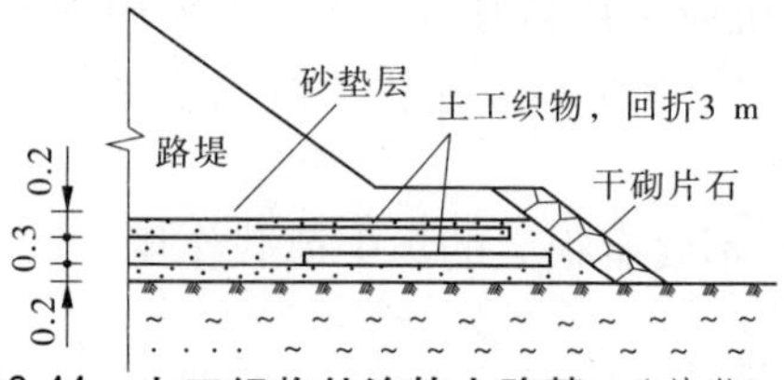

图 2-44　土工织物处治软土路基　（单位：m）

的聚合物网材，分为单向拉伸土工格栅和双向拉伸土工格栅，主要用于公路路基加固，滑坡、塌方的修复及治理水土流失等工程。

土工格栅加固土的机理在于格栅与土的相互作用，包括格栅表面与土的摩擦作用、格栅孔眼对土的锁定作用和格栅肋的被动抗阻作用。三种作用均能充分约束土的颗粒侧向位移，从而大大地增加了土体的自身稳定性，对土的加固效果，明显高于其他土工织物，可迅速提高地基承载力，加快施工进度，控制软基地段沉降量发展，缩短工期，使公路及早投入使用。

4　换填法

换填土层法，简称换填法，即采用相应的处理方法，将基底下一定深度范围内的软土层挖去或挤去，换以强度较大的砂、碎（砾）石、灰土或素土，以及其他性能稳定、无侵蚀性的土类，并予以压实。换填法一般适用于地表下 0.5 ~ 3.0 m 的浅层软土处治。

4.1　开挖换填法

采用挖掘机械，铲除软土层后换填好土并分层压实的方法称为开挖换填法。其施工要点如下：

（1）选择良好的填料。应选择强度较大、性能稳定的填料。当软土地基中地下水位较高时，应选择具有良好透水性能的砂、砂砾等粗粒料作为填料。

（2）确定开挖边坡的坡度。根据开挖深度与土的抗剪强度确定合理的边坡坡度。开挖时用水泵排水，防止边坡坍塌破坏。

（3）填料应及时运进、随挖随填，防止挖方边坡坍塌。将软弱地基层全部挖除或部分挖除，用透水性较好的材料（如砂砾、碎石、钢渣等）进行回填。基底开挖深度在 2 m 以内可用推土机、挖掘机或人工直接清除至路基范围以外，堆放或运至取土坑回填；深度超过 2 m 时，要由端部向中央分层挖除，并修筑临时运输便道，由汽车运载出坑。

该方法简单易行，对于软基较浅（1 ~ 2 m）的泥沼地特别有效。但对于深层软基处理，要求沉降控制较严的路基、桥涵构造物、引道等，应采用其他方法。

4.2　强制换土法

强制换土法是把好土直接铺撒在软土地基表层，靠土的自重将软土挤向周围，从而换上好土的施工方法。这种方法对于薄软土层特别有效，对于厚软土层，视工程种类及加固目的而定。

强制换土法的施工要点：从路中线逐渐向两侧填筑，从而将软土挤向两侧。

对于宽路堤，由于软土厚度不一致，若在路堤下面残留部分软土，完工后会产生不均匀沉降，因此选择强制换土法要慎重。

4.3 爆破换填法

爆破换填法是将炸药放在软土或泥沼中爆炸，利用爆炸时的张力作用，把淤泥或泥沼扬弃，然后回填强度较高的渗水性土壤（如砂砾、碎石等）的施工方法，也称为爆破排淤法。这种方法用于淤泥（泥炭）层较厚、稠度大、路堤较高和施工期紧迫的情况。但对桥涵构造物及两侧引道等，应考虑采用其他方法。

爆破换填有两种方法：一是先填后爆，先在原地面上填筑低于极限高度的路堤，再在基底下爆破，适用于稠度较大的软土或泥沼。二是先爆后填，适用于稠度较小、回淤较慢的软土。

爆破换填与强制换土的区别是：强制换土法是把好土直接铺撒在软土地基表层，靠土的自重将软土挤向周围，从而换上好土；而爆破换填法则是将挤土的方式改用爆炸力，会更容易将软土从土层中挤出。

4.4 抛石挤淤法

抛石挤淤法是在路基底部抛投一定数量片石，将淤泥挤出基底范围，以提高地基强度的施工方法。这种方法施工简单、迅速、方便，适用于常年积水的洼地，排水困难、泥炭呈流动状态、厚度较薄、表层无硬壳、片石能沉达底部的泥沼或厚度为 3 ~ 4 m 的软土。

抛投片石的大小，随泥炭或软土的稠度而定。

抛投顺序，应先从路堤中部开始，中部向前突进后再渐次向两侧扩展，以使淤泥向两旁挤出。当软土或泥沼底面有较大的横坡时，抛石应从高的一侧向低的一侧扩展，并在低的一侧多抛填一些。片石露出水面后，宜用重型压路机反复碾压，然后在其上面铺反滤层，再进行填土。

5 排水固结法

排水固结法是利用砂井、袋装砂井、塑料排水板（简称塑料板）等增加土层竖向排水途径，缩短排水距离，加速地基固结的软土路基处理方法。

5.1 砂井排水法

砂井排水法是在软土地基中人为设置垂直排水砂井，缩短排水距离，减少固结时间，以达到提高地基抗剪强度的一种方法，如图 2-45 所示。为改善排水效果，砂井上部可进行堆载预压，一般情况下，堆载预压的加载量大致可取与设计荷载接近，这样可预压至 80% 的固结度。砂井排水法的施工深度一般为 15 ~ 20 m。

砂井施工按以下步骤进行：

（1）铺砂：在砂井施工前，先在地表均匀地铺设一层 0.5 ~ 1.5 m 的砂垫层。

（2）砂井布置：一般采用梅花形或正方形布置。

（3）采用打入式、振动式、射水式、螺钻式等打桩设备施打砂井，用下部装有活瓣桩靴的桩管将砂（含泥量不大于 3%）或砂和角砾混合料（含泥量不大于 5%）灌入形成砂井。

5.2 袋装砂井排水法

砂袋是用聚丙烯、聚乙烯、聚酯材料编织而成的。砂袋中装入渗水率较高的中粗砂（粒径大于 0.5 mm 的砂含量宜占总重的 50% 以下），含泥量不大于 3%，渗透系数不小于 5×10^{-3} cm/s。

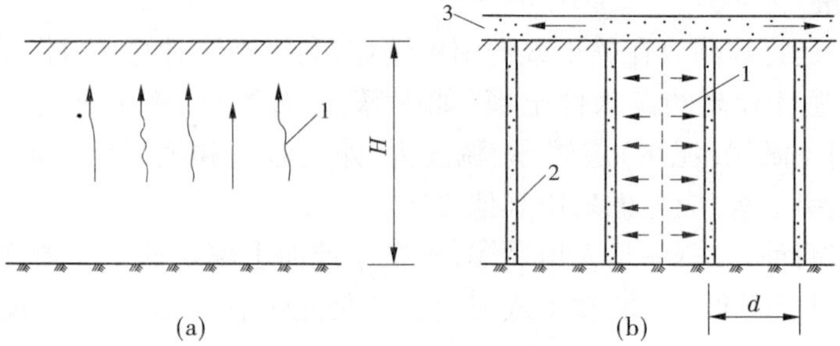

H—软土层厚度；d—砂井间距；
1—排水；2—砂井；3—砂垫层
图 2-45　利用砂井加速软土地基排水固结

袋装砂井直径多为 7 cm，砂井间距 2 ~ 4 m，砂井长度 10 ~ 20 m。袋装砂井施工有以下两种方法。

5.2.1　现场灌砂成井施工方法

将钢套管（下端用可开闭的底盖或预制桩靴）打入土中至要求的深度；将准备好的砂袋，比砂井长 2 m，扎好下口后向袋内灌入洁净的粗砂约 20 cm（高度）作为重压，放入套管沉到要求深度；在将砂袋放入套管内不能达到要求深度时，会有一部分拖留在地面，此时需机械排泥处理，继续下沉达到规定深度；将袋口固定于装砂漏斗，振动装砂入袋，砂装满后，卸下砂袋，拧紧套管上盖，然后把压缩空气送进套管，同时提升套管直至地面。

5.2.2　预制砂袋直接投放孔内成井

预先在砂袋里装满砂料，并将上口扎结牢靠，运送到现场，弯成圆形堆放；套管成孔后，随即将预制砂袋投放孔内，拔管成井，其施工工艺流程如图 2-46 所示。袋装砂井采用导管式振动打设机械进行施工，每台班（8 h）可打设 100 根以上，工作效率较高。

5.3　塑料板排水法

塑料板排水法是将有通槽的带状塑料排水板用插板机插入软土中，然后在土面上加载预压，土中水沿着塑料板的通槽上升溢出土层，沿砂垫层中的排水管排出，使地基得以加固。

5.3.1　塑料排水板

塑料排水板是基于厚纸板发展起来的排水结构。其类型可以分为多孔单一结构型塑料排水板和复合结构型塑料排水板，如图 2-47 所示。塑料板的选择应满足其抗拉强度、抗老化强度、排水性能等指标。

5.3.2　塑料板排水法与砂井排水法的比较

塑料排水板与砂井的排水原理相同，但二者具有不同的特性，各具优缺点。

塑料排水板可在工厂中进行批量生产，结构均匀，排水效果稳定；质量轻，运输方便；土中断面均匀，对任何软弱地基均可形成排水通道；施工管理简便，布置间距较砂井小，可缩短排水通道的距离，排水加固速度快；造价低廉。

砂井排水法的优点是：砂的来源丰富，造价经济；砂是良好的透水性材料；渗透系数较塑料板要大，不会因土侧压力而产生变形，降低渗透系数；砂井材料强度高，而塑料板在潮湿时可能被折断；地基施工中遇到障碍物，可继续施工；砂桩与周围土体产生复合地基作

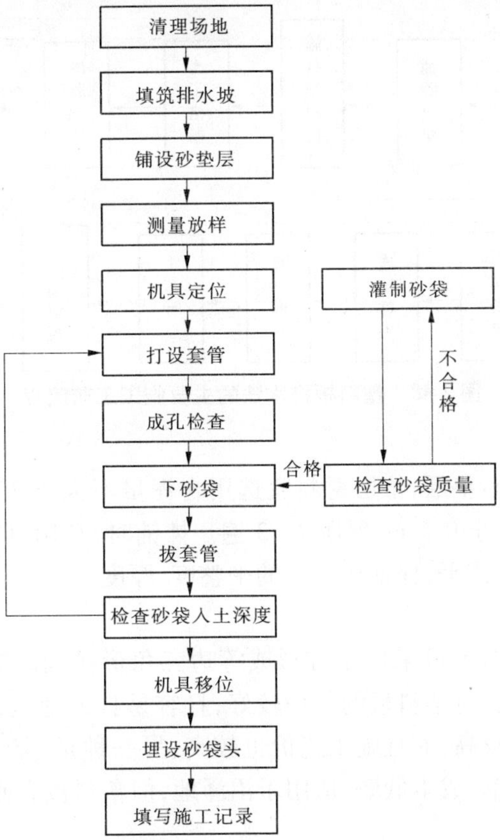

图 2-46 预制砂袋投放孔内成井施工工艺流程

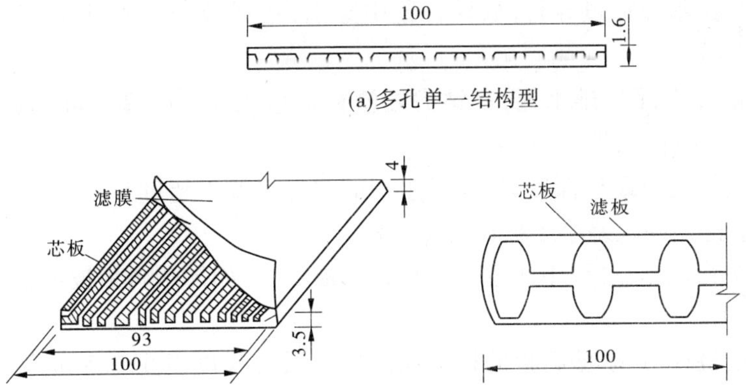

图 2-47 塑料排水板结构 （单位:mm）

用;可以用于海底软弱地基的施工。

5.3.3 塑料板排水法施工流程

塑料板排水法的施工应根据地基条件、设计要求,选择合适的机械设备,包括施打机械、碾压机械、套管、推土机等。

塑料板排水法的主要施工工艺流程如图 2-48 所示。

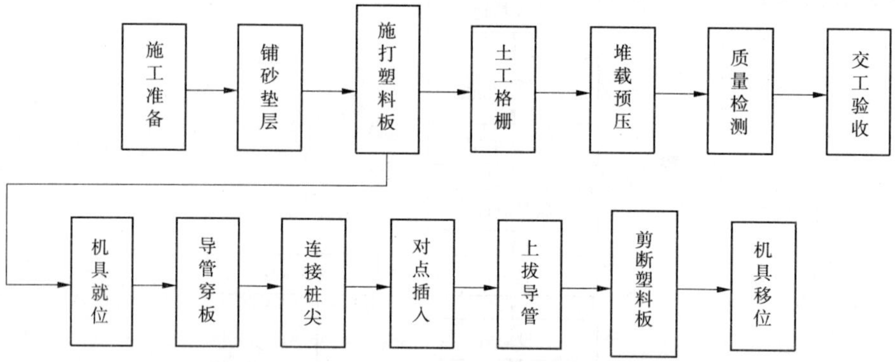

图 2-48　塑料板排水法的主要施工工艺流程

5.3.3.1　铺砂垫层

在封闭基底上铺设砂垫层，垫层材料宜选用含泥量不大于 3% 且不含有机质等杂质的中粗砂，垫层厚度不小于 0.5 m，碾压 2～3 遍。摊铺时，利用自卸汽车将中粗砂运至预压区边缘，用推土机逐渐推平，保证压实后的平整度、厚度。

5.3.3.2　施打塑料板

塑料排水板的平面布置可采用正方形或等边三角形排列。塑料板的施打有两种方法：一种是使用套管打入，对塑料板的保护较好，且容易打入地基，但是施打机械较大型，对地基表层的强度要求较高，而且施工造价也较高；另一种是不使用套管的简易裸打法，特点是施工机械轻便简单，成本低廉，适用于沼泽地，但塑料板表面容易受到损坏。

5.3.3.3　施打过程

(1)机具就位，采用履带式施打机械。

(2)将塑料排水板穿过导管，从导管靴中穿出，塑料板长度不够时，原则上不允许搭接，确保流水通畅。

(3)连接钻杆尖部与排水板，在钻尖处塑料板包入长 15～20 cm 的 ϕ6 或 ϕ8 的钢筋，防止塑料排水板被回带。

(4)插入塑料板至设计深度，塑料排水板的定位误差不超过 5 cm，打入过程中要求塑料板不弯曲，垂直允许误差小于板长的 1.5%。

(5)上拔导管，上拔过程中注意避免塑料板被回带，如果塑料板被带出超过 0.5 m，应在原位旁重新补打。

(6)剪断塑料板，要求塑料板的板头埋入砂垫层的长度至少 0.5 m，保证与砂垫层的流水通畅。

(7)机具移位，进行下一桩位的插板。

5.3.3.4　铺设土工格栅

完成施工现场的塑料排水板插板工序后，将砂垫层整平、起拱后即可进行铺设土工格栅。确定起、终点，土工格栅展开后拉平，从一端向另一端推进，铺好后用砂袋压在土工格栅的四周，防止被风吹起折皱。土工格栅的连接用绑扎丝绑扎，接头错开。在土工格栅上铺砂垫层，厚度根据设计确定，用刮板刮平后碾压至紧密状态。

5.3.3.5 堆载预压

路基填土高度符合要求并验收合格后，可以对插板范围进行堆载预压处理。堆载土的材料选用粉土或砂土，堆载过程中控制堆载土的干密度在 1.5 g/cm^3 以上。可以分层碾压，在加载过程中对竖向变形、孔隙水压力等项目进行监测，根据监测结果调整加载速度，并根据数据资料分析地基的稳定性。通过沉降曲线确定固结度，若固结度达到90%以上且堆载预压达到3个月可以卸载，卸载后用振动式压路机进行碾压。

5.4 真空堆载联合预压排水法

真空预压是利用薄膜密封技术，在膜下形成真空，使薄膜内外产生一个气压差，地基在等向气压差作用下进行排水固结。这种方法加荷时间短，工艺简单、造价低，地基不存在失稳问题。

为提高排水效果，提高地基承载力，工程中可采用真空堆载联合预压排水法。如图2-49所示，下部采用塑料排水板排水，上部采用真空堆载，是真空预压、堆载预压和塑料板排水的组合，能取得较好的排水效果。

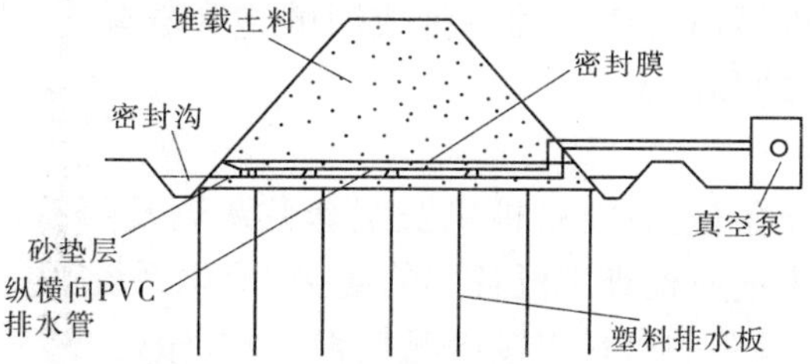

图2-49 真空堆载联合预压排水法

6 深层拌和法

在地基的成孔桩中，将石灰或水泥等固化剂与土基软土搅拌、混合处理的方法称为拌和法。通过特制的深层搅拌桩机，在地基深处就地将软土和固化剂强行搅拌，利用固化剂与软土之间所产生的一系列物理化学反应，使软土硬结成具有整体性、水稳性和一定强度的桩体，形成良好的复合地基。

深层拌和法通常包括浆喷桩和粉喷桩两类。在施工前，第一要确定固化剂的种类，水泥、水泥浆或石灰等；第二要根据设计强度的要求，选用有代表性的土进行试验，确定施工时固化剂的掺配量；第三要检查施工机械运转是否正常，特别是固化剂的排送量，以保证固化剂配比正确。

6.1 浆喷桩

水泥浆与软土搅拌形成的柱状固结体称为浆喷桩，又称为“湿法”搅拌桩。

浆喷桩的施工工艺：首先在预定的位置安装好深层混合搅拌机，转动搅拌翼片，使其边切土边靠自重下沉；待搅拌翼片下沉到预定深度时开始压入固化剂（一般为水泥浆）；同时边提升搅拌轴边回转，使固化剂与地基土充分拌匀，形成柱状加固体。

为提高水泥浆和土体拌和的均匀性，提高桩体质量，可采用复搅工艺，其施工流程如图2-50所示。

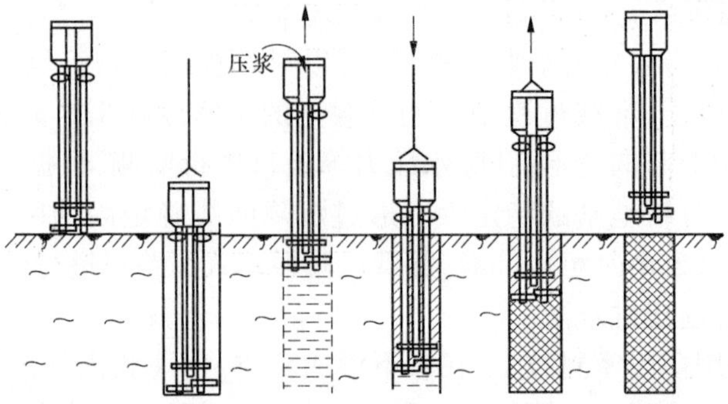

(a)定位;(b)沉入到底部;(c)喷浆搅拌(上升);(d)重复搅拌(下沉);(e)重复搅拌(上升);(f)完毕

图 2-50 浆喷桩施工流程

6.2 粉喷桩

水泥或石灰粉体与软土搅拌形成的柱状固结体称为粉体喷射搅拌桩,简称粉喷桩,又称干法搅拌桩。粉喷桩最适合于加固各种成因的饱和软黏土,常用于加固淤泥、淤泥质土、粉土和含水量较高的黏性土。

6.2.1 主要施工设备

粉喷桩主要施工设备包括:喷粉桩机及配套贮灰罐及喷粉系统、空气压缩机、75 kW以上的发电机等。施工前应检查主机各部的连接,液化系统、电气系统、喷粉系统各部分安装高度情况及灰罐、管路的密封连接情况是否正常,做好必要的调整和紧固工作,排除异常情况后,方可进行操作。

6.2.2 施工要点

(1)成桩时,先用喷粉桩机在桩位钻孔,钻至设计要求深度后,将粉喷钻头以1.0~1.2 m/min的速度边旋转边提升,同时通过喷粉系统使水泥通过钻杆端喷嘴定时、定量地搅动土体喷粉,使土体和水泥进行充分搅拌混合。

(2)桩体喷粉要求一气呵成,不得中断,每根桩宜装一次灰并搅喷完。若因故中断,当搅拌机重新启动时,为防止断桩,将搅拌轴下沉0.5 m再继续制桩。

(3)当钻头提升到高于桩顶面约500 mm,喷粉系统停止向孔内喷射水泥时,桩体即告完成。为保证质量,上部1.5~2.5 m可复钻孔喷粉一次。

(4)为使软土和水泥粉体搅拌均匀,第二次将搅拌机旋转下沉,再次搅拌,当搅拌头接近桩顶位置时,持续搅拌3 min后才拔出搅拌头,复搅长度为设计桩长的1/3。

(5)严格按规范和设计要求进行施工,确保轴线位置、设计深度、桩径、垂直度、钻杆倾斜度、单位喷粉量的允许偏差符合规范要求。

粉喷桩的施工工艺流程如图2-51所示。

7 其他软土路基处理技术

7.1 粒料桩

粒料桩包括砂桩和碎石桩两类,也称为砂石桩或散体桩,是用振动、冲击或水冲等方式在地基土中成孔后,再将碎石或砂充填入孔内,经振动压实后形成密实的桩体。从受荷

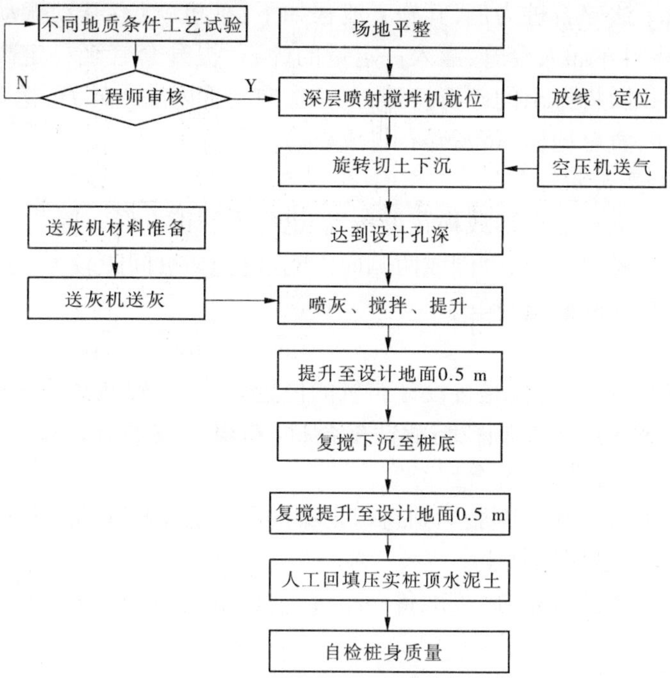

图2-51　粉喷桩的施工工艺流程

方式看，碎石桩（或砂桩）和桩间土组成了无黏结强度的复合地基。

7.1.1　*砂桩*

砂桩也称为挤密砂桩，适用于加固松散砂土和松散杂填土地基。

砂桩直径一般为220～320 mm，最大可达700 mm，间距为1.8～4.0倍桩直径，如仅为加速地基下沉，间距可达4～5 m。

砂桩施工有振动成桩法和锤击成桩法两种。

振动成桩法是采用振动沉桩机在桩位处将带活瓣尖的、与砂桩同直径的钢管沉到设计深度，从进料口往桩管内灌砂后，边振动边缓慢拔出桩管，或在振动拔管的过程中，每拔0.5 m高停拔，振动20～30 s；或将桩管压下后再拔，以便将落入桩孔内的砂压实成桩，并可使桩径扩大。

锤击成栓法是将带有活瓣桩靴或混凝土桩尖的桩管，在桩位用锤击沉桩机打入土中，往桩管内灌砂石后缓慢拔出，或在拔出过程中低锤击管，或将桩管压下再拔，砂从桩管内排入桩孔并密实成桩。

7.1.2　*碎石桩*

碎石桩的直径一般为500～1 000 mm，间距需计算确定。

碎石桩按施工方法分为振冲碎石桩和干法碎石桩两大类。

采用振动加水冲的制桩工艺制成的碎石桩称为振冲碎石桩，适用于处理不排水、抗剪强度不小于20 MPa的黏土、粉土、砂土、饱和黄土和人工填土地基。

采用各种无水冲工艺（如干振、振挤、锤击等）制成的碎石桩统称为干法碎石桩，适用于地下水位较低的非饱和黏性土、素填土、杂填土等。

以振动挤密干法碎石桩为例，其施工流程如下：桩机就位；开动振动机把套管沉入土中至设计深度；将料斗插入套管，灌入一定量的碎石；提升套管至一定高度，将碎石压出；沉入套管，加以振动，将排出的碎石挤密；再一次向套管内灌入碎石；把套管提升到规定高度；重复以上工序，直至地面，挤密碎石桩成桩。

7.1.3 其他施工要点

粒料桩一般采用正三角形或梅花形布置，也可采用正方形布置。

粒料桩的施工顺序，应从外围或两侧向中间进行，如桩间距较大，亦可逐排进行，以挤密为主的桩同一排应间隔进行。

7.2 灰土挤密桩

灰土挤密桩简称灰土桩，是按设计布桩的位置成孔（一般孔径为300～600 mm，孔深为4～6 m）后，用打碎的生石灰颗粒与活性掺合料（粉煤灰或炉渣），按一定的比例混合，干拌均匀后，分层灌入桩孔内，并分层夯实。

灰土桩依靠生石灰吸水膨胀达到挤密土壤的效果，加固后的地基质量可靠。适用于含砂量低、没有滞水砂层的软土。

灰土桩的施工工艺流程：施工准备→布桩→桩机就位成孔→灰土回填夯实→成桩检测→施工验收。

7.3 重锤夯实法

重锤夯实法是利用起重机，将重锤提升至一定高度后，让锤自由下落时的冲击能夯实浅层地基，使其表面形成一层较为均匀的硬壳层。

7.3.1 特点和适用性

重锤夯实法加固地基，可提高地基表层土的强度；对湿陷性黄土，可降低地表的湿陷性；对杂填土，可减少表层土的强度不均匀性。适用于距地下水位0.8 m高度以上的稍湿无黏性土、杂填土、非饱和黏性土及湿陷性黄土和分层填土。

7.3.2 施工要点

一般是用汽车式起重机起吊夯锤，锤的质量不小于2 t，锤底直径不小于1.5 m，落距3.5 m左右。

施工前应试夯，确定有关技术参数，如夯锤的质量、底面直径及落距、最后下沉量及相应的夯击遍数和总下沉量；夯实前槽、坑底面的标高应高出设计标高；夯实时地基土的含水量应控制在最优含水量范围内；大面积基坑内夯击时，按一夯挨一夯顺序进行；基底标高不同时应先深后浅；结束后，应及时将夯松的表土清除或将浮土在接近1 m的落距夯实至设计标高。

7.4 强夯法

强夯法也称为动力压实法或动力固结法，是用起重机械反复将质量为8～30 t（最大可达到200 t）的夯锤提高到一定高度（一般为8～40 m），自由下落，对地基土进行强力冲击。

7.4.1 特点和适用性

由于在极短的时间内对地基土体施加一个巨大的冲击能量，这种突然释放的巨大能量使土体发生一系列的物理变化，如土体结构破坏或液化、排水固结压密、触变恢复等，使一定范围内地基强度提高、孔隙挤密、消除湿陷性。强夯法适用于处理碎石土、砂土、低饱和度的黏性土、粉土、湿陷性黄土及填土地基等的深层加固。

强夯法施工简单、加固效果好,使用经济、运用面较广,但操作时噪声和振动较大,不宜在人口密集或附近防震要求高的地点使用。

7.4.2 施工要点

夯击施工必须确定夯击范围、夯点布置、夯击遍数和间歇时间。

(1)夯击范围。一般略大于施工所需范围。

(2)夯点布置。夯点之间必须保持一定距离。饱和软黏土必须多遍夯击,前几遍是间隔夯,最后一遍是低能量满夯。

(3)夯击遍数。通常为1~8遍,颗粒较粗的土夯击遍数可少些,颗粒较细的土,特别是淤泥质土夯击遍数要求多些。

(4)间歇时间。主要是依据孔隙水压力消散时间,一旦孔隙水压力消散即可进行新的夯击。按土质情况其间歇时间可为1~6周。软黏土,孔隙水压力消散时间随夯击能量的增大而增长,一般间歇时间不能小于4周。砂性土尤其是渗透系数大的砂性土,消散时间为3~4 min,因此可连续作业。

(5)强夯施工工艺流程:场地平整 →测量放线 →夯点定位→ 夯锤及起重机就位 →试夯区内原位测试 →试夯 →测量、记录→ 在该原位测试处进行试夯效果检测 →按试夯后检验确定的各项技术参数夯击 →测量、记录 →夯锤、起重机移位到下一夯点。

7.5 注浆法

注浆法,也称为化学加固法,是用气压、液压或电化学方法,将某些能固化的浆液通过注入管,均匀注入地层,浆液以填充和渗透方式,排挤土粒间或石隙中的水分和空气,浆液凝固后,可使原土层或缝隙固结成整体,以改善各种介质的物理力学特性。

注浆材料包括颗粒型浆材、化学型浆材和混合型浆材。颗粒型浆材以水泥为主剂,故多称为水泥系浆材,施工中掺入黏土、砂和粉煤灰及各种附加剂以改善水泥浆液性能。化学型浆材由两种或多种化学材料配制,可用于灌注细小的裂缝或孔隙,造价高并且污染环境,需限制使用,目前使用的多为水玻璃系浆材。混合型浆材是颗粒型浆材与化学型浆材的混合,常用聚合物水玻璃浆材、聚合物水泥浆材和水泥水玻璃浆材等,成本低、速凝,已被广泛应用。

注浆法施工工艺有渗透注浆、劈裂注浆、压密注浆和电动化学注浆等。

注浆法除加固软土地基外,还可加固流砂、流石地基,路基中用以防护坡面和沿河堤岸 ,整治滑坡等病害,同时可用于改善地下工程的开挖条件等。

案例分析

一、工程背景

某公路路基平均填土高度13 m。该路段因沿黄河大堤,地下水位高(现有黄河河床标高比路面设计高程高出2~3 m),而且处于雨季积水地区,土质大部分为黄河粉砂土,少量亚黏土,全线大部分路段为软弱地基路段(地基承载力平均为10~80 kPa)。因此,

设计单位与施工单位共同研究,依据当地材料状况、施工条件与工期要求,采用以下软土地基的处理方法:

(1)换填。K1 +000 ~ K1 +350 长 350 m、K3 +775 ~ K4 +270 长 495 m 两段粉砂土路段,生活垃圾堆放点和居民旧生活区,在清除垃圾及民用拆迁旧房基,挖至原粉砂土地层后做二灰土(2:8),犁拌,厚度 40 cm,碾压密实度 90% 以上,经土工检测后再做二灰稳定碎石层 40 cm。

(2)土工织物铺垫。K1 +780 ~ K1 +980,长 200 m 路段地下水位高,土质差,苇根很多且深,采用带眼双面胶无纺布(150 ~ 200 g/m^2,抗拉强度为 2 050 kN/m^3)铺垫。

(3)K6 +200 ~ K6 +350,长 150 m,位于黄河沉砂池上,粉砂土质、含水量大,地下水位高,采用孔深 1 ~ 1.2 m,间距 60 cm,梅花形摆排的砂桩挤密。砂桩施工时工艺程序如下:平整场地→Φ12 铁杆掏孔→加料(生石灰块 + 水泥 + 大粒黄砂)→捣实。

在施工至 K5 +200 ~ K5 +350 时,由于该路段缺乏地质资料未发现软土,地基未做加固设计,在填土至 5.8 ~6.3 m 时发生滑塌,因征地困难,不能做反压护道,施工方考虑工期时间要求充裕,淤泥层厚度≤3 m,决定采用自然挤淤处理。

二、问题提出

1. 土工织物一般应该铺垫在什么位置? 有什么具体作用?

2. 砂桩施工时工艺程序是否正确?

3. 采用自然挤淤处理是否合理? 除自然挤淤外还有哪些挤淤排淤的方法?

4. 软土地基处理除该工程考虑的方法外还有很多,请写出五种以上其他的方法。

三、问题解决

1. 一般铺垫于软土地基表层,起到扩散荷载、提高承载力的作用。

2. 不正确。

3. 合理。抛石挤淤,爆破排淤。

4. 超载预压、排水砂垫层、塑料排水板、砂井(袋装砂井)、粉喷桩、生石灰桩等。

课后训练

一、填空题

1. 砂井排水固结法的横向排水通道是____________,竖向排水通道是____________。

2. 当采用挖掘机械,铲除软土层厚后换填好土,分层压实的方法称为____________;而把好土直接铺撒在软土地基表层,靠土的自重将软土挤向周围,从而换上好土的施工方法,称为____________。

3. 水泥或石灰粉体与软土搅拌形成的柱状固结体称为____________。

4. 在采用开挖换土法处理软土地基时,要求挖后填料应及时运进,随挖随填的目的是防止____________。

5. 砂垫层处理软土地基时,砂料以____________砂为宜,要求级配良好的砂粒。

二、多选题

1. 按地基处理的作用机理,地基加固处理大致分为(　　)等几类。

A. 土的冻结　　B. 土质改良　　C. 土的置换

D. 土的固结　　E. 土的补强

2. 下列软土地基处理技术错误的是(　　)。

A. 换填:采用人工或机械挖除公路路堤下全部软土,换填强度较高的黏性土或砂砾、片石等渗水性材料

B. 排水砂垫层:在路堤上部地面上铺设较厚的一层砂,砂宜采用洁净的中、粗砂,含泥量不应大于3%

C. 反压护道:在路堤两侧填筑一定宽度和高度的护道,在路堤施工完成后进行

D. 在湖塘、河流或积水洼地,常年积水且不易抽干,软土层薄,可采用抛石挤淤

E. 土工织物铺垫:在软土地基表层铺设一层或多层土工织物

3. 以下软基处理方案中,以加固软基基础为主的方法为(　　)。

A. 粉喷桩　　B. 轻质路基

C. 砂垫层　　D. 置换填土

4. 下面软基处理方法中,以排水固结为主的是(　　)。

A. 砂垫层　　B. 塑料排水板

C. 粉喷桩　　D. 砂井

5. 下列软土路基处理方法中,形成复合地基的有(　　)。

A. 重锤夯实法　　B. 碎石桩

C. 粉喷桩　　D. 反压护道

6. 以下属于软土工程特性的是(　　)。

A. 天然含水量高　　B. 孔隙比大

C. 压缩性低　　D. 透水性差

三、简答题

1. 软土地基可分为哪几类?处治的思路有哪些?

2. 软土地基常用的处理方法有哪些?各自的适用性如何?

四、案例分析

1. 工程背景

某高速公路K合同段,地处平原地区,路基横断面以填方3~6 m高的路堤为主,借方量大,借方的含石量为40%~60%,地表层以黏土为主,其中K7+200~K9+800段,地表层土厚7~8 m,土的天然含水量为40%~52%,地表无常年积水,孔隙比为1.2~1.32,属典型的软土地基。

结合实际情况,经过设计、监理、施工三方论证,决定采用砂井进行软基处理,其施工工艺包括加料压密、桩管沉入、机具定位、拔管、整平原地面等。完工后,经实践证明效果良好。

2. 问题提出

(1)本项目若采用抛石挤淤的方法处理软基,是否合理?请说明理由。

(2)根据背景资料所述,按施工的先后顺序列出砂井的施工工艺。

任务 5　路基防护与支挡工程施工

【任务描述】

为保证路基稳定，同时美化路容，提高公路使用质量，需根据工程条件，因地制宜采用经济合理的防护、支挡措施，施工人员应具备正确选择边坡防护形式、支挡方式，并具备从事防护、支挡工程现场施工的能力。

【任务分析】

1. 公路边坡坡面防护类型选择与施工。

2. 公路边坡冲刷防护类型选择与施工。

2. 常用重力式挡土墙、混凝土挡土墙和轻型挡土墙的施工。

【任务实施】

1　路基防护工程

路基防护工程是指边坡坡面防护和沿河路基的冲刷防护，是防治路基病害、保证路基稳定、改善环境景观、保护生态平衡的重要设施。

1.1　路基防护工程类型

路基防护工程可分为以下两种。

1.1.1　坡面防护

坡面防护，主要是保护路基边坡表面免受雨水冲刷，减缓温度变化的影响，防止和延缓软弱岩土表面的风化、碎裂、剥蚀演变进程，从而保护路基边坡的整体稳定性，在一定程度上还可美化路容，与自然环境相协调。路基边坡坡面防护类型和结构形式，应根据边坡的岩土性质、水文地质条件、边坡高度、边坡坡率及地区气候条件等选择确定。

1.1.2　冲刷防护

冲刷防护主要是对沿河滨海路堤、河滩路堤及水泽区路堤，亦包括桥头引道，以及路基旁堤岸等的防护，有直接防护和间接防护两种方法。直接防护是利用植物、砌石、石笼、浸水挡土墙等措施对沿河路堤进行防护。间接防护是利用丁坝、顺坝等导治构造物以及改移河道方式阻止水流对坡面的直接冲刷。

1.2　坡面防护的施工

1.2.1　植物防护

植物防护是一种简便、经济和有效的坡面防护措施。植物能覆盖表土，防止雨水冲刷；调节土壤湿度，防止裂缝产生；固结土壤，防止坡面风化剥落，同时还能起到绿化、美化环境的作用。

1.2.1.1　种草防护

种草防护适用于边坡坡度不陡于1∶1，土质适宜种草，不浸水或短期浸水但地面径流速度不超过0.6 m/s 的的边坡。宜选用根系发达、叶茎低矮、多年生长且适宜于当地土壤和气候条件的草种。

1.2.1.2 铺草皮

铺草皮适用于坡度不陡于1∶1的土质和强风化、全风化的岩石边坡。铺草皮在路基防护中应用较少，多在需要迅速绿化时使用。

1.2.1.3 种植灌木

种植灌木与种草、铺草皮配合使用，使坡面形成良好的防护层，适用于坡度不陡于1∶1.5的土质和全风化的岩石边坡，或在堤岸边的河滩上，用以降低流速，促使泥沙淤积。种植的树种应为根系发达、枝叶茂盛、适合当地迅速生长的低矮灌木。

1.2.1.4 客土植生

客土植生用于各种表层土质不宜于植物生长的边坡，即采取在边坡坡面上铺设或置换一定厚度适宜植物生长的土壤（或混合料）作为种植土（客土），然后植草的方法。其边坡坡度不应陡于1∶1，且边坡高度不宜过高，一般不超过8 m。

1.2.1.5 喷混植生

喷混植生用于各种表层土质不宜于植物生长的边坡，即采用专用的喷射机，将拌和均匀的种植基材（植生材料）喷射到坡面上，植物依靠"基材"生长发育，形成坡面植物防护。其边坡坡度不陡于1∶0.75，且边坡高度不宜过高，一般不超过10 m。

1.2.2 骨架植物防护

对于仅用植物防护不足以抵抗风化作用及雨水侵蚀，且土质不适宜植物生长和周围需要绿化的路段，常采用骨架植物防护。

1.2.2.1 浆砌片石或混凝土骨架护坡

对当地雨量较多、边坡土质较差、坡面冲蚀较严重的土质、全风化的硬岩和易风化的软岩块边坡或边坡较高、坡面比较潮湿、岩性较破碎的一般土质边坡和岩质边坡，采用浆砌片石或混凝土骨架护坡可有效地加强边坡的抗冲蚀、防风化能力，保证边坡的长期稳定。

框格内宜采取植物防护或其他辅助防护措施。骨架内植草护坡的边坡坡度不陡于1∶1，单级边坡高度不宜大于15 m，否则宜设置边坡平台，宽不小于2 m。其构造如图2-52。

1.2.2.2 卵石方格护坡

在有丰富卵石来源的地区，对土质路基的边坡冲刷防护或沙漠路基的风蚀防护，可采用卵石方格护坡，边坡坡度不陡于1∶5。浆砌卵石护坡应采用栽砌法，砌块应互相咬接，采用卵石长度垂直于坡面的铺砌方法。卵石方格护坡见图2-53。

1.2.2.3 锚杆框架梁植草护坡

对高度较大的土质路堑边坡和边坡中无不良结构面，但岩性破碎或软硬互层的岩石路堑边坡，采用锚杆框架梁护坡可有效地增强边坡的整体稳定性。框架内的植物防护，可以加强边坡的抗冲蚀和抗风化的能力，保证边坡的长期稳定，如图2-54所示。

1.2.3 圬工防护

圬工防护有喷浆、喷射混凝土、干砌片石护坡、浆砌片（卵）石护坡、护面墙、锚杆钢丝网喷浆或喷射混凝土、抹面防护等多种形式。

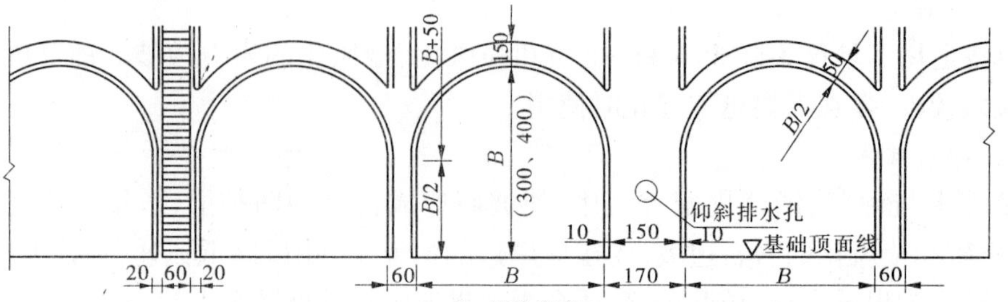

B—框格宽度

(a)立面图

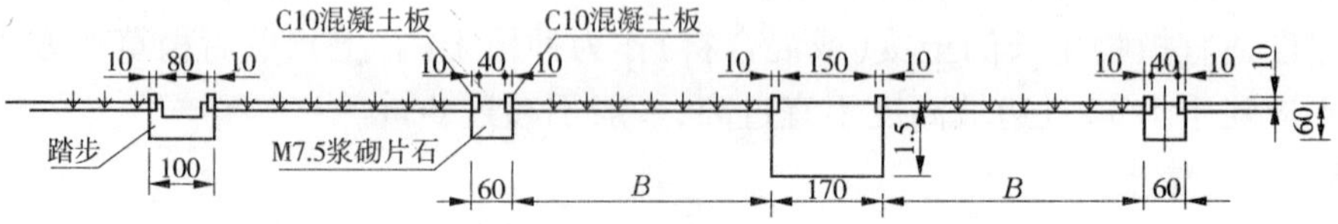

(b)剖面图

图 2-52　骨架植物防护示意图　（单位:mm）

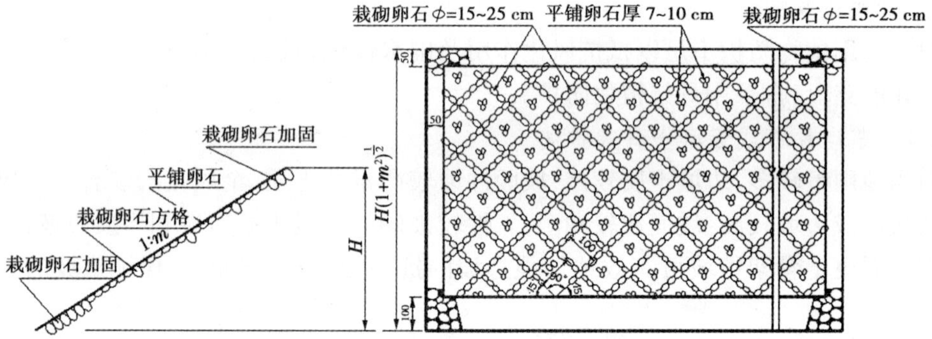

(a) 横断面图　　(b) 正视图

H—边坡高度；m—边坡系数

图 2-53　卵石方格护坡　（单位:cm）

1.2.3.1　喷浆和喷射混凝土防护

喷护边坡适用于边坡易风化、裂隙和节理发育、坡面不平整且较干燥的岩石挖方边坡。对高而陡的边坡，上部岩层较破碎而下部岩层较完整的边坡和需要大面积防护的边坡，采用这种防护类型更为经济，如图 2-55 所示。

1.2.3.2　锚杆钢丝网喷浆或喷射混凝土护坡

对风化破碎、节理裂隙较发育或较高陡的岩石路堑边坡，采用挂网喷浆或喷射混凝土护坡，可加强边坡的稳定性。其边坡坡度不陡于 1∶0.5。

挂网可为铁丝网或土工格栅，采用锚杆将网固定在边坡上。喷浆厚度不小于 5 cm（当采用土工格栅时喷浆厚度不小于 8 cm），分 2 ~ 3 次喷射，喷混凝土厚度不小于 8 cm。防护工程的周边与未防护坡面衔接处，应严格封闭，如图 2-56 所示。

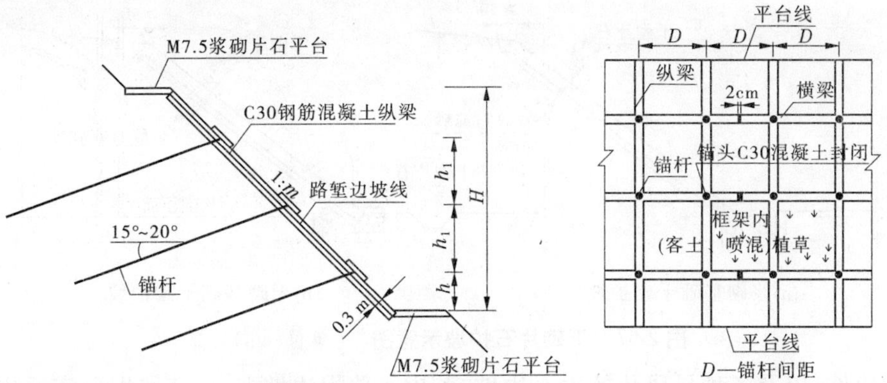

(a)横断面图 (b)正视图

图 2-54 锚杆框架梁植草护坡示意图

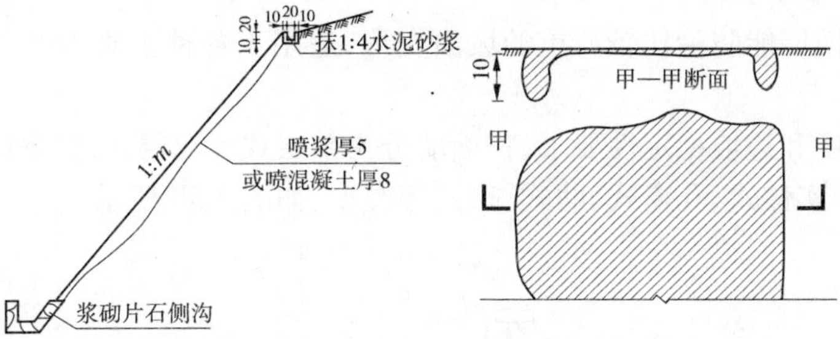

(a)横断面图 (b)两端嵌入示意图

图 2-55 喷浆(混凝土)防护示意图 (单位:cm)

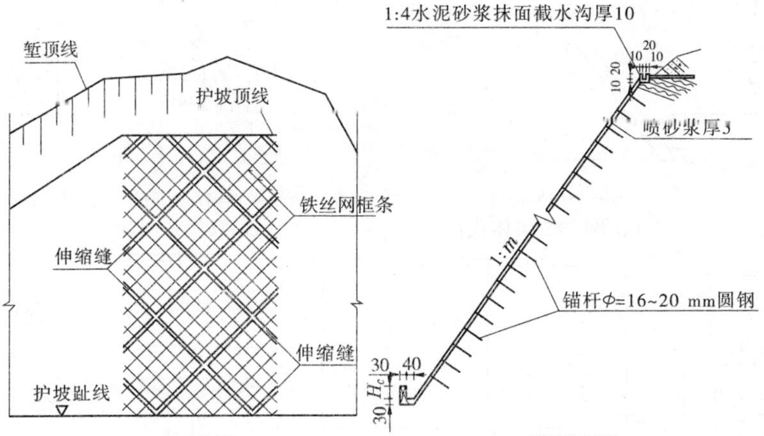

(a)正视图 (b)横断面图

图 2-56 锚杆钢丝网喷浆护坡示意图 (单位:cm)

1.2.3.3 干砌片石护坡

干砌片石护坡适用于土质路堤边坡易受表水冲刷或边坡经常有少量地下水渗出而产生小型溜坍等病害的路段,如图 2-57 所示。边坡坡度一般应等于或缓于 1:1.25。

1.2.3.4 浆砌片(卵)石护坡

浆砌片(卵)石护坡适用于防护流速较大(3 ~6 m/s),波浪作用较强,有流水、漂浮物

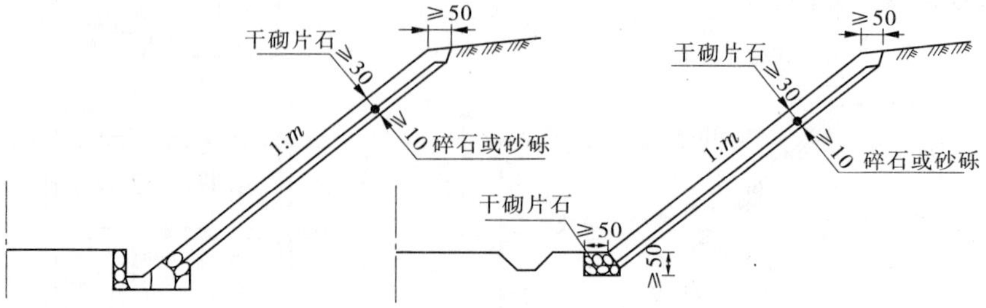

(a)浆砌基础干砌护坡　　(b)干砌基础干砌护坡

图 2-57　干砌片石护坡示意图　（单位:cm）

等撞击的边坡,以及各种易风化的岩石边坡,若用于路堤边坡上,应待路堤压实后再施工。适用于坡度不陡于 1∶1的边坡。

1.2.3.5　浆砌片石护面墙

浆砌片石护面墙能防治比较严重的坡面变形,适用于各种土质边坡及易风化剥落的岩石边坡。

根据边坡高度和边坡稳定性要求,护面墙分为单层式和双层式;根据边坡地质条件的不同,护面墙分为实体式、孔窗式、肋式、拱式等类型,如图 2-58 所示。

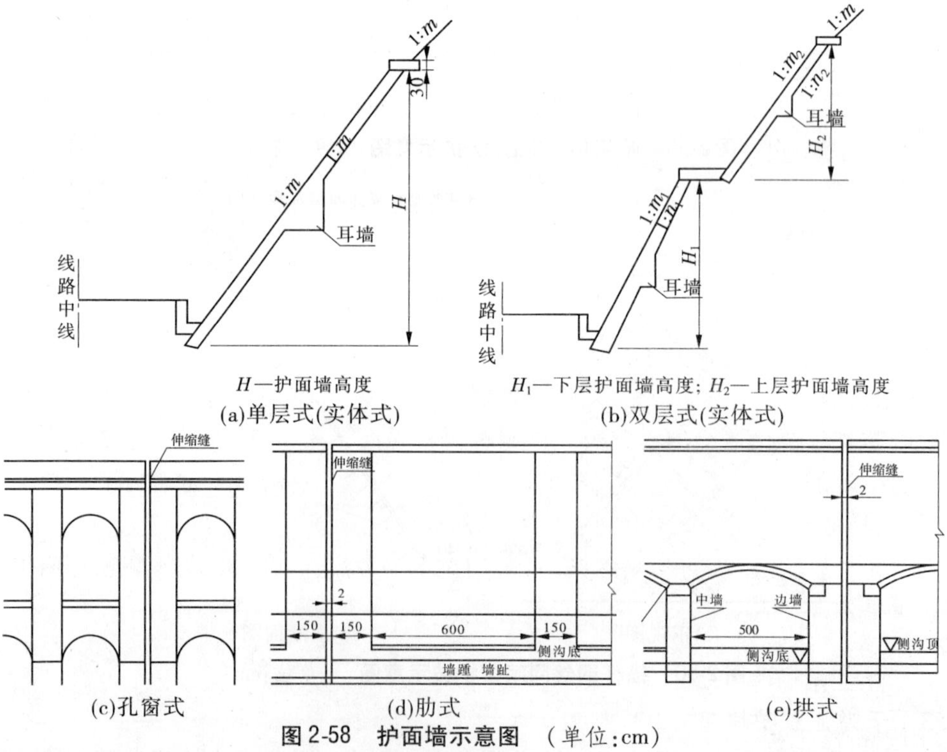

(a)单层式(实体式)　　(b)双层式(实体式)

(c)孔窗式　　(d)肋式　　(e)拱式

图 2-58　护面墙示意图　（单位:cm）

实体式护墙适用于土质或破碎岩石边坡。孔窗式护墙适用于边坡坡度等于或缓于 1∶0.75时;若地下水不发育,坡面比较干燥,孔窗内采用喷护;如地下水发育,孔窗内采用干砌片石。肋式护墙适用于边坡岩层完整,且坡度较陡的情况。拱式护墙适用于边坡下部较完整,仅需保护上部边坡的情况。

1.2.4　土工织物防护

1.2.4.1　挂网式坡面防护

挂网式坡面防护适用于风化碎落较严重的岩石边坡。沿边坡悬挂的土工网能截住落石,引导其进入边沟或其他可控制区域。当落石直径较大、边坡倾角大于40°时不宜使用。

1.2.4.2　土工织物复合植被防护

土工织物复合植被防护综合了土工织物和植被两类防护的优点,其典型形式是三维土工网(垫)植草防护(见图2-59),通过土工网(垫)的固土作用,提高坡面表土抗冲蚀能力并利于草种生长,主要适用于边坡坡度缓于1∶1、边坡高度小于3 m的土质边坡。

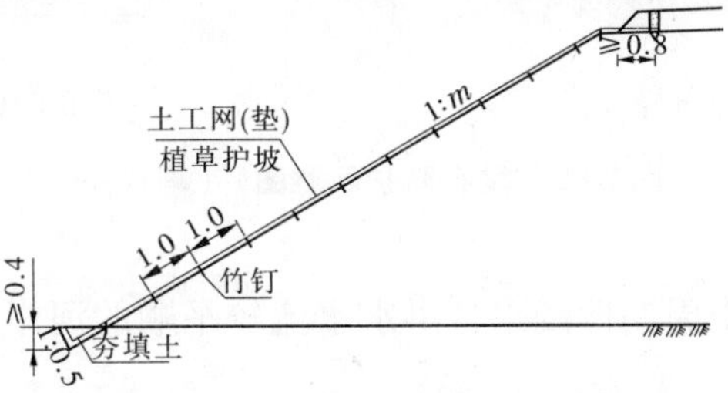

图2-59　土工网(垫)植草防护　(单位:m)

1.2.4.3　其他土工织物防护

土工织物防护类型众多,常用的有:

(1)草坪植生带是一种新兴的草坪种植技术,是在植生带生产线上,按照特定的生产工艺,将草坪种子和其他所需成分,按照一定密度和均匀的排列方式,定植在可以自然降解的非织造布基带上所形成的工业化产品。

(2)锚杆挂高强塑料网格喷浆(喷射混凝土),适用于破碎或易风化破碎的岩石路堑边坡的防护。

(3)土工织物作反滤层的护坡,适用于沿河路堤边坡及地下水发育的边坡。

1.3　冲刷防护

冲刷防护主要是对沿河、滨海路堤、河滩路堤及水泽区路堤,亦包括桥头引道,以及路基边旁堤岸等的边坡和坡脚的防护。

1.3.1　直接防护

直接防护中,除植物防护与砌石防护外,对于较大流速和浸水部分来说,还有抛石、石笼等防护措施。

1.3.1.1　抛石防护

抛石防护用于经常浸水且水深较大的路基边坡或坡脚,以及挡土墙、护坡的基础防护,多用于抢修工程。

抛石防护过程中,应使用不易风化的、粒径不小于0.3 m、不大于抛填厚度1/2的石块进行抛填;石块大小搭配,保证抛石的稳定;抛石的边坡应大致平顺,凹坑和过陡处补平填筑,且大面朝外。新旧路堤抛石防护的处理方式不同,如图2-60所示。

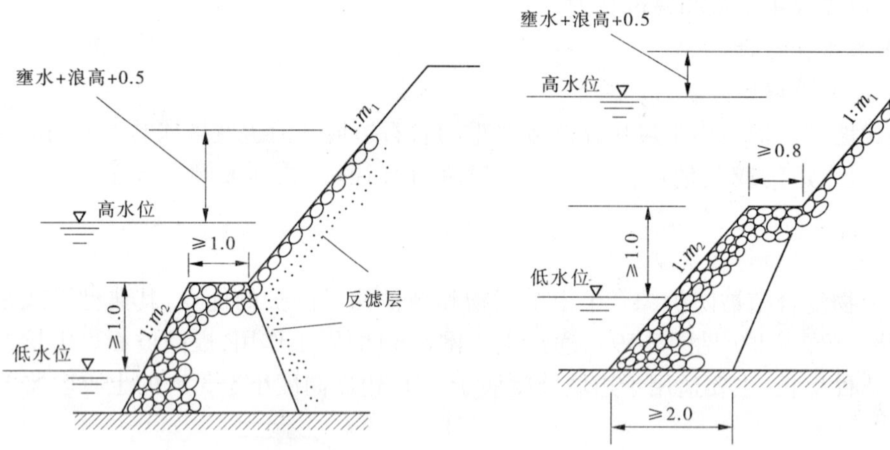

(a)新堤石垛　　(b)旧堤石垛

图 2-60　抛石防护示意图　（单位:m）

1.3.1.2　干砌片石护坡

干砌片石护坡适用于周期性浸水且洪水水流较平顺的河岸、不受主流冲刷且流速小于 3 m/s 的地段。

干砌片石护坡可采用单层干砌片石或双层干砌片石,如图 2-61 所示。

施工前,护坡基底应稳定,坡面应平整密实;砌筑应紧密,各砌块的砌缝应相互错开、嵌接牢固,护坡面平顺;勾缝应于路堤沉降基本稳定后进行,勾缝前应先将松动和变形处修整平齐完好。

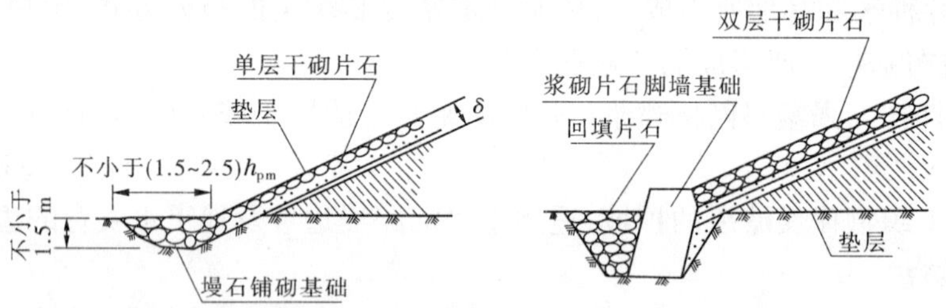

(a)单层干砌片石　　(b)双层干砌片石

δ—干砌片石砌筑厚度;h_{pm}—冲刷深度

图 2-61　干砌片石防护示意图

1.3.1.3　浆砌片石护坡

浆砌片石护坡适用于经常浸水的、受主流冲刷或受较强烈的波浪作用的路基边坡和河岸及水库边岸防护,如图 2-62 所示。

1.3.1.4　石笼防护

沿河路堤坡脚或河岸,当受水流冲刷和风浪侵袭,且防护工程基础不易处理或沿河挡土墙、护坡基础局部冲刷深度过大时,可采用石笼防护。

石笼网是由高抗腐蚀、高强度、具有延展性的低碳钢丝、包覆 PVC 的钢丝或者聚合物丝使用机械编织而成的箱形结构,多为长方体或圆柱体,如图 2-63 所示。

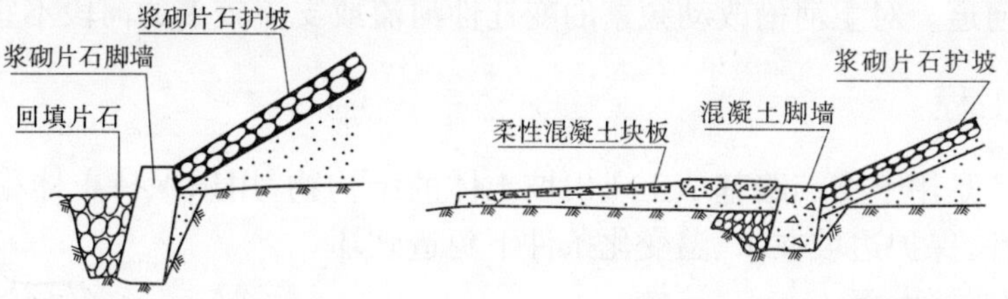

(a)基础脚墙埋设在冲刷深度线以下　　(b)柔性混凝土块板防护基础

图 2-62　浆砌片石防护示意图

石笼防护主要用于缺乏大石块的地区，防护沿河路堤坡脚的河岸免受急流和大风浪的破坏，也是加固河床、防止冲刷的常用措施，特别适宜于含有大量泥沙的急流及基底土壤良好的情况。

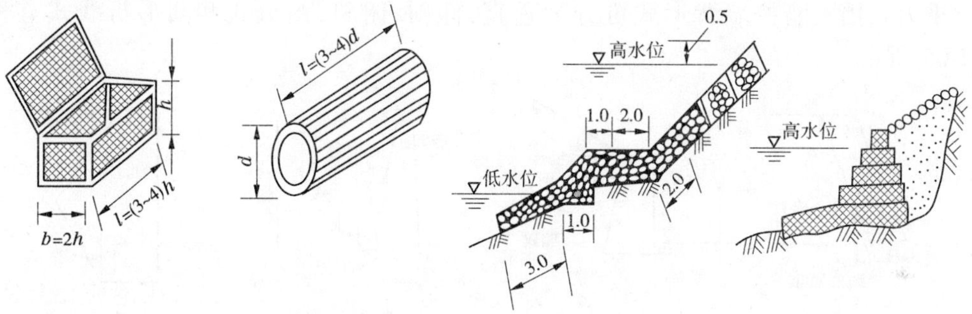

(a)箱形笼　　(b)圆柱形笼　　(c)防止淘底　　(d)防护岸坡

图 2-63　石笼防护示意图　（单位：m）

1.3.2　间接防护

间接防护主要指河流导治和改河。

1.3.2.1　丁坝

丁坝具有调整水流的作用，用于河床宽阔、水浅流缓的河段，用以挑流或减低流速，减轻水流对河岸或路基的冲刷，如图 2-64(a)所示。

1.3.2.2　顺坝

顺坝适用于河床断面较窄、基础地质条件较差的河岸或沿河路基防护，可调整流水曲线度和改善流态，如图 2-64(b)所示。

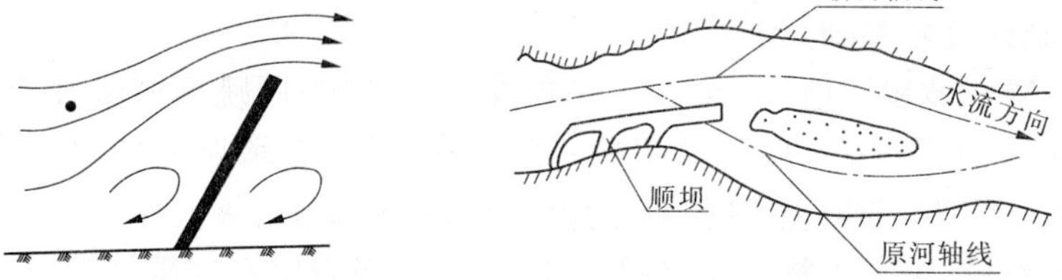

(a)丁坝　　(b)顺坝

图 2-64　丁坝和顺坝示意图

1.3.2.3　改移河道

沿河路基受水流冲刷严重，或防护工程艰巨，以及路线在短距离内多次跨越弯曲河道时可改移河道。对主河槽改动频繁的变迁性河流或支流较多的河段不宜改移河道。

2 支挡工程

挡土墙是用于支挡路基填土或山坡土体的结构物,用以保持土体稳定或提高路基强度和稳定性,保护边坡在水、温变化条件下免遭破坏。

2.1 重力式挡土墙

2.1.1 形式及特点

重力式挡土墙依靠圬工墙体的自重抵抗墙后土体的侧向推力(土压力),以维持土体的稳定,是工程中使用最多的挡土墙形式之一,多用浆砌片(块)石砌筑。缺乏石料地区,有时可用混凝土预制块作为砌体,也可直接用混凝土浇筑,一般不配钢筋或只在局部范围配置少量钢筋。

重力式挡土墙按墙背形式可分为垂直、仰斜、俯斜、衡重式和凸形折线式五种,如图 2-65 所示。

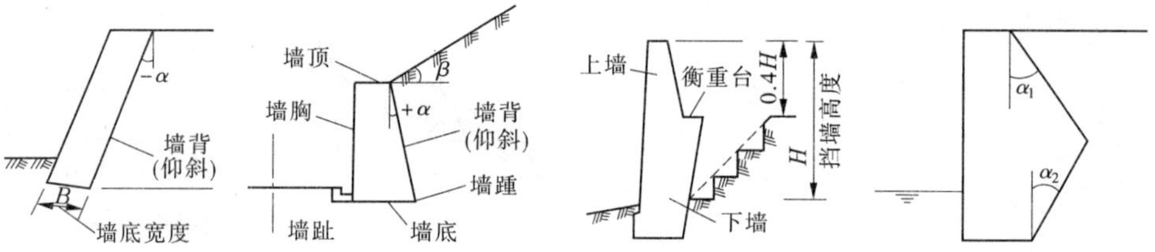

(a)仰斜　(b)俯斜　(c)衡重式　(d)凸形折线式

图 2-65 重力式挡土墙

重力式挡土墙形式简单、施工方便,可就地取材、适应性强。缺点是墙身截面大,圬工数量也大,在软弱地基上修建往往受到承载力的限制,墙不宜过高。

2.1.2 重力式挡土墙施工

重力式挡土墙的基本组成包括基础、墙身、墙背回填土及其他附属部分,如图 2-66 所示。

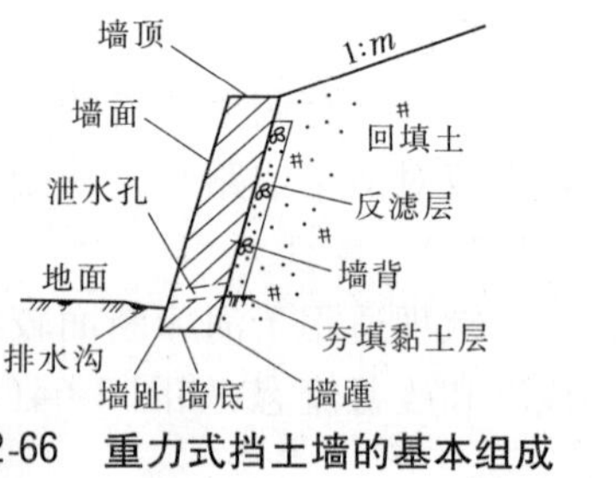

图 2-66 重力式挡土墙的基本组成

2.1.2.1 基础施工

重力式挡土墙一般采用明挖基础,基坑底面开挖宽度应比设计尺寸各边增宽 0.5 ~ 1.0 m,并保持一定开挖坡度。当基底松软或水下挖基困难时,可采用换填基础、桩基础或沉井基础。

在松软地层或坡积层地段,基坑不宜全段贯通,应采用跳槽办法开挖以防止上部失稳。当基底软弱、地形平坦、墙身又超过一定高度时,可在墙趾处伸出一台阶,以拓宽基础。当地层为淤泥土、杂填土等时,可采用砂砾、碎石、矿渣、灰土等材料予以换填,或用砂桩、石灰桩、碎石桩、土工织物、粉喷桩等方法处理。当岩层有空隙裂缝时,应以水泥砂浆或小石子混凝土浇筑饱满。

2.1.2.2 墙身砌筑

墙身应分层错缝砌筑,砌出地面后基坑及时回填夯实,完成顶面排水及防渗设施。

对片石砌筑,片石宜分层砌筑,应长短相间与里层砌块咬接成一体,上下层石块交错排列,避免竖缝重合。较大的片石,宜用在下面,宽面朝下,片石间以砂浆隔开。砌体中的片石应大小搭配,相互错叠,咬紧密实并配有小石块,作挤浆填缝之用。

对块石砌筑,用作镶面的块石,表面四周应修整,以便安砌;块石应平砌,每层石料高度应做到基本齐平。

对料石砌筑,每层镶面料石均应事先按规定的灰缝宽及错缝要求配好石料,再用铺浆法顺序砌筑并随砌随填立缝,并应先砌角石。镶面石砌筑完毕后,方可砌填心石,其高度与镶面石齐平。

2.1.2.3 伸缩缝与沉降缝

缝内两侧壁应竖直、平齐,无搭叠,缝中防水材料应按设计要求施工。

2.1.2.4 泄水孔

泄水孔在砌筑墙身过程中设置,以确保排水通畅,并应保证墙背反滤、防渗设施的施工质量。

2.1.2.5 墙顶

宜用粗料石或现浇混凝土做成顶帽,路肩墙顶面宜用大石块砌筑,砂浆勾缝或抹面,并均应在墙顶外缘线留出 10 cm 帽沿。

2.1.2.6 墙背回填

当墙身的强度达到设计强度的 75% 时,方可进行回填,并应优先选择渗水性较好的砂砾土填筑,在距离墙背 0.5 ~1 m 以内,不宜用重型压路机碾压。墙背回填要均匀摊铺平整,并设不小于 3% 的横坡逐层填筑,逐层夯实。

2.2 混凝土挡土墙

混凝土挡土墙包括重力式混凝土挡土墙和轻型混凝土挡土墙。重力式混凝土挡土墙一般是素混凝土结构,类似于砌石挡土墙,其施工特点是模板简单、混凝土量大、墙体自重大。轻型混凝土挡土墙,也称薄壁式挡土墙,属于钢筋混凝土结构,特点是墙身断面小、自重轻、圬工省,适用于石料缺乏、地基承载力较低的路堤和路肩墙。

轻型混凝土挡土墙有悬臂式、扶壁式、柱板式等形式,如图 2-67 所示。悬壁式挡土墙由立壁和底板组成,用墙背踵板上的地基抗力抵抗土的压力。扶壁式挡土墙由墙面板、扶壁和底板组成,依靠腹板上的填土量来抵抗土压力。柱板式挡土墙由立柱、挡板、底梁、底板(卸荷板)、基座和拉杆拼装而成,适用于支挡土质路堑高边坡或处治边坡坍滑,还可用于路堤墙。

2.2.1 基础施工

2.2.1.1 基底处理

基底处理与砌石挡土墙基础基本相同。若为软基,可以采取桩基础、加固结剂等加固措施。

2.2.1.2 桩基础

挡土墙的桩体规模不大时,常用挤密振冲桩或振动沉桩。

2.2.1.3 施工方式

混凝土底板可以在地基上直接立模;钢筋混凝土底板则需先浇筑垫层,在垫层上放线

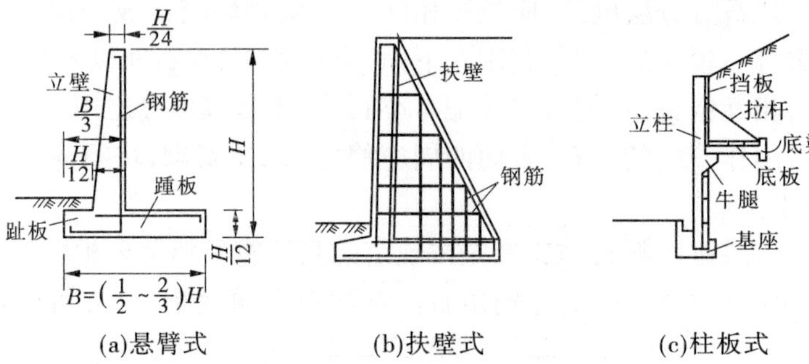

H—挡土墙高度;B—底板高度

图 2-67 薄壁式挡土墙

扎钢筋立模。钢筋混凝土基础施工时,要注意钢筋的保护层厚度,并有可靠的固定措施。混凝土的施工缝应尽量避免设置在基础与墙体的分界面处,基础混凝土成型面设置在墙体以上 10 cm 处,其界面做成毛面。

2.2.2 墙体模板

挡土墙分段施工时,相邻段应错开间断施工。

整体模板是目前发展比较快的一种模板技术,它的特点是整体设计、工厂加工、整体拼装。整体模板成型混凝土质量高,功效也大大提高。

2.2.3 墙体钢筋及混凝土施工

2.2.3.1 墙体钢筋安装

墙体钢筋安装应在立模前进行。安装模板时,必须控制钢筋的位置,对每根钢筋,控制上下准确位置,拉紧固定。

2.2.3.2 墙体混凝土施工

钢筋混凝土挡土墙截面较小,钢筋密,混凝土应分层浇筑,分层振捣,坍落度可适当增大。

2.3 加筋土挡土墙

加筋土挡土墙是在填土中加入拉筋,利用拉筋和土之间的摩擦作用,改善土体的变形条件和工程特性,从而达到稳定土体的目的。加筋土挡土墙是柔性结构,能够适应地基轻微的变形,地基处理也较为简便,具有圬工工程量少、地基强度要求不高、抗震性能好、施工方便、进度快、造价低等特点,在公路工程中应用广泛。

2.3.1 加筋土挡土墙的组成

加筋土挡土墙主要是由面板、筋带、填料和排水滤水构件等部分组成,如图 2-68 所示。

2.3.1.1 面板

面板一般采用混凝土预制板,预制构件可以在工厂进行,机械化操作,批量生产。预制模板时采用定型钢模,这种模板专用设计,一次成本大,但综合效益高。

2.3.1.2 筋带

筋带的主要作用是与填料产生摩擦力,并承受结构内部的拉力。因此,筋带必须具备以下特点:较高的强度,受力后变形小;较好的柔性与韧性;表面粗糙,能与填料产生足够

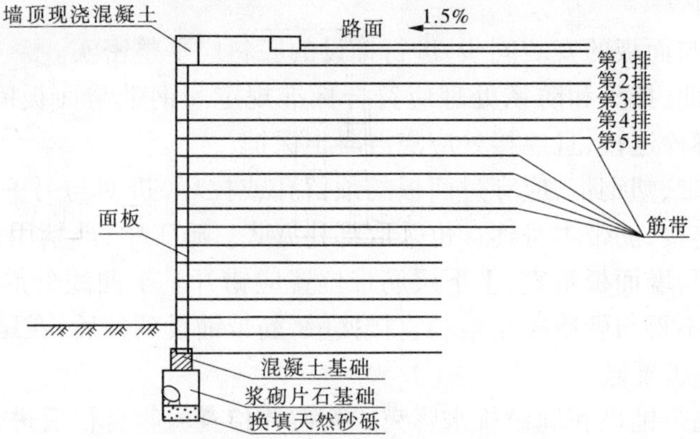

图 2-68　加筋土挡土墙

的摩擦力；抗腐蚀性和耐久性好；加工、接长以及与面板的连接简单。

筋带按材料不同可以分为钢带、钢筋混凝土带和聚丙烯土工带等类型。筋带一端通过预留孔与面板连接，另一端拉直锚固在压实的土料上。

2.3.1.3　填料

回填土要求有较好的稳定性和较高的抗剪强度，一般采用中低液限黏土、砂类土、砾碎石土和各种稳定土，对于满足要求的工业废渣也可采用。填料的选用宜根据当地土源情况，尽可能选择力学性能好的土料。

2.3.1.4　排水滤水构件

为了保证土体稳定，必须控制土壤含水量。施工中通过埋设滤水管网和铺设滤水粒料，及时排除加筋体内的积水或渗水。

2.3.2　加筋土挡土墙的施工

加筋土挡土墙工程施工一般包括：基坑开挖、基底处理、基础施工、构件准备、控制放线、面板安装、筋带铺设、填料施工、封闭压顶、附属构件安装等。其中，面板安装、筋带铺设、填料施工等工序是交叉进行的。

2.3.2.1　基础施工

加筋土挡土墙一般采用钢筋混凝土条形基础，它不仅要承受荷载，而且要作为加筋土挡土墙面板施工的起点和控制点，所以顶面要水平整齐。

2.3.2.2　控制放线

加筋土挡土墙墙面垂直，平面上随现场条件做成直线或曲线。第一层面板安装准备后，每层只需用垂线控制即可。

挡土墙的另一个控制内容是面板的接缝线条。挡土墙的美观主要体现在线条上，要求平顺整齐，接缝大小一致，每层面板安装前都应准确放出每块面板的位置，精确对线。

2.3.2.3　面板安装

面板安装以外缘定线，高程、位置和接缝都以外缘为测量点。为防止相邻面板错位，可采用螺栓夹木或斜撑固定。面板的沉降缝，同时也是分段施工的分界线。相邻段面板的沉降缝施工应明显错开，以保证沉降缝顺直、等宽和贯通。施工缝与沉降缝宜设在一起，且填缝料应在后一段施工前放入。

2.3.2.4 筋带铺设

筋带铺设应与面板的安装同步，进行铺设的底料应平整密实。

钢带不得弯曲，接头和防锈处理应符合标准规定。钢带与面板间的连接，可采用焊接、拉环连接或螺栓连接，且连接处应浇混凝土保护。

聚丙烯土工带、塑钢带，应穿过面板的预留孔或拉环，折回与另一端对齐或绑扎在筋带中间，与面板连接，筋带本身连接也采取绑扎方式。施工中，严禁用打结方式连接。

铺设筋带应与墙面板垂直，上下层筋带位置应错开。平曲线处筋带应成扇形辐射状铺设在硬基上。不得与硬质棱角填料直接接触，筋带铺设到位后，在尾部少量填土。

2.3.2.5 填料施工要点

面板安装、筋带铺设和埋设排水管完成到位并检查验收合格后进行填料施工。

运土机具不得在未覆盖填料的筋带上行驶，且要离面板 1.5 m 以上。

填料可用机械或人工摊铺，摊铺应厚度均匀，表面平整，并有不小于 3% 的向外倾斜横坡。填料采用机械碾压，禁止使用羊足碾，不得在填料上急转弯和急刹车，以免破坏筋带。碾压前，应确定最佳含水量及碾压标准，碾压中应随时检测填料含水量和密实度。

2.3.2.6 其他工程施工要点

加筋土挡土墙的排水管、反滤层及沉降缝等设施应同时施工。排水设施施工中应注意水流通道，不得有碍水流或积水等。

压顶的目的是封固边口，防止外界作用造成面板松动脱落。一般用 C15 混凝土现浇，厚度 20 ~ 50 cm。但加筋土挡土墙更注重外观，所以压顶应线条平整，与墙体一致。

错层施工应有明显停顿，一层完工后，再进行第二层施工。错台护板的主要作用是防水。

2.4 锚杆挡土墙

2.4.1 锚杆挡土墙的特点及使用条件

锚杆挡土墙是利用锚杆技术形成的一种挡土结构物。锚杆一端与工程结构物连接，另一端通过钻孔、插入锚杆、灌浆、养护等工序锚固在稳定的地层中，以承受土压力对结构物所施加的推力，从而利用锚杆与地层间的锚固力来维持结构物的稳定，如图 2-69 所示。

锚杆挡土墙的优点是结构质量轻，节约圬工，节省工程投资；利于挡土墙的机械化、装配化施工，提高劳动生产率；少量开挖基坑，克服不良地基开挖的困难，并利于施工安全。缺点是施工工艺要求较高，要有钻孔、灌浆等配套的专用机械设备，且要耗用一定的钢材。

锚杆挡土墙适用于缺乏石料的地区和挖基困难的地段，一般用于岩质路堑路段，但其他具有锚固条件的路堑墙也可使用，还可应用于陡坡路堤。

2.4.2 锚杆挡土墙的类型

锚杆挡土墙由于锚固地层、施工方法、受力状态以及结构形式等的不同，有各种各样的类型。锚杆挡土墙按墙面的结构形式可分为柱板式和壁板式，如图 2-70所示。

2.4.2.1 柱板式锚杆挡土墙

柱板式锚杆挡土墙由挡土板、肋柱和锚杆组成，墙后的侧向土压力作用于挡土板上，并通过挡土板传给肋柱，再由肋柱传给锚杆，由锚杆与周围地层之间的锚固力，即锚杆抗拔力使之平衡，以维持墙身及墙后土体的稳定，如图 2-70(a)所示。

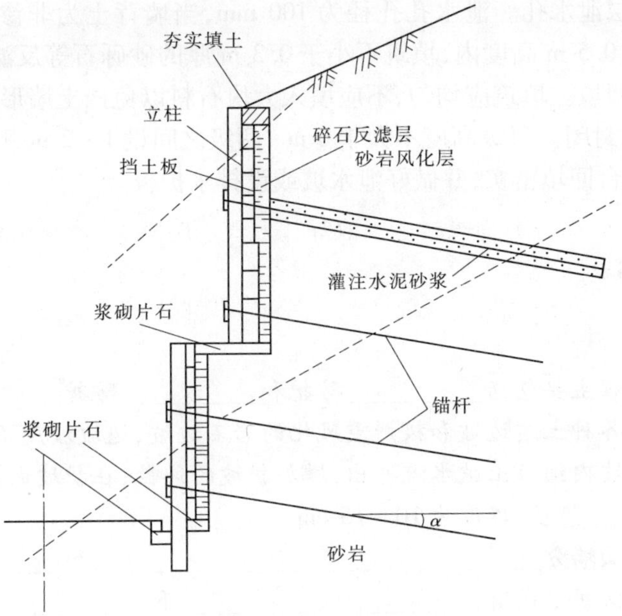

图 2-69 锚杆挡土墙

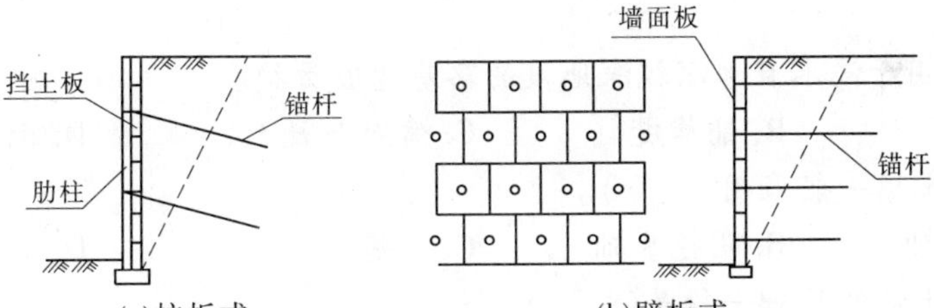

图 2-70 锚杆挡土墙的类型

2.4.2.2 壁板式锚杆挡土墙

壁板式锚杆挡土墙由墙面板(壁面板)和锚杆组成,墙面板直接与锚杆连接,土压力通过墙面板传给锚杆,依靠锚杆与周围地层之间的锚固力(即抗拔力)抵抗土压力,如图 2-70(b)所示。

2.4.3 锚杆挡土墙的施工

锚杆挡土墙的施工主要工艺流程如下:

(1)测量放线。

(2)基坑及边坡开挖。

(3)现浇混凝土基础:模板安装,混凝土拌制、浇筑、振捣及养护。

(4)混凝土肋柱、墙面板制作安装:为便于立柱和挡板安装,多采用竖直墙面。应完成模板制作安装,混凝土拌制、浇筑、振捣及养护,成品堆放,吊装定位。

(5)钢筋加工与定位:钢筋制作、绑扎、安放、定位、校正。

(6)钻孔压浆:脚手架搭拆,坡面清理、定位、钻孔,浆液制作,压浆。

(7)锚杆制作、安装、锚固,锚头处理。锚杆一般沿水平方向向下倾斜 10°~45°,有效锚固长度岩层中不小于 4 m,稳定土层中应有 9~10 m。

(8)铺设反滤层泄水孔。泄水孔孔径为 100 mm,当墙背土为非渗水土时,在最低排泄水孔至墙顶以下 0.5 m 高度内,填筑不小于 0.3 m 厚的砂砾石等反滤层。

(9)墙后填料回填。填筑应均匀,不应填入大块石料以免挡土墙形成集中受力。

(10)分级平台封闭。每级高度不大于 6 m ,两级之间设 1 ~2 m 平台,以利于施工操作和安全。分级平台回填密实,并做好泄水坡或设排水护板。

课后训练

一、填空题

1. 路基防护工程主要包括__________防护和__________防护。

2. 植树适用于各种土质边坡和极严重风化的岩石边坡,边坡坡度不陡于__________。

3. 为了防止边坡内细粒土被水流冲出,增加护坡的弹性,在护坡面层与边坡土之间设置 1 ~2 层__________垫层,厚度为 10 ~ 15 cm。

4. 浆砌片石护面墙分__________、__________、__________和__________等形式。

5. 常用的冲刷防护方式有:__________、__________和__________三种。

6. 加筋土挡土墙由__________、__________和__________三部分组成。

二、单选题

1. (　　)常用于浸水且水深较深地段的路基边坡防护。

A. 植树　　B. 铺草皮　　C. 喷射混凝土　　D. 抛石防护

2. 重力式挡土墙一般采用(　　)。

A. 换填基础　　B. 明挖基础　　C. 桩基础　　D. 沉井基础

3. 加筋土挡土墙的基础一般是(　　)。

A. 条形基础　　B. 矩形基础　　C. 圆形基础　　D. 桩基础

4. 下列不属于公路绿化植物品种的选择原则是(　　)。

A. 具有稳定公路边坡的能力　　B. 适用于各地栽种

C. 具有良好的环境和景观效果　　D. 工程投资越低越好

5. 某路堑边坡属于风化的岩石,且坡面不平整,应采取的防护措施是(　　)。

A. 喷浆　　B. 抹面　　C. 灌浆　　D. 植被防护

三、简答题

1. 路基防护的形式有哪几种?

2. 挡土墙形式有哪几种?

3. 重力式挡土墙的施工要点是什么?

4. 混凝土挡土墙的墙身施工要点有哪些?

5. 简述加筋土挡土墙的施工工艺流程。

6. 简述锚杆挡土墙的施工工艺流程。

任务6 路基排水施工

【任务描述】

水是影响路基稳定的重要因素,为保持路基干燥,应重视路基排水,防止因各种原因造成水对路基的侵蚀,确保路基的强度和稳定性。

【任务分析】

1. 路基地面排水设施的设置及施工。

2. 路基地下排水设施的设置及施工。

【任务实施】

路基排水的目的,是确保路基能始终处于干燥、坚实和稳定的状态。路基排水可分为地面排水和地下排水两大类。地面排水设施布置在地表上,用于排除可能危害路基的降水、路旁坑洼处积水和沟渠流水等地面水。地下排水设施布置在路基内部,用于排出流向路基的地下水或降低地下水位。公路常见排水设施的组成如图2-71所示。

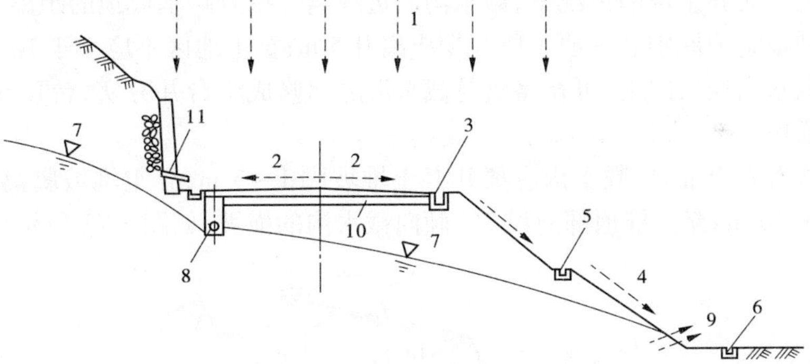

1—降水;2—路面排水;3—边沟;4—坡面排水;5 排水沟;6—坡脚排水沟;
7—地下水位;8—地下排水渗沟;9—涌水;10—排水基层;11—挡土墙墙背排水

图2-71 公路常见排水设施的组成

1 路基地面排水

路基地面排水可采用边沟、截水沟、排水沟、跌水与急流槽、蒸发池等设施,其作用是将可能停滞在路基范围内的地面水迅速排除,防止路基范围内的地面水流入路基内。地面排水设施应结合地形和天然水系进行布设,并做好进出口的位置选择和处理,防止出现堵塞、溢流、渗漏、淤积、冲刷和冻结等现象。

1.1 边沟

边沟的主要功能是排除路基顶面及挖方边沟汇集起来的地面水,通常采用的边沟形式有梯形、矩形、三角形或碟形等。

1.1.1 设置

挖方地段和填土高度小于边沟深度的填方地段均应设置边沟;路堤靠山一侧的坡脚应设置不渗水的边沟。为了防止边沟漫溢或冲刷,在平原区和山岭重丘区,边沟应分段设置出水口,多雨地区梯形边沟每段长度不宜超过 300 m,三角形边沟不宜超过 200 m。边沟沟底纵坡宜与路线纵坡一致,并不宜小于 0.3%,困难情况下,可减小至 0.1%。

1.1.2 施工要求

平曲线处边沟施工时,沟底纵坡应与曲线前后沟底纵坡平顺衔接,不允许曲线内侧有积水或外溢现象发生。曲线外侧边沟应适当加深,其增加值应等于超高值。

土质地段,当沟底纵坡大于 3% 时,应采取加固措施;采用干砌片石对边沟进行铺砌时,应选用有平整面的片石,各砌缝要用小石子嵌紧;采用浆砌片石铺砌时,砌缝砂浆应饱满,沟身不漏水;若沟底采用抹面,抹面应平整压光。

1.2 截水沟

设置截水沟的目的在于截流,而且沟内不应长期积水,为此,截水沟的位置应设置在路基边坡以外的一定距离(≥5 m),方向大致与路中线平行,尽可能与水流方向垂直,并具有足够的流水断面和纵坡。通常梯形截水沟的深度与底宽不小于 0.5 m,且具有 1% ~ 3% 的纵坡。

1.2.1 设置

在路基上方无弃土堆的情况下,截水沟的边缘离开挖方路基坡顶的距离视土质而定,以不影响边坡稳定为原则。一般土质至少应离开 5 m;黄土地区不应小于 10 m,并应进行防渗加固。截水沟挖出的土,可在路堑与截水沟之间修成土台并夯实,台顶应筑成 2% 倾向截水沟的横坡。

路基上方有弃土堆时,截水沟应离开弃土堆坡脚 1 ~ 5 m,弃土堆坡脚离开路基挖方坡顶不应小于 10 m,弃土堆顶部应设 2% 倾向截水沟的横坡,如图 2-72 所示。

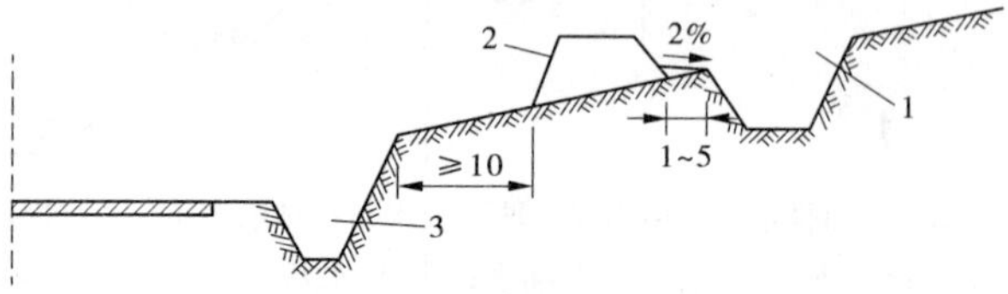

1—截水沟;2—弃土堆;3—边沟

图 2-72 挖方路段截水沟示意图 (单位:m)

山坡上路堤的截水沟离开路堤坡脚至少 2 m,并用挖截水沟的土填在路堤与截水沟之间,修筑向沟倾斜坡度为 2% 的护坡道或土台,使路堤内侧地面水流入截水沟排出,如图 2-73 所示。

1.2.2 施工要求

截水沟长度超过 500 m 时应选择适当的地点设出水口,将水引至山坡侧的自然沟中或桥涵进水口,截水沟必须有可靠的出水口,必要时须设置排水沟、跌水或急流槽。截水沟的出水口必须与其他排水设施平顺衔接。

为防止水流下渗和冲刷,截水沟应进行严密的防渗和加固,地质不良地段和土质松软、透水性较大或裂隙较多的岩石路段,对沟底纵坡较大的土质截水沟及截水沟的出水口,均应采取加固措施防止渗漏和冲刷沟壁。

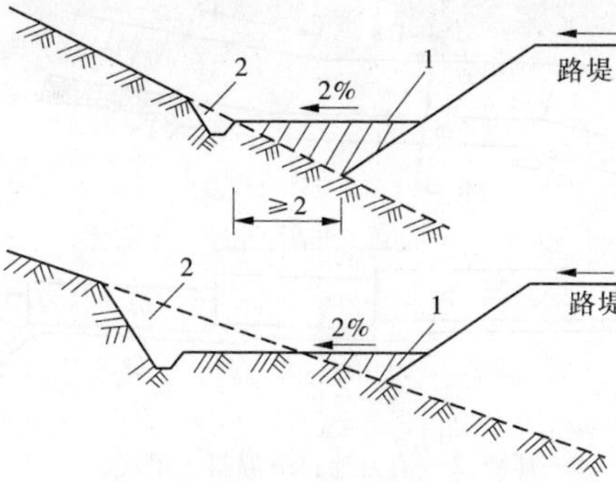

1—土台;2—截水沟

图 2-73 填方路段截水沟示意图 (单位:m)

1.3 排水沟

排水沟主要用于排除来自边沟、截水沟或其他水源的水流,以形成整个排水系统。排水沟的布置应结合地形等自然条件,因势利导,平面上力求短捷平顺,并以直线为主。

排水沟的施工应符合下列规定:

(1)排水沟的线形要求平顺,尽可能采用直线形,转弯处宜做成弧线,其半径不宜小于10 m,排水沟长度根据实际需要而定,通常不宜超过500 m。

(2)排水沟沿路线布设时,应离路基尽可能远一些,距路基坡脚不宜小于3 ~4 m。当流速大于沟底、沟壁土的容许冲刷流速时,应对排水沟采取表面加固措施。

1.4 跌水与急流槽

1.4.1 设置

跌水与急流槽均为人工排水沟渠的特殊形式,用于陡坡地段,是山区公路路基排水常见的结构物。

跌水可分为进水口、消力池和出水口三部分,如图2-74所示。

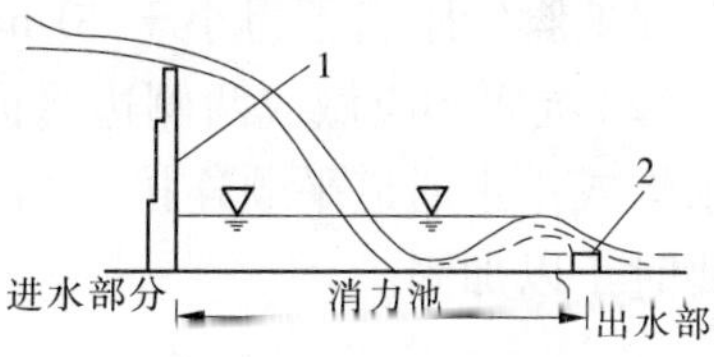

1—护墙;2—消力槛

图 2-74 跌水构造示意图

急流槽应就地敷设,应具有基础、端部及槽身。槽身设阶梯形耳墙,间隔为2 ~5 m,埋入地面以下,以防止槽身移位。槽身较长时,每5 ~10 m分段砌筑,并预留伸缩缝。由于纵坡大、水流湍急,冲刷作用严重,所以跌水和急流槽必须用石块浆砌或混凝土浇筑,且应埋设牢固,如图2-75所示。

1.4.2 施工要求

跌水与急流槽的施工应符合下列规定:

(1)跌水的台阶高度可根据地形、地质等条件决定,多级台阶的各级高度可以不同,其高度与长度之比应与原地面坡度相适应。

(2)急流槽的纵坡不宜超过1∶1.5,同时应与天然地面坡度相配合。当急流槽较长时,槽底可用几个纵坡,一般是上段较陡,向下逐渐放缓。

(3)当急流槽很长时,应分段砌筑,每段不宜超过10 m,接头用防水材料填塞,密实无空隙。

(4)急流槽的砌筑应使自然水流与涵洞进、出口之间形成一个过渡段,基础应嵌入地

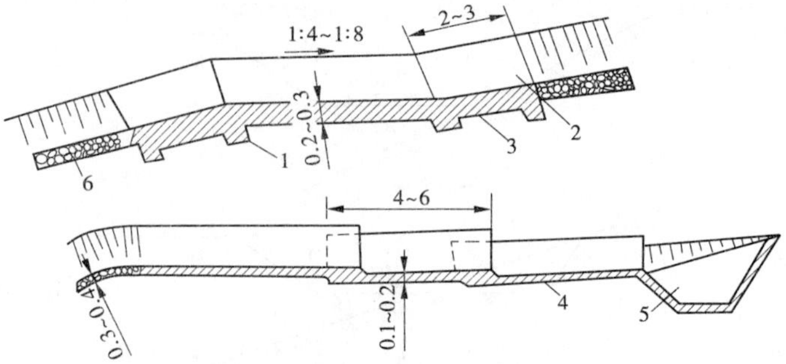

1—耳墙;2—消力池;3—混凝土槽底;

4—钢筋混凝土槽底;5—横向沟渠;6—砌石护底

图 2-75 急流槽构造示意图 (单位:m)

面以下,基底要求砌筑抗滑平台并设置端护墙。

(5)路堤边坡急流槽的修筑,应能为水流入排水沟提供一个顺畅通道,路缘石开口及流水进入路堤边坡急流槽的过渡段应连接平顺。

1.5 蒸发池

蒸发池仅适用于北方气候干旱,蒸发量大,且排水困难的地段,可利用沿线的取土坑或专门设置蒸发池汇集地表水。

蒸发池的施工应符合下列规定:

(1)用取土坑作蒸发池时与路基坡脚间的距离不应小于 5 ~ 10 m,面积较大的蒸发池至路堤坡脚的距离不得小于 20 m,坑内水面应低于路基边缘至少 0.6 m。

(2)坑底部应做成两侧边缘向中部倾斜 0.5% 的横坡。取土坑出入口应与所连接的排水沟或排水通道平顺连接。当出口为天然沟谷时,应妥善导入沟谷内,不得形成漫流,必要时予以加固。

2 路基地下排水

公路路基的地下排水设施,主要是为了截断与排除来自山坡地下流向路基的地下水,使之不致侵蚀路基,有时也用于降低地下水位,隔断毛细水上升或排除路基下面的积水。常用的路基地下水排水设施有排水沟、暗沟(管)、渗沟、渗井、检查井等。

2.1 排水沟

排水沟是用以拦截、引排或降低埋藏不深的浅层地下水,并兼排地面水的设施,但在寒冷地区不宜用于排除地下水。

2.1.1 设置

当地下水位较高、潜水层埋藏不深时,可采用排水沟截流地下水及降低地下水位,沟底宜埋入不透水层内,沟壁最下一排渗水孔(或裂缝)的底部宜高出沟底不小于 0.2 m。

排水沟设在路基旁侧时,宜沿路线方向布置;设在低洼地带或天然沟谷处时,宜顺山坡的沟谷走向布置。

2.1.2 施工要求

排水沟采用混凝土浇筑或浆砌片石砌筑时,应在沟壁与含水地层接触面的高度处,设置一排或多排向沟中倾斜的渗水孔，沟壁外侧应填以粗粒透水材料或土工合成材料作反滤层，如图2-76所示。沿沟槽每隔10～15 m或当沟槽通过软硬岩层分界处时应设置伸缩缝或沉降缝。

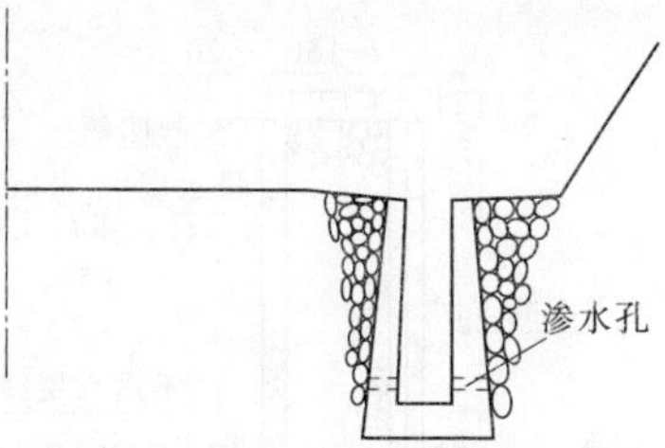

图2-76 兼排地面水的排水槽

2.2 暗沟

暗沟是设在地面以下引导水流的沟渠，用来把路基范围内的泉水或渗沟所拦截、汇集的水流排到路基范围之外。暗沟无渗水和汇水作用。冰冻地区暗沟的埋置深度应大于当地的冰冻深度，保证各个季节排水畅通。

2.2.1 设置

暗沟沟底宜埋入不透水层内。沟壁最下一排渗水孔（或裂缝）的底部宜高出沟底不小于0.2 m。设在路基旁侧时，宜沿路线方向布置，设在低洼地带或天然沟谷处时，宜顺山坡的沟谷走向布置。

暗沟沟底的纵坡不宜小于1%，条件困难时亦不得小于0.5%，出水口处应加大纵坡，并应高出地表排水沟常水位0.2 m以上。暗沟横断面一般为矩形，泉井壁和沟底、沟壁用浆砌片石或水泥混凝土预制块砌筑，沟顶设置混凝土或石盖板，盖板顶面上的填土厚度不应小于0.5 m。各部位尺寸大小应根据排出水量及地形、地质条件确定，并应防止淤塞。

2.2.2 施工要求

采用混凝土浇筑或浆砌片石砌筑时，应在沟壁与含水量地层接触面的高度处，设置一排或多排向沟中倾斜的渗水孔。

沟壁外侧应填以粗粒透水材料或土工合成材料作反滤层。沿沟槽每隔10～15 m或当沟槽通过软硬岩层分界处时应设置伸缩缝或沉降缝。

2.3 渗沟

渗沟是以渗透的方式来降低地下水位，汇集和拦截流向路基的地下水，并通过沟底通道将水排到路基范围外的指定地点，使路基上部保持干燥。

2.3.1 设置

为降低地下水位或拦截地下水，可在地面以下设置渗沟。渗沟有填石渗沟（盲沟）、洞式渗沟、管式渗沟等形式，各种渗沟均应设置排水层、反滤层和封闭层。渗沟的构造如图2-77所示。

渗沟的排水层，可用石质坚硬的较大颗粒填充，以保证具有足够的孔隙排除设计流量。填充的高度不小于0.3 m，并应高出原地下水位。

反滤层是为了汇集水流，并用以防止含水层中土粒堵塞排水层而设置的，应尽可能选用颗粒大小均匀的砂石材料，分层填埋。

封闭层是为了防止土粒落进填充石料的孔隙，以免造成渗沟堵塞而设置的，同时也能起到防止地面水渗入沟内的作用，可采用浆砌片石封顶。

2.3.2 填石渗沟的施工要求

填石渗沟，也称为盲沟，通常为矩形或梯形，在渗沟的底部和中间用较大碎石或卵石（粒径3～5 cm）填筑，在碎石或卵石的两侧和上部，按一定比例分层（层厚约15 cm），填

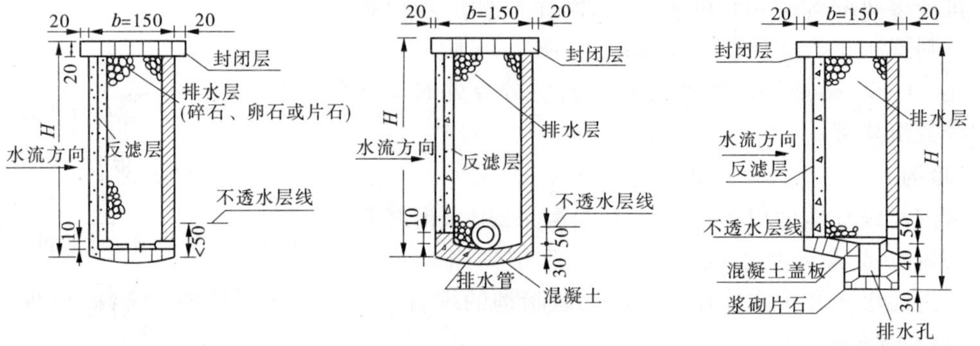

(a)填石渗沟　　(b)管式渗沟　　(c)洞式渗沟

图 2-77　渗沟的构造　(单位:cm)

较细颗粒的粒料(中砂、粗砂、砾石),做成反滤层,逐层的粒径比例,大致按 4∶1递减。砂石料颗粒小于 0. 15 mm 的含量不应大于 5%。顶部做封闭层,用双层反铺草皮或其他材料(如土工合成的防渗材料)铺成,并在其上夯填厚度不小于 0. 5 m 的黏土防水层。

填石渗沟只宜用于渗流不长的地段,且纵坡不能小于 1%。

2. 3. 3　管式渗沟的施工要求

管式渗沟适用于地下水引水较长、流量较大的地区。当管式渗沟长度为 100 ~ 300 m 时,其末端宜设横向泄水管分段排除地下水。

管式渗沟的泄水管可用陶瓷、混凝土、石棉、水泥或塑料等材料制成,管壁应设泄水孔,交错布置,间距不宜大于 20 cm。渗沟的高度应使填料的顶面高于原地下水位。沟底垫层材料一般采用干砌片石;如沟底深入到不透水层,宜采用浆砌片石、混凝土或土工合成的防水材料。

2. 3. 4　洞式渗沟的施工要求

洞式渗沟适用于地下水流量较大的地段,洞壁宜采用浆砌片石砌筑,洞顶应用盖板覆盖,盖板之间应留有空隙,使地下水流入洞内,洞式渗沟的高度要求同管式渗沟。

2. 4　渗井

2. 4. 1　设置

在平坦地区地面排水困难时,如距离地面不深处有渗透性土层,而且地下水背离路基或较深,可以修建渗井,将地表水或边沟水分散到离地面 1. 5 m 以下的土层中,这种用透水材料填筑的竖井称为渗井,如图 2-78 所示。

渗沟属于水平方向的地下排水设施,而渗井则属于立式排水设施。渗井施工难度大,单位面积造价高,一般不轻易采用。

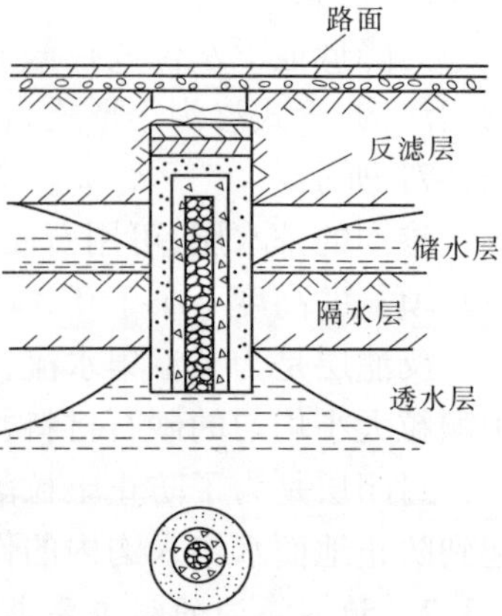

图 2-78　渗井

2. 4. 2　渗井的构造

渗井面积的大小,取决于路基表面的流量,一般采用直径为 1. 0 ~ 1. 5 m 的圆柱形,或边长为 1. 0 ~ 1. 5 m 的方形，渗井顶部周围用黏土筑堤围护，或加筑混凝土盖板。

渗井的下部，必须穿过不透水层而深达渗透层。井内填充材料用碎石或卵石，上部不透水层内填充砂或砾石。

2.4.3 施工要求

井内填置材料按层次在下层透水范围内填碎石或卵石，上层不透水层范围内填砂或砾石，填充料应采用筛洗过的不同粒径的材料，应层次分明，不得粗细材料混杂填塞，井壁和填充料之间应设反滤层。

渗井离路堤坡脚不应小于10 m，渗井顶部四周（进口部除外）用黏土筑堤围护，井顶应加筑混凝土盖，严防渗井淤塞。

2.5 检查井

2.5.1 检查井的设置

为检查维修渗沟，每隔30～50 m或在平面转折和坡度由陡变缓处设置检查井，如图2-79所示。

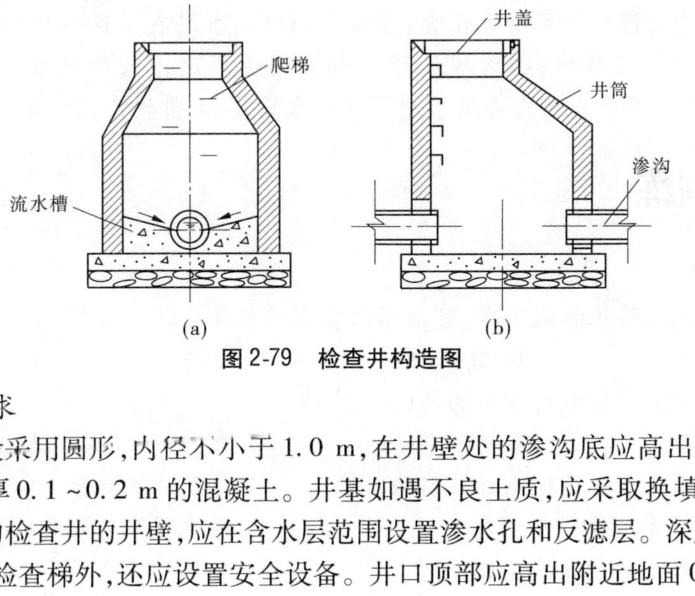

图2-79 检查井构造图

2.5.2 施工要求

检查井一般采用圆形，内径不小于1.0 m，在井壁处的渗沟底应高出井底0.3～0.4 m，井底铺一层厚0.1～0.2 m的混凝土。井基如遇不良土质，应采取换填、夯实等措施。兼起渗井作用的检查井的井壁，应在含水层范围设置渗水孔和反滤层。深度大于20 m的检查井，除设置检查梯外，还应设置安全设备。井口顶部应高出附近地面0.3～0.5 m，并设井盖。

案例分析

一、背景材料

某高速公路位于地下水丰富地区，为保证路基稳定，采用了如下多种排水设施：

(1)在填方路基边坡坡脚3 m外设置浆砌片石排水沟。

(2)为降低地下水位，设置管式渗沟，并在长100～300 m管式渗沟末端设横向泄水管。

(3)低填方路段设边沟，当沟底纵坡大于3%时，采用浆砌片石铺砌加固。

(4)为避免高路堤边坡被路面水冲毁,在路肩上设拦水缘石,在拦水带开口处设急流槽引离路基,与高路堤急流槽连接处设喇叭口。

二、问题提出

1. 该工程中采用了哪些地面排水设施? 除此之外,还有哪些地面排水设施?

2. 为保证浆砌片石排水沟正常使用,应在什么位置增设哪些设施?

3. 管式渗沟的泄水管可用哪些材料? 管式渗沟和填石渗沟能否互相替代? 为什么?

三、问题解决

1. 本工程中采用了排水沟、边沟、拦水缘石和急流槽等地面排水设施。此外,还有截水沟、蒸发池等。

2. 排水沟或暗沟采用混凝土浇筑或浆砌片石砌筑时,应在沟壁与含水量地层接触面的高度处,设置一排或多排向沟中倾斜的渗水孔。沟壁外侧应填以粗粒透水材料或土工合成材料作反滤层。沿沟槽每隔 10 ~ 15 m 或当沟槽通过软硬岩层分界处时应设置伸缩缝或沉降缝。

3. 管式渗沟的泄水管可用陶瓷管、混凝土、石棉、水泥或塑料等材料制成。管式渗沟和填石渗沟不能互相替代,因为填石渗沟只宜用于渗流不长的地段,且纵坡不能小于1%,宜采用5%。而管式渗沟适用于地下水引水较长、流量较大的地区。

课后训练

一、选择题

1. 为汇集流向路基的地下水,可采用的路基排水设施是(　　)。

A. 排水沟　　B. 截水沟　　C. 边沟　　D. 渗井

2. 下面属于地下排水构造物的是(　　)。

A. 截水沟　　B. 洞式渗沟　　C. 盲沟　　D. 倒虹吸

3. 零填挖路段含水量较高时路基施工应(　　)。

A. 换填透水性良好的材料　　B. 换填深度满足设计要求

C. 设置渗沟将地下水引出路外　　D. 分层回填压实

4. 设置在路基两侧的盲沟,其目的是拦截或降低(　　)。有时亦设置在路基的填方和挖方的交接处,用于拦截和排除路堑下面层间水或小股泉水,以保持路基的稳定。

A. 边沟的水　　B. 地下水　　C. 排水沟的水　　D. 地表水位

5. 路基边沟、截水沟、取土坑或路基附近的积水,主要通过(　　)排出到路基以外的天然河沟中。

A. 涵洞　　B. 跌水　　C. 排水沟　　D. 盲沟

6. 填石渗沟只宜用于渗流不长的地段,且纵坡不能小于(　　)。

A. 4%　　B. 3%　　C. 2%　　D. 1%

7. 可用于排地下水和地表水的排水设施是(　　)。

A. 排水沟　　B. 暗沟　　C. 渗沟　　D. 涵洞

8. 当路基附近的地面浅层地下水无法排除,影响路基稳定时,可设置(　　)。

A. 渗沟　　B. 渗井　　C. 排水沟　　D. 检查井

二、简答题

1. 路基常用的地面排水设施有哪些？各起什么作用？

2. 路基常用的地下排水设施有哪些？各起什么作用？

3. 渗沟按流量的不同可分为哪几种？构造上的主要区别有哪些？

三、案例分析

如图 2-80 所示为某公路排水设施的设置情况，请根据图 2-80 分析：

1. 该工程采用的路基排水设施有哪几种？各有什么设置要求和功能？

2. 该工程排水设施中采用了边坡渗沟，请自行查阅资料，说明什么是边坡渗沟？有何设置要求？用于何种情况？

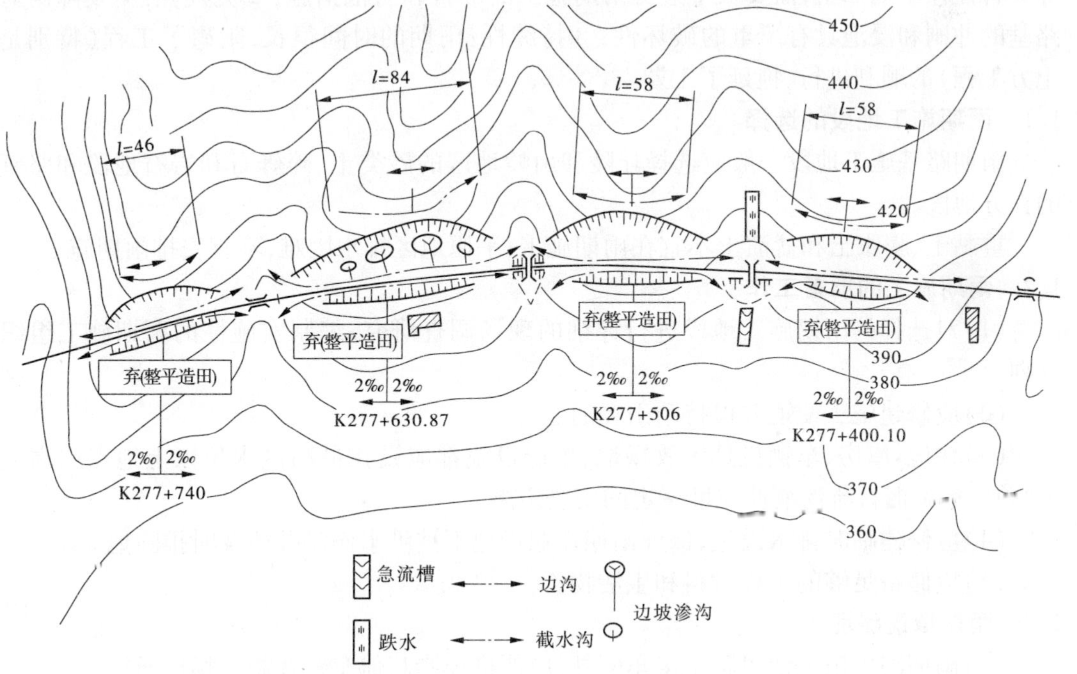

图 2-80　某公路排水系统　（单位：m）

任务 7　路基季节性施工

【任务描述】

季节性施工指的是冬期施工和雨期施工，根据工期要求，施工单位必须编制相应的专项施工方案，采取适当措施，保证路基季节性施工的工程质量和施工安全。

【任务分析】

1. 路基雨期施工。

2. 路基冬期施工。

【任务实施】

我国地域辽阔,气候变化大,冬期的低温和雨期的降水,常使路基施工无法正常进行,从而影响工程的进展。若能掌握冬期与雨期施工特点,进行充分的施工准备,选择合理的施工技术进行冬期与雨期施工,对缩短工期、确保工程质量、降低工程费用具有重要意义。

1 雨期施工

雨期是指一年中降水相对集中的季节,即每年降水比较集中的湿润多雨季节。在我国,南方雨期为4~9月,北方为6~9月。雨期特点是降雨量大,降雨日数多,降雨强度大,经常出现暴雨或雷击。降雨会引起工程停工、塌方、基坑浸泡。

雨期施工的特点是:①突然性:由于暴雨,雨水倒灌、边坡坍塌等事故及山洪、泥石流等灾害往往不期而至,需要及早进行雨期施工的准备和防范措施;②突发性:突发降雨对路基的冲刷和浸泡具有严重的破坏性;③持续性:雨期的时间很长,阻碍了工程(特别是土方工程)的顺利进行,拖延了工期。

1.1 雨期施工地段的选择

雨期路基施工地段一般应选择丘陵和山岭地区的砂类土、碎砾石和岩石地段和路堑的弃方地段。

重黏土、膨胀土和盐渍土不宜在雨期施工;平原地区排水困难,不宜安排雨期施工。

1.2 雨期施工的准备工作

(1)对选择的雨期施工地段进行详细的现场调查研究,编制实施性的雨期施工组织计划。

(2)应修建施工便道并保持晴雨畅通。

(3)住地、库房、车辆机具停放场地、生产设施都应设在最高洪水位以上地点或高地上,并应远离泥石流沟槽冲积堆一定的安全距离。

(4)应修建临时排水设施,保证雨期作业场地不被洪水淹没并能及时排除地面水。

(5)应储备足够的工程材料和生活物资。

1.3 雨期填筑路堤

(1)雨期路堤施工地段除施工车辆外,应严格控制其他车辆在施工场地通行。

(2)在填筑路堤前,应在填方坡脚以外挖掘排水沟,保持场地不积水,如原地面松软,应采取换填措施。

(3)应选用透水性好的碎(卵)石土、砂砾、石方碎渣和砂类土作为填料。利用挖方土作填料时应随挖随填、及时压实。含水量过大无法晾干的土不得用作雨期施工填料。

(4)路堤应分层填筑。每一层的表面,应做成2%~4%的排水横坡。当天填筑的土层应当天或雨前完成压实。

(5)雨期填筑路堤需借土时,取土坑距离填方坡脚不宜小于3 m。平原区路基纵向取土时,取土坑深度一般不宜大于1 m。

1.4 雨期开挖路堑

(1)土质路堑开挖前,在路堑边坡坡顶2 m以外开挖截水沟并接通出水口。

(2)开挖土质路堑宜分层开挖,每挖一层均应设置排水纵横坡。挖方边坡不宜一次挖到设计标高，应沿坡面留 30 cm 厚，待雨期过后整修到设计坡度。移挖作填的挖方应随挖随运随填。

(3)土质路堑挖至设计标高以上 30 ~ 50 cm 时应停止开挖，并在两侧挖排水沟。待雨期过后再挖到路床设计标高后再压实。

(4)土的强度低于规定值时应按设计要求进行处理。

(5)雨期开挖岩石路堑，炮眼应尽量水平设置。边坡应按设计坡度自上而下、层层刷坡，坡度应符合设计要求。

2 冬期施工

在反复冻融地区，昼夜平均温度在 -3 ℃以下且连续 10 d 以上时进行路基施工称为路基冬期施工。当昼夜平均温度虽然上升到 -3 ℃以上，但冻土未完全融化时，亦属冬期施工。

冬期施工具有以下特点：①施工条件差、环境不利，是工程质量事故的多发季节；②冬期质量事故具有隐蔽性和滞后性，冬季施工，春季才能暴露，处理难度大，影响工程使用寿命；③冬期施工的计划性和时间性强，准备工作时间短，技术要求复杂，仓促施工极易发生工程质量事故。为保证工程质量，必须采取特殊措施组织施工。

2.1 路基工程可冬期进行的项目

(1)泥沼地带河湖冻结到一定深度后，如需换土可趁冻结期挖去原地面的软土、淤泥层，换填合格的其他填料。

(2)含水量高的流动土质、流沙地段的路堑可利用冻结期开挖。

(3)河滩地段，可利用冬期水位低的特点，开挖基坑修建防护工程，但应采取加温保温措施，注意养护。

(4)岩石地段的路堑或半填半挖地段，可进行开挖作业。

2.2 路基工程不宜冬期施工的项目

(1)高速公路、一级公路的土路基和地质不良地区的二级以下公路路堤。

(2)铲除原地面的草皮、挖掘填方地段的台阶。

(3)整修路基边坡。

(4)在河滩低洼地带将被水淹的填土路堤。

2.3 路基冬期施工前的准备工作

(1)编制冬期施工实施性的施工组织计划。

(2)冬期施工项目在冰冻前应进行现场放样，保护好控制桩并树立明显的标志，防止被冰雪掩埋。

(3)冰冻前应挖好坡地上填方的台阶，清除石方挖方的表面覆盖层、裸露岩体。

(4)维修保养冬期施工需用的车辆、机具设备，充分备足冬期施工期间的工程材料。

(5)准备施工队伍的生活设施、取暖照明设备、燃料和其他越冬所需的物资。

2.4 冬期填筑路堤

(1)冬期施工的路堤填料，应选用未冻结的砂类土，碎、卵石土，开挖石方的石块石碴等透水性良好的土。

(2)冬期填筑路堤,应按横断面全宽平填,每层松厚应按正常施工减少 20% ~30%,且最大松铺厚度不得超过 30 cm。压实度不得低于正常施工时的要求。当天填的土必须当天完成碾压。

(3)当路堤高距路床底面 1 m 时,应碾压密实后停止填筑。

(4)挖填方交界处,填土低于 1 m 的路堤不应在冬期填筑。

(5)冬期施工取土坑应远离填方坡脚。如条件限制需在路堤附近取土,取土坑内侧到填方坡脚的距离不得小于正常施工护坡道的 1.5 倍。

(6)冬期填筑的路堤,每层每侧应按设计和施工技术规范规定超填并压实。待冬期后修整边坡削去多余部分并拍打密实或加固。

2.5 冬期施工开挖路堑表层冻土的方法

2.5.1 爆破冻土法

当冰冻深度达 1 m 以上时可用此法炸开冻土层。炮眼深度取冻土深度的 75% ~90%,炮眼间距取冰冻深度的 1 ~1.3 倍并按梅花形交错布置。

2.5.2 机械破冻法

1 m 以下的冻土层可选用专用破冻机械,如冻土犁、冻土锯和冻土铲等,予以破碎清除。

2.5.3 人工破冻法

当冰冻层较薄、破冻面积不大时,可用日光暴晒法、火烧法、热水开冻法、水针开冻法、蒸汽放热解冻法和电热法等胀开或融化冰冻层,并辅以人工撬挖。

2.6 冬期开挖路堑

(1)当冻土层被开挖到未冻土后,应连续作业,分层开挖,中间停顿时间较长时,应在表面覆雪保温,避免重复被冻。

(2)挖方边坡不应一次挖到设计线,应预留 30 cm 厚台阶,待到正常施工季节再削去预留台阶,整理达到设计边坡。

(3)路堑挖至路床面以上 1 m 时,挖好临时排水沟后,应停止开挖并在表面覆以雪或松土,待到正常施工时,再挖去其余部分。

(4)冬期开挖路堑必须从上向下开挖,严禁从下向上掏空挖“神仙土”。

(5)每日开工时先挖向阳处,气温回升后再挖背阴处,若开挖时遇地下水源,应及时挖沟排水。

(6)冬期施工开挖路堑的弃土要远离路堑边坡坡顶堆放。弃土堆高度一般不应大于 3 m,弃土堆坡脚到路堑边坡顶的距离一般不得小于 3 m,深路堑或松软地带应保持 5 m 以上。弃土堆应摊开整平,严禁把弃土堆于路堑边坡顶上。

案例分析

一、工程背景

某二级公路路基施工由于进度要求必须在冬期施工,项目部要求在做好冬期施工前的各项准备工作的基础上可以进行以下作业:

(1)铲除原地面的草皮,挖掘填方地段的台阶。

(2)公路路堤填筑。

(3)整修路基边坡。

(4)河滩地段可利用冬期水位低,开挖基坑修建防护工程。

为保证冬期施工质量,项目部提出路堤填筑的注意事项如下:

(1)冬期填筑路堤,应按横断面全宽平填,每层松厚应按正常施工增加20%～30%,且最大松铺厚度不得超过20 cm。

(2)当路堤高距路床底面1 m时,应碾压密实后停止填筑。

(3)挖填方交界处,填土低于3 m的路堤都不应在冬期填筑。

(4)需在路堤附近取土时,取土坑内侧到填方坡脚的距离不得小于正常施工护坡道的1.5倍。

二、问题提出

1. 项目部安排的上述作业是否能进行?

2. 项目部提出的冬期路基填筑施工要点是否合理?

三、问题解决

1. 项目部作业项目分析

项目部安排的上述作业中(1)、(2)、(3)都不宜在冬期施工。

作业(4)可以进行,但应注意保暖和养护。

2. 冬期路基填筑施工要点

项目部提出的施工要点中,(1)、(3)不合理,每层松厚应按正常施土减少20%～30%,且最大松铺厚度不得超过30 cm;挖填方交界处,填土低于1 m的路堤都不应在冬期填筑。

(2)、(4)合理 ,符合路基冬期施工要求。

课后训练

一、选择题

1. 雨期施工路堤填筑要求(　　)。

A. 采用透水性好的砂类土及砾类土填筑

B. 路堤分层填筑,保持2%～3%以上横坡排水

C. 随挖随填、及时压实

D. 过湿土可采用轻型压实标准,并可降低压实度标准

2. 在雨期进行路堑开挖,正确的开挖措施有(　　)。

A. 土质路堑开挖前,在路堑边坡坡顶2 m以外开挖截水沟并接通出水口

B. 开挖土质路堑宜分层开挖,每挖一层均应设置排水纵横坡

C. 挖方边坡一次挖到设计标高,防止沉降

D. 土的强度低于规定值时应按设计要求进行处理

E. 雨期开挖岩石路壁，炮眼应倾斜45°设置

3. 以下属于冬期施工开挖路堑表层冻土方法的是(　　)。

A. 爆破冻土法

B. 抛石挤淤法

C. 电热法

D. 化学加固法

4. 路基工程可冬期进行施工的项目是(　　)。

A. 铲除原地面的草皮、挖掘填方地段的台阶

B. 含水量高的流动土质、流砂地段的路堑可利用冻结期开挖

C. 在河滩低洼地带将被水淹的填土路堤

D. 岩石地段的路堑或半填半挖地段，可进行开挖作业

二、简答题

1. 路基雨期施工地段如何选择？

2. 雨期路堑开挖有何要求？

3. 适合冬期路基施工的有哪些工程项目？

4. 冬期开挖路堑有何要求？

三、案例分析

1. 工程背景

某地区公路路基雨期施工过程中突遇冷空气，气温下降，昼夜平均温度 -3 ℃以下，持续一个星期，然后气温回暖，未发生冻土现象。该路段有填有挖，且需以挖做填。土质为砂类土，施工方技术员提出为保证雨期和冬期施工质量应采取以下4条主要措施：

(1)在填方坡脚外挖好排水沟。

(2)分层填筑时，每一层表面做成2% ~4%的排水横坡。

(3)按横断面全宽平填，每层松铺厚度按正常施工减少20% ~30%。

(4)挖填交界处、填土低于1 m处停止填筑，待气温回暖后再实施。

2. 问题提出

(1)请问上述4条措施哪些是针对雨期施工的？哪些是针对冬期施工的？

(2)施工方技术员提出的4条措施是否合理？为什么？

(3)针对雨期路堤填筑除上述措施外还应采取哪些措施？

任务8　路基整修与交工验收

【任务描述】

路基整修与交工验收是路基施工的重要工作流程，公路技术员应具备组织路基整修及交工验收的能力。

【任务分析】

1. 确定路基整修的方法和程序。

2. 确定路基质量验收标准。

3. 组织实施路基交工验收。

【任务实施】

1 路基整修

《公路路基施工技术规范》(JTG F10—2006)规定了路基整修的基本要求,路基整修包括自检后的整修(交工验收前的整修)和交工验收后的整修。整修是为了路基工程达到或优于设计和规范规定的技术标准和质量标准,检测的项目、方法和频率根据《公路工程质量检验评定标准》(JTG F80/1—2004)确定。下面仅介绍自检后的整修,交工验收后的整修可参照执行。

1.1 路基整修目的和内容

路基整修是在路基施工基本完成后,对其外观质量和局部缺陷进行整修或处理,是路基工程顺利通过交工验收的重要保证。因此,在路基交工验收前,应严格按规范要求再次检查路基施工质量,并进行适当的整修。

1.2 路基整修要求

施工方应恢复各项标桩,按设计图纸要求检查路基的中线位置、宽度、纵坡、横坡、边坡及相应的标高等。根据检查结果,编制出整修计划。整修工作应在检查结果及整修计划经监理工程师核查与批准后方能动工。

土质路基应采用人工或机械刮土或补土的方法整修成型。深路堑边坡整修应按设计要求的坡度,自上而下进行刷坡,不得在边坡上以土贴补。

在整修需加固的坡面时,应预留加固位置。当填土不足或边坡受雨水冲刷形成小冲沟时,应将原边坡挖成台阶,分层填补,仔细夯实。如填补的厚度很小(100~200 mm),而又是非边坡加固地段时,可用种草整修的方法以种植土来填补。

土质路基表面做到设计标高后采用平地机或推土机刮平,铲下的土不足以填补凹陷时,应采用与路基表面相同的土填平夯实。石质路基表面应用石屑嵌缝紧密、平整、不得有坑槽和松石。

修整的路基表层厚150 mm以内,松散的或半埋的尺寸大于100 mm的石块,应从路基表面层移走,并按规定填平压实。

边沟的整修应挂线进行。对各种水沟的纵坡(包括取土坑纵坡)应用仪器检测,按图纸及规范要求修整,不得随意用土填补。

填土路基两侧超填的宽度应予切除,如遇边坡缺土,必须挖成台阶,分层填补夯实。

在路面铺筑完成后或铺筑时,应立即填筑土路肩,同时按设计要求进行加固。

路基整修完毕后,堆于路基范围内的废弃土料应予清除。

路基工程完工后路面未施工前及公路工程初验后至终验前,路基如有损毁,施工方应负责维修,并保证路基排水设施完好,及时清除排水设施中淤积物、杂草等。

对中途停工较长时间和暂时不做路面的路基,亦应做好排水设施,复工前应对路基各分项工程予以修整。

路基工程完成以后,每当大雨、连日暴雨或积雪融化后,应控制施工机械和车辆在土质路基上通行。若不可避免,应将碾压的坑槽中的积水及时排干,整平坑槽,对修复部分重新压实。

2 路基交工验收

2.1 路基交工验收基本要求

路基作为道路的重要组成部分,其质量对道路使用功能及整体稳定性起着重要作用,路基交工验收是确保路基质量的重要环节。交工验收是依据施工技术标准和设计文件,对路基工程最终的施工质量作出评定,以评价工程是否可以移交下一阶段施工或是否满足通车要求。

2.1.1 准备工作

路基交验前,施工队首先应自检。自检合格后,及时将检测结果上报项目部。在项目部复核无误后,组织质监、监理、业主、项目部、路面施工单位进行路基交验工作。

导线点、水准点应布设在主线附近,导线点应通视良好,路基交验时轴线放样尽量不要出现转点或支导线点。两水准点距离不宜超过500 m。

交验前一天,应放样出设计轴线和路基边缘线及各车道线,直线每25 m用铁钉和红布钉点(曲线10 m),并用滑石粉或者油漆竹桩写出对应桩号。

2.1.2 路基交验基本要求

路基交验时质监、监理、业主、项目部、路面施工单位的技术负责人必须同时参加。交验过程中若发现问题,应按规范和设计要求处理到位。

路基交验合格资料必须经质监、监理、业主、项目部、路面施工单位当场书面确认后方可生效,生效后的资料应及时归档。

2.2 路基交工验收的内容

2.2.1 土方路基

2.2.1.1 基本要求

(1)在路基用地和取土坑范围内,应清除植被、杂物、积水、淤泥和表土,处理坑槽,并按规范和设计要求对基底进行压实。

(2)路基填料应符合规范和设计的规定,经认真调查、试验后合理选用。

(3)填方路基需分层填筑压实,每层表面平整,路拱合适,排水良好。

(4)施工临时排水系统应与设计排水系统结合,避免冲刷边坡,勿使路基附近积水。

(5)在设定取土区内合理取土,不得滥开滥挖。完工后应按要求对取土坑和弃土场进行修整,保持合理的几何外形。

2.2.1.2 实测项目

土方路基共有压实度、弯沉值、纵断面高程、中线偏位、宽度、平整度、横坡和边坡八个实测项目,如表2-9所示。

2.2.1.3 土方路基外观鉴定

(1)路基表面平整,边线直顺,曲线圆滑。

(2)路基边坡坡面平顺、稳定,不得亏坡,曲线圆滑。

(3)取土坑、弃土堆、护坡道、碎落台的位置适当,外形整齐、美观,防止水土流失。

表 2-9　土方路基实测项目

项次	检查项目			规定值或允许偏差			检查方法和频率
				高速公路、一级公路	其他公路		
					二级公路	三、四级公路	
1	压实度(%)	零填及挖方(m)	0 ~ 0.30	—	—	94	每 200 m 每压实层测 4 处
			0 ~ 0.80	≥96	≥95	—	
		填方(m)	0 ~ 0.80	≥96	≥95	≥94	
			0.80 ~ 1.50	≥94	≥94	≥93	
			>1.50	≥93	≥92	≥90	
2	弯沉值(0.1 mm)			不大于设计要求值			
3	纵断面高程(mm)			+10, −15	+10, −20		水准仪:每 200 m 测 4 断面
4	中线偏位(mm)			50	100		经纬仪:每 200 m 测 4 点,弯道加 *HY*、*YH* 两点
5	宽度(mm)			符合设计要求			米尺:每 200 m 测 4 处
6	平整度(mm)			15	20		3 m 直尺:每 200 m 测 2 处 × 10 尺
7	横坡度(%)			±0.3	±0.5		水准仪:每 200 m 测 4 个断面
8	边坡			符合设计要求			尺量:每 200 m 测 4 处

注:①表列压实度以重型击实试验法为准;②采用核子仪检验压实度时应进行标定试验,确认其可靠性;③特殊干旱、特殊潮湿地区或过湿土路基,可按交通部颁发的路基设计、施工规范所规定的压实度标准进行评定;④三级公路修筑沥青混凝土或水泥混凝土路面时,其路基压实度应采用二级公路标准。

知识链接:压实度分区

在路基填筑施工中,为便于区分各压实层压实度,经常采用压实度分区,如 93 区、95 区……

压实度分区是根据距离路基顶面深度进行的分区。如路基填筑 95 区是指公路路床部分,即路槽段路面底面以下 0 ~ 80 cm 或零填及路堑,压实度标准(重型击实试验)要求≥95% 的区域。

不同等级公路的压实度分区不同,如表 2-9 所示,对路基填方时上路床 0 ~ 80 cm 层次,高速、一级公路属 96 区,二级公路属 95 区,三、四级公路属 94 区。

2.2.2　石方路基

2.2.2.1　基本要求

(1)石方路堑的开挖宜采用光面爆破法。爆破后应及时清理险石、松石,确保边坡安全、稳定。

(2)修筑填石路堤时应进行地表清理,逐层水平填筑石块,摆放平稳,码砌边部。填筑层厚度及石块尺寸应符合设计和施工规范规定,填石空隙用石碴、石屑嵌压稳定。上、下路床填料和石料最大尺寸应符合规范规定。采用振动压路机分层碾压,压至填筑层顶面石块稳定,18 t 以上压路机振压两遍无明显标高差异。

(3)路基表面应整修平整。

2.2.2.2　实测项目

石方路基有压实度、纵断面高程、中线偏位、宽度、平整度、横坡和边坡七个实测项目,如表 2-10。

表 2-10　石方路基实测项目

项次	检查项目		规定值或允许偏差			检查方法和频率
			高速公路、一级公路	其他公路		
				二级公路	三、四级公路	
1	压实度		层厚和碾压遍数符合要求			查施工记录
2	纵断面高程(mm)		+10, -20	+10, -30		水准仪:每 200 m 测 4 断面
3	中线偏位(mm)		50	100		经纬仪:每 200 m 测 4 点,弯道加 *HY*、*YH* 两点
4	宽度(mm)		符合设计要求			米尺:每 200 m 测 4 处
5	平整度(mm)		20	30		3 m 直尺:每 200 m 测 2 处×10 尺
6	横坡度(%)		±0.3	±0.5		水准仪:每 200 m 测 4 个断面
7	边坡	坡度	符合设计要求			每 200 m 抽查 4 处
		平顺度				

注:土石混填路基压实度或固体体积率可根据实际可能进行检验,其他检测项目与石方路基相同。

2.2.2.3　石方路基外观鉴定

(1)上边坡不得有松石。

(2)路基边线直顺,曲线圆滑。

案例分析

一、背景材料

某施工企业为公路工程施工总承包一级企业,注册资金为 1.2 亿元。该公司拟投标承包一公路工程项目,该工程按高速公路标准设计,设计行车速度100 km/h,采用填土路基、填隙碎石底基层、无机结合料基层和沥青混凝土面层,双向四车道。

二、问题提出

1. 对于此公路路基工程施工,可能用到的主要施工机械有哪些?

2. 选择机械设备的原则和方法是什么?

3. 路基完成后需要进行检测,土方路基检查项目有哪些?

4. 整个工程项目完成后需要进行验收,公路工程验收分为哪两个步骤?进行竣工验收所应具备的条件有哪些?

三、问题解决

1. 公路工程路基施工可能用到的主要施工机械有推土机、装载机、挖掘机、铲运机、平地机、压路机等。

2. 选择机械设备的原则:适应性、先进性、通用性和专用性、较好的经济性、合理的机械组合、更新和利用、安全性。

选择机械设备的方法:根据工程量选择施工机械。

3. 土方路基检查项目:压实度、弯沉值、纵断面高程、中线偏位、宽度、平整度、横坡、边坡。

4. 工程验收步骤:交工验收和竣工验收。

竣工验收的条件:

(1) 交工验收各标段均达到合格以上。

(2) 对未完工程或交工验收时提出的工程质量缺陷等遗留问题已处理完毕,并经监理工程师和质量监督部门检验合格。

(3) 竣工文件按规定编制完毕。

(4) 竣工决算已按规定编制完成。

(5) 施工、监理、设计、建设、监督等单位已编写完汇报材料。

课后训练

一、填空题

1. 路基交工验收的主要参与方包括__________、__________、__________和项目部、路面施工单位。

2. 土方路基验收评定时,95区层压实度检验频率为每200 m^2 __________。

二、填写工程资料

某一级公路,设计速度80 km/h,四车道,查阅资料,填写"路基整修施工记录表",如表2-11所示。

表 2-11 路基整修施工记录表

承包单位:

监理单位: 编号:

工程名称			施工时间	
桩号及部位			检验时间	
项次	检验项目	规定值或允许偏差	检验结果	检查方法和频率
1	纵断面高程(mm)			
2	中线偏位(mm)			
3	宽度(mm)			
4	平整度(mm)			
5	横坡度(%)			
6	边坡			
意见:				

记录: 复核: 日期:

单元小结

路基施工的一般程序和内容包括施工前的准备工作、修建小型人工构造物、路基土石方工程、路基工程的竣工检查与验收等。

本单元主要介绍公路施工中土石方工程、软土路基处理、防护支挡工程、路基排水工程的施工工艺和方法;介绍路基整修及交工验收的程序和质量标准。培养学生掌握路基工程施工的基本程序、工艺和方法;具备编制路基施工基本文件和路基施工资料的能力;具备从事公路路基施工现场管理的能力。

学习单元3 路面施工

【学习目标】

1. 能组织路面垫层、底基层、基层的现场施工。
2. 能组织沥青类路面施工。
3. 能组织水泥混凝土路面施工。

【学习任务】

1. 路基垫层、基层、底基层的材料选择与施工。
2. 沥青类路面的材料选择与施工。
3. 水泥混凝土路面的施工。
4. 中央分隔带和路基的施工。
5. 路面排水施工。

【情境导入】

路面是在路基顶面的行车部分用各种混合料铺筑而成的层状结构物。路面结构层的存在保护了路基,使之避免了直接经受车辆和大气的破坏作用,从而长期处于稳定状态。路面的施工质量对行车速度、运输成本、行车安全和舒适性有很大影响,对路面的基本要求包括强度、刚度、稳定性、平整度、抗滑性能、耐久性和低扬尘性等。

公路路面的结构层由下而上分别为垫层、底基层、基层和面层,此外还有各种辅助层次。

任务1 路面垫层施工

【任务描述】

垫层采用水稳定性和隔温性好的松散材料或稳定材料铺筑而成,公路施工员应具备制订垫层施工方案和指导垫层现场施工的能力。

【任务分析】

1. 砂(砂砾)垫层的施工。
2. 石灰土垫层的施工。

【任务实施】

1 垫层的作用和分类

不同等级公路的路面结构组成如图3-1所示,由图可见,垫层是土基与基层(底基层)间承上启下的过渡层,其功能是改善土基的湿度和温度状况,扩散基层传来的车辆荷载应力,以保证面层和基层具有必要的强度、稳定性、抗冻胀能力,减小土层所产生的变形。因此,垫层的材料选择、结构形式和施工工艺必须满足排水、隔水、防冻、防污等方面的要求。

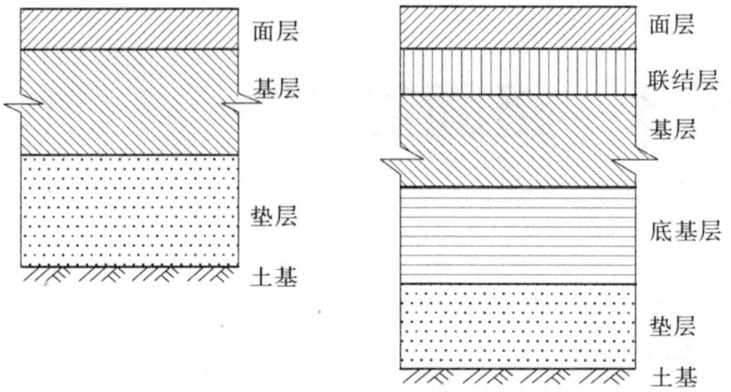

(a)低、中级路面　　(b)高级路面

图 3-1　不同等级公路的路面结构组成

1.1　垫层设置条件

当路基存在以下状况,应设置垫层:

(1)地下水位高,排水不良,经常处于潮湿状态的路堤;排水不良的土质路堑。

(2)有裂隙水、泉眼水等不良水文情况的岩石挖方路段。

(3)季节性冰冻地区可能产生冻胀的中湿、潮湿路段。

(4)基层可能受污染的路段以及路基软弱的路段。

1.2　垫层的分类

垫层材料的强度要求不一定要高,但其水稳性、隔热性能要好。根据使用材料的不同,可分为透水性垫层和稳定性垫层。

1.2.1　透水性垫层

透水性垫层采用松散材料铺筑,如粗砂、砂砾、碎石、煤渣、矿渣等。这类垫层具有较大的空隙,能切断毛细水的上升,冻融时又能蓄水排水,可减少路面的冻胀和沉陷。

1.2.2　稳定性垫层

稳定性垫层采用无机结合料整体性材料,如水泥稳定土、煤渣石灰稳定土等。这类垫层成型后,强度高,有良好的水稳性和冻稳性。其中,煤渣石灰稳定土具有较强的保温性能,可以减少翻浆和冻胀的危害。

2　透水性垫层施工

2.1　结构特点

砂、砂砾等透水性垫层的共同特点是:空隙大,能切断毛细水的上升,防止水分积聚,保持土基上层干燥,是工程中使用广泛的垫层类型。

2.2　材料要求

砂垫层宜采用洁净的中砂及粗砂,不得掺有细砂及粉砂,含泥量不大于5%。

砂砾垫层宜采用质地坚硬的砂砾石,其压碎值,混合料粒中细长、扁平颗粒含量,级配等应符合规范要求,不含黏土块杂物及其他有害物质。

2.3 施工要点

2.3.1 施工放样

首先在清表碾压后的地面上恢复中线，根据路基宽度放出两侧边线，再根据试验段得出的松铺系数确定松铺厚度，以准确控制垫层摊铺宽度、标高，保证砂砾垫层的厚度。

对砂垫层，厚度不应小于60 cm，分层铺砂厚度一般为20～30 cm，采用大型碾压机械可采用50 cm。垫层应宽出路堤坡脚0.5～1.0 m。

2.3.2 计算材料用量

根据各路段宽度、厚度及预定的干密度计算各段需要的集料数量，根据运输车辆的吨位，计算每车材料的堆放距离。

2.3.3 备料和摊铺

集料装车时，应控制每车料的数量基本相等。同一料场提供的路段内，由远到近卸料，卸料距离应严格掌握，以避免料不够或过多。

用推土机将集料均匀地摊铺在预定的宽度上，表面应力求平整，有规定的路拱，并同时摊铺路肩用料。

检查松铺材料层的厚度是否符合预计要求，必要时进行减料或补料工作。

2.3.4 整型与碾压

用平地机将摊铺好的集料按规定的路拱进行整平和整型，并用轻型压路机粗压一遍以暴露潜在的不平整，然后用人工配合平地机精平。整型后立即用压路机进行碾压（砂垫层一般采用12 t以上压路机，砂砾垫层采用18 t以上振动压路机）。碾压过程中应随碾压随洒水，使其保持最佳含水量，碾压轮迹应重叠。压路机的碾压速度头两遍以1.5～1.7 km/h为宜，以后可用2.0～2.5 km/h。碾压一直进行到要求的密实度，一般需碾压6～8遍，应使表面无明显轮迹。

3 稳定性垫层施工

3.1 结构特点

稳定性垫层包括石灰土或煤渣石灰土垫层。石灰土垫层能提高地基承载力；减少沉降；具有强度高、刚度大、水稳性和冻稳性好等特点。煤渣石灰土垫层的水稳定性比石灰土好，保温性能好，能减少翻浆和冻胀。

稳定性垫层适用于厚度不大于3 m软弱土层。

3.2 材料要求

3.2.1 土料

作为填料和胶结材料，土料的颗粒粒径不得大于50 mm，其中粒径不大于0.005 mm的细颗粒含量宜多些，一般采用塑性指数大于4的黏性土。

3.2.2 石灰

现场使用的石灰一般为熟石灰，过筛后的粒径不得大于5 mm，且不得夹杂有未熟化的生石灰块，含水量也不宜过大，氧化钙和氧化镁的含量不低于50%。拌制强度较高的石灰土，宜选用Ⅰ级或Ⅱ级石灰，石灰的储存时间不宜超过3个月。

石灰土中的石灰剂量应在合适的范围内，一般采用2∶8或3∶7。

3.2.3　煤渣

煤渣是煤经燃烧后的残渣，是低活性的火山灰质材料，颗粒疏松多孔。路用煤渣宜选用不含杂质，兼有粗细颗粒的煤渣，最大粒径不得大于 30 mm，SiO_2 和 Al_2O_3 总量应大于 70%，烧失量不大于 20%，有机质含量应小于 1%。

3.3　石灰土垫层的施工要点

当软弱土层的厚度为 1～3 m 时，也可考虑用灰土垫层来提高地基承载力，通常采用石灰土或二灰土。

(1)石灰土垫层施工前必须对下卧地基进行检验，如发现局部软弱土坑，应挖除，用素土或石灰土填平夯实。

(2)施工时应将灰土拌和均匀，控制含水量，如土料水分过多或不足，应晾干或洒水润湿，以达到灰土最佳含水量。

(3)掌握分层松铺厚度，通过现场试验来确定，一般情况下松铺厚度应不大于 300 mm，分层压实厚度应不大于 200 mm。

(4)压实后的灰土应采取排水措施，3 d 内不得受水浸泡。灰土垫层铺筑完毕后，要防止日晒雨淋，应及时铺筑上层。

课后训练

一、选择题

1. 路面垫层材料要求(　　)要好。

A. 强度　　B. 水稳定性

C. 隔热性　　D. 刚度

2. 垫层施工时的材料可以选用(　　)。

A. 碎石土和砂土　　B. 湿陷性黄土

C. 少量膨胀土的素土和砂土　　D. 灰土

3. 当选用灰土作为垫层材料时，灰土的体积配合比宜选为(　　)。

A. 4∶6　　B. 5∶5

C. 7∶3　　D. 2∶8

4. 根据垫层材料，道路垫层可分为粒料类垫层和(　　)垫层。

A. 无机结合料稳定土　　B. 水泥稳定土

C. 级配碎石　　D. 沥青混凝土

二、简答题

1. 垫层的类型有哪些？

2. 垫层对材料有什么要求？

3. 垫层施工要点有哪些？

任务2 路面基层施工

【任务描述】

基层是路面结构的主要承重层，底基层是路面结构的次要承重层，公路施工员应熟悉工程中常用的各类路面基层(底基层)类型，具备基层(底基层)现场施工的能力。

【任务分析】

1. 半刚性基层(底基层)施工。

2. 粒料类基层(底基层)施工。

3. 沥青稳定基层施工。

知识链接：基层的分类

基层是路面结构的重要组成部分，是路面结构的主要承重层，基层质量的好坏直接影响路面的整体承载能力和使用性能。在《公路路面基层施工技术规范》(JTJ 034—2000)中，规定了4种基层类型：

(1)柔性基层：用沥青等有机结合料铺筑的基层、粒料基层等，其抗弯拉强度较低，总体刚度较小，包括沥青稳定碎石、沥青贯入式、级配碎石、级配砂砾等。

(2)半刚性基层：用无机结合料稳定土(粒料)铺筑的能结成板体，并具有一定抗弯强度的基层，也称为无机结合料稳定类基层，包括石灰稳定土(粒料)、水泥稳定土(粒料)、石灰与粉煤灰稳定土(粒料)等。

(3)刚性基层：用水泥混凝土铺筑的基层，具有较高的抗弯拉强度和弹性模量，包括碾压式水泥混凝土和贫混凝土等。

(4)复合式基层：上部使用柔性基层，下部使用半刚性基层。

在工程实践中，按基层材料分类，基层分为沥青类基层、无机结合料稳定类基层(半刚性基层)、粒料类基层、水泥混凝土类基层等。

【任务实施】

1 路面基层(底基层)材料要求

1.1 半刚性基层(底基层)的材料要求

1.1.1 水泥

普通硅酸盐水泥、矿渣硅酸盐水泥和火山灰质硅酸盐水泥都可用于稳定土，但应选用初凝时间3 h以上和终凝时间较长(宜在6 h以上)的水泥，宜采用强度等级32.5或42.5的水泥。

不应使用快硬水泥、早强水泥以及已受潮变质的水泥。

1.1.2 石灰

石灰的技术指标应符合表3-1的规定。

应尽量缩短石灰的存放时间；石灰在野外堆放时间较长时，应覆盖防潮。

使用等外石灰、贝壳石灰、珊瑚石灰等，应进行试验，合格后方可使用。

对于高速公路和一级公路，宜采用磨细生石灰粉。

表 3-1 石灰的技术指标

项目	钙质生石灰			镁质生石灰			钙质消石灰			镁质消石灰		
	等级											
	Ⅰ	Ⅱ	Ⅲ	Ⅰ	Ⅱ	Ⅲ	Ⅰ	Ⅱ	Ⅲ	Ⅰ	Ⅱ	Ⅲ
有效钙加氧化镁含量(%)	≥85	≥80	≥70	≥80	≥75	≥65	≥65	≥60	≥55	≥60	≥55	≥50
未消化残渣含量(5 mm 圆孔筛的筛余,%)	≤7	≤11	≤17	≤10	≤14	≤20						
含水量(%)							≤4	≤4	≤4	≤4	≤4	≤4
细度 0.71 mm 方孔筛的筛余(%)							0	≤1	≤1	0	≤1	≤1
细度 0.125 mm 方孔筛的筛余(%)							≤13	≤20	—	≤13	≤20	—
钙镁石灰的分类界限,氧化镁含量(%)	≤5			>5			≤4			>4		

注:硅、铝、镁氧化物之和大于5%的生石灰,有效钙加氧化镁含量指标,Ⅰ等≥75%,Ⅱ等≥70%,Ⅲ等≥60%;未消化残渣含量指标与镁质生石灰指标相同。

1.1.3 粉煤灰

粉煤灰中 SiO_2、Al_2O_3 和 Fe_2O_3 的总含量应大于70%,粉煤灰的烧失量不应超过20%;粉煤灰的比表面积宜大于2 500 cm^2/g(或90%通过0.3 mm 筛孔,70%通过0.075 mm 筛孔)。

干粉煤灰和湿粉煤灰都可以使用,湿粉煤灰的含水量不宜超过35%。

1.1.4 集料

集料除应符合表3-2所示压碎值的要求外,还要满足级配要求。

表 3-2 集料压碎值的要求

材料类型		高速公路、一级公路	二级及以下公路
水泥稳定土 石灰工业废渣稳定土	基层	≤30%	≤35%
	底基层	≤30%	≤40%
石灰稳定土	基层	—	≤35%
	底基层	≤35%	≤40%

集料单个颗粒的最大粒径应符合表3-3要求。

表 3-3　集料单个颗粒的最大粒径要求　（单位：mm）

单个颗粒的最大粒径要求		高速公路、一级公路	二级及以下公路
水泥稳定土 石灰工业废渣稳定土	基层	≤31.5	≤37.5
	底基层	≤37.5	≤53
石灰稳定土	基层	—	≤37.5
	底基层	≤37.5	≤53

1.1.5　细粒土

无机结合料稳定细粒土的技术要求见表 3-4。

表 3-4　无机结合料稳定细粒土的技术要求

材料类型	塑性指数	有机质含量	硫酸盐含量
水泥稳定土	≤17	≤2%	≤0.25%
石灰稳定土	12～20	≤10%	≤0.8%
石灰工业废渣稳定土	12～20	≤10%	≤0.8%

1.1.6　水泥剂量

水泥剂量应通过配合比设计试验确定，但设计水泥剂量宜比试验确定的剂量增加 0.5%～1%，对集中厂拌法（也叫集中拌和法）宜增加 0.5%，对路拌法宜增加 1%。当水泥稳定土中、粗粒土做基层时，应控制水泥剂量不超过 6%。

水泥的最小剂量应符合表 3-5 的规定。

表 3-5　水泥的最小剂量

土类	拌和方法	
	路拌法	集中厂拌法
中、粗粒土	4%	3%
细粒土	5%	4%

1.2　粒料基层（底基层）的材料要求

1.2.1　集料压碎值

集料压碎值应符合表 3-6 的规定。

表 3-6　集料压碎值

材料类型		高速公路、一级公路	二级公路	三、四级公路
级配碎石	基层	≤26%	≤30%	≤35%
	底基层	≤30%	≤35%	≤40%
级配砾石	基层	—	≤30%	≤35%
	底基层	≤30%	≤35%	≤40%
填隙碎石	基层	—	—	≤26%
	底基层	≤30%	≤30%	≤30%

1.2.2 级配碎石

级配碎石用于二级和二级以上公路的基层和底基层时，由预先筛分的几组不同粒径的碎石（如 37.5 ~ 19 mm、19 ~ 9.5 mm、9.5 ~ 4.75 mm 的碎石）及 4.75 mm 以下的石屑组配而成，其粒料的级配组成应符合相应试验规程的要求，同时级配曲线宜为圆滑曲线。在其他等级公路上，级配碎石可用未筛分碎石和石屑组配而成。缺乏石屑时，可以添加细砂砾或粗砂，也可以用颗粒组成合适的含细集料较多的砂砾与未筛分碎石组配成级配碎砾石。

当级配碎石用作二级及二级以下公路的基层时，其最大粒径应控制在 37.5 mm 以内；当级配碎石用作高速公路和一级公路的基层以及半刚性路面的中间层时，其最大粒径宜控制在 31.5 mm 以下。碎石中针片状颗粒的总含量应不超过 20%。碎石中不应有土块、植物等有害物质。

1.2.3 级配砾石

级配砾石用作基层或底基层，其颗粒组成应符合要求，级配曲线应为圆滑曲线。天然砂砾符合规定的级配要求，且塑性指数在 6 或 9 以下时，可以直接用作基层。塑性指数偏大的砂砾，可加少量石灰降低其塑性指数，也可以用无塑性的砂或石屑进行掺配，使其塑性指数降低到符合要求，或塑性指数与细土（粒径小于 0. 5 mm 的颗粒）含量的乘积符合要求。

级配砾石用作基层时，砾石的最大粒径不应超过 37.5 mm；用作底基层时，砾石的最大粒径不应超过 53 mm。砾石颗粒中细长及扁平颗粒的含量不应超过 20%。

1.2.4 填隙碎石

用作基层时，碎石的最大粒径不应超过 53 mm；用作底基层时，碎石的最大粒径不应超过 63 mm。填隙碎石的一层压实厚度，可取碎石最大粒径的 1.5 ~ 2.0 倍。

粗碎石可以用具有一定强度的各种岩石或漂石轧制（宜用石灰岩轧制），但漂石的粒径应为粗碎石最大粒径的 3 倍以上；也可以用稳定的矿渣轧制，矿渣的干密度和质量应比较均匀，且其干密度不小于 960 kg/m^3。材料中的扁平、长条和软弱颗粒的含量不应超过 15%。

填隙料可用石屑或最大粒径小于 10 mm 的砂砾料或粗砂，主集料和填隙料的颗粒组成可参照有关规范的规定。

2 半刚性基层施工

2.1 半刚性基层分类及适用范围

半刚性类基层，也称无机结合料稳定类基层，这种基层具有整体性好、承载力高、刚度大、水稳定性较好、经济等优点，是公路工程中广泛采用的基层形式。

2.1.1 分类

半刚性基层分为石灰稳定类、水泥稳定类和石灰工业废渣稳定类。其具体类型、强度形成机理和影响强度稳定性的因素如表 3-7 所示。

表3-7 半刚性基层的分类

类型	种类	强度形成机理	影响强度稳定性的因素
石灰稳定类	石灰土、石灰砂砾土、石灰碎石土等	石灰与细粒土的相互作用	土质、石灰的质量与剂量、养生条件
水泥稳定类	水泥稳定土、水泥稳定砂砾、水泥稳定砂砾土、水泥稳定碎石土等	水泥与细粒土的相互作用	土质、水泥性能与剂量、养生条件
石灰工业废渣稳定类	石灰粉煤灰类(二灰、二灰土、二灰砂、二灰砂砾、二灰碎石)、水泥石灰稳定土等	石灰、水泥(粉煤灰)与砂、土的相互作用	土质、石灰及粉煤灰(水泥)的性能与剂量、养生条件

2.1.2 适用范围

2.1.2.1 水泥稳定土

水泥稳定土适用于各级公路的基层和底基层,但水泥稳定细粒土不能用作二级和二级以上公路高级路面的基层。

2.1.2.2 石灰稳定土

石灰稳定土适用于各级公路的底基层,以及二级和二级以下公路的基层,但石灰土不得用作二级公路的基层和二级以下公路高级路面的基层。

2.1.2.3 石灰工业废渣稳定土

石灰工业废渣稳定土适用于各级公路的基层和底基层,但二灰、二灰土和二灰砂不应用作二级和二级以上公路高级路面的基层。

2.2 半刚性基层施工一般要求

2.2.1 水泥稳定土

(1)土块应尽可能粉碎,土块最大尺寸不应大于15 mm;配料应准确。路拌法施工时水泥应摊铺均匀,洒水、拌和均匀。

(2)应严格控制基层厚度和高程,其路拱横坡应与面层一致。

(3)水泥稳定土的压实度(按重型击实标准)及7 d(在非冰冻区25 ℃、冰冻区20 ℃条件下湿养6 d、浸水1 d)龄期的无侧限抗压强度应满足表3-8的要求。

表3-8 水泥稳定土基层、底基层的压实度及7 d抗压强度

<table>
<tr><th rowspan="2">层位</th><th rowspan="2">土类</th><th colspan="2">高速公路、一级公路</th><th colspan="2">二级和二级以下公路</th></tr>
<tr><th>压实度(%)</th><th>抗压强度(MPa)</th><th>压实度(%)</th><th>抗压强度(MPa)</th></tr>
<tr><td rowspan="3">基层</td><td>粗粒土</td><td rowspan="3">≥98</td><td rowspan="3">3~5</td><td rowspan="2">≥97</td><td rowspan="3">2.5~3</td></tr>
<tr><td>中粒土</td></tr>
<tr><td>细粒土</td><td>≥93</td></tr>
<tr><td rowspan="3">底基层</td><td>粗粒土</td><td rowspan="2">≥97</td><td rowspan="3">1.5~2.5</td><td rowspan="2">≥95</td><td rowspan="3">1.5~2</td></tr>
<tr><td>中粒土</td></tr>
<tr><td>细粒土</td><td>≥95</td><td>≥93</td></tr>
</table>

注:由于当前有多种大能量压路机,宜提高压实度1%~2%。

(4)水泥稳定土结构层应用 12 t 以上的压路机碾压。用 12 ~ 15 t 三轮压路机碾压时,每层的压实厚度不应超过 15 cm;用 18 ~ 20 t 三轮压路机和振动压路机碾压时,每层的压实厚度不应超过 20 cm;对于水泥稳定细粒土,采用能量大的振动压路机碾压时,或对于水泥稳定细粒土,采用振动羊足碾与三轮压路机配合碾压时,每层的压实厚度可以根据试验适当增加;压实厚度超过上述规定时,应分层铺筑,每层的最小压实厚度为 10 cm,下层宜稍厚。对于稳定细粒土,以及用摊铺机摊铺的混合料,都应采用先轻型、后重型压路机碾压。

(5)路拌法施工时,必须严密组织,采用流水作业法施工,尽可能缩短从加水拌和到碾压终了的延迟时间,此时间不应超过 3 ~ 4 h,并应短于水泥的终凝时间。采用集中厂拌法施工时,延迟时间不应超过 2 h。

(6)水泥稳定土基层施工时,严禁用薄层贴补法进行找平。

(7)必须保湿养护,不使稳定土层表面干燥,也不应忽干忽湿。

(8)水泥稳定土基层上未铺封层或面层时,除施工车辆可慢速(不超过 30 km/h)通行外,禁止一切机动车辆通行。

2.2.2　石灰稳定土

(1)细粒土应尽可能粉碎,土块最大尺寸不应大于 15 mm;配料应准确。路拌法施工时,石灰应摊铺均匀,洒水、拌和应均匀。

(2)应严格控制基层厚度和高程,其路拱横坡应与面层一致。

(3)石灰稳定土的压实度(按重型击实标准)及 7 d(在非冰冻区 25 ℃、冰冻区 20 ℃条件下湿养 6 d、浸水 1 d)龄期的无侧限抗压强度应满足表 3-9 的要求。

表 3-9　石灰稳定土基层、底基层的压实度及 7 d 抗压强度

层位	土类	高速公路、一级公路		二级和二级以下公路	
		压实度(%)	抗压强度(MPa)	压实度(%)	抗压强度(MPa)
基层	粗粒土 中粒土	—	—	≥97	≥0.8
	细粒土	—		≥93	
底基层	粗粒土 中粒土	≥97	≥0.8	≥95	0.5 ~ 0.7
	细粒土	≥95		≥93	

(4)石灰稳定土结构层应用 12 t 以上的压路机碾压。用 12 ~ 15 t 三轮压路机碾压时,每层的压实厚度不应超过 15 cm;用 18 ~ 20 t 三轮压路机和振动压路机碾压时,每层的压实厚度不应超过 20 cm;对于石灰稳定土,采用能量大的振动压路机碾压时,或对于石灰土,采用振动羊足碾与三轮压路机配合碾压时,每层的压实厚度可以根据试验适当增加。压实厚度超过上述规定时,应分层铺筑,每层的最小压实厚度为 10 cm,下层宜稍厚。对于石灰土,应采用先轻型、后重型压路机碾压。

(5)石灰稳定土层宜在当天碾压完成,碾压完成后必须保湿养护,不使稳定土层表面

干燥,也不应过分潮湿。

(6)石灰稳定土层上未铺封层或面层时,禁止开放交通;当施工中断,临时开放交通时,应采取保护措施,不使基层表面遭破坏。

2.2.3　石灰工业废渣稳定土

(1)配料应准确,石灰应摊铺均匀,洒水、拌和应均匀。

(2)应严格控制基层厚度和高程,其路拱横坡应与面层一致。

(3)石灰粉煤灰稳定土的压实度(按重型击实标准)及7 d(在非冰冻区25 ℃,冰冻区20 ℃条件下湿养6 d、浸水1 d)龄期的无侧限抗压强度应满足表3-10的要求。

表3-10　石灰粉煤灰稳定土基层、底基层的压实度及7 d抗压强度

层位	土类	高速公路、一级公路		二级和二级以下公路	
		压实度(%)	抗压强度(MPa)	压实度(%)	抗压强度(MPa)
基层	粗粒土 中粒土	≥98	0.8~1.1	≥97	0.6~0.8
	细粒土			≥93	
底基层	粗粒土 中粒土	≥97	≥0.6	≥95	≥0.5
	细粒土	≥95		≥93	

注:由于当前有多种大能量压路机,宜提高压实度1%~2%。

(4)石灰工业废渣稳定土应用12 t以上的压路机碾压,用12~15 t三轮压路机碾压时,每层的压实厚度不应超过15 cm;用18~20 t三轮压路机和振动压路机碾压时,每层的压实厚度不应超过20 cm;对于二灰级配集料,采用能量大的压路机碾压时,或对于二灰土,采用振动羊足碾与三轮压路机配合碾压时,每层的压实厚度可以根据试验适当增加。压实厚度超过上述规定时,应分层铺筑,每层的最小压实厚度为10 cm,下层宜稍厚。对于石灰工业废渣稳定土,应采用先轻型、后重型压路机碾压。

(5)必须保湿养护,不使石灰工业废渣稳定土层表面干燥。

(6)石灰工业废渣稳定土基层上未铺封层或面层时,应封闭交通,保护表层不受破坏。当施工中断,临时开放交通时,必须采取保护措施。

2.3　半刚性基层施工

半刚性基层施工方法分为路拌法和中心站集中厂拌法。对二级以下公路,可用路拌法施工;对二级公路,应采用专用的稳定土拌和机,或用集中厂拌法拌制混合料。对于高速公路和一级公路,直接铺筑在土基上的底基层下层可以用专用的稳定土拌和机进行路拌法施工,如土基上层已用石灰或固化剂处理,则底基层的下层也应用集中厂拌法拌制混合料,其上的各个稳定土层都应采用集中厂拌法拌制混合料,并应用摊铺机摊铺基层混合料。

2.3.1　施工准备

2.3.1.1　下承层准备

检查下承层的压实度、平整度、高程、横坡度、平面尺寸等,对土基必须用12~15 t压路机或等效的压路机碾压 3 ~ 4 遍，并进行检查，如有表面松散、弹簧等现象必须进行处理。

2.3.1.2 施工放样

根据道路设计坐标或道路特征点，采用全站仪、经纬仪恢复道路中线，直线段每 15 ~ 20 m 设一桩，平曲线段每 10 ~ 15 m 设一桩，并且在两侧路肩外沿设置指示桩。

在两侧指示桩上用明显标记标出待施工的无机结合料基层边沿的设计标高。

路拌法施工根据施工布料需要在下承层上划分布料网格。

2.3.1.3 混合料组成设计

施工进场后根据设计图纸，由实验室选择合适的料源(包括土、砂砾、碎石、粉煤灰、工业废渣等)，确定必需的水泥、石灰剂量，集料用量及混合料的最佳含水量等。

2.3.2 备料

2.3.2.1 土料

(1)应在预定的深度范围内采集土，不应分层采集，不应将不合格的土采集一起。

(2)对于塑性指数大于 12 的黏性土，可视土质和机械性能确定土是否需要过筛。

(3)土装车时，应控制每车料的数量基本相等。

(4)在同一料场供料的路段内，由远到近将料按计算距离卸置于下承层表面的中间或上侧。卸料距离应严格掌握，避免料不够或过多。料堆每隔一定距离应留一缺口。

(5)土在下承层上的堆置时间不应过长。运送土只宜比摊铺土工序提前 1 ~ 2 d。

2.3.2.2 集料

无机结合料使用的碎石、砂砾、煤矸石、各种粒料矿渣应满足规范所要求的强度要求，与其他材料混合后应满足相应规范的级配要求。

掺加的碎石宜加工成 3 ~ 4 个不同粒径，以便于和其他自然材料(工业废渣、天然砂砾)混合后达到规范要求的颗粒组成范围。

2.3.2.3 水泥

路拌法宜选用袋装水泥，厂拌法宜选用散装水泥。

2.3.2.4 生石灰

(1)当石灰堆放时间较长时，应覆盖封存。

(2)生石灰块应在使用前 7 ~ 10 d 充分消解。消解后的石灰应保持一定的湿度，不得产生扬尘，也不可过湿成团。

(3)消石灰宜过孔径 10 mm 的筛，并尽快使用。

2.3.2.5 粉煤灰

运到现场的粉煤灰应含有足够的水分，防止扬尘，在干燥和多风的季节，应使料堆表面保持湿润，或者覆盖。厂拌法施工宜选用工厂处理的符合规定的散装粉煤灰。

2.3.3 半刚性基层路拌法施工

2.3.3.1 施工工艺流程

(1)石灰稳定土基层路拌法施工工艺流程按图 3-2 的顺序进行。

(2)水泥稳定土基层路拌法施工工艺流程按图 3-3 的顺序进行。

(3)石灰工业废渣稳定土基层路拌法施工工艺流程按图 3-4 的顺序进行。

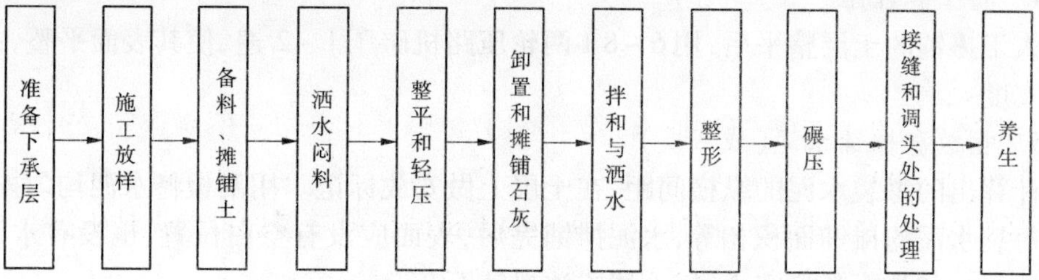

图 3-2　石灰稳定土基层路拌法施工工艺流程

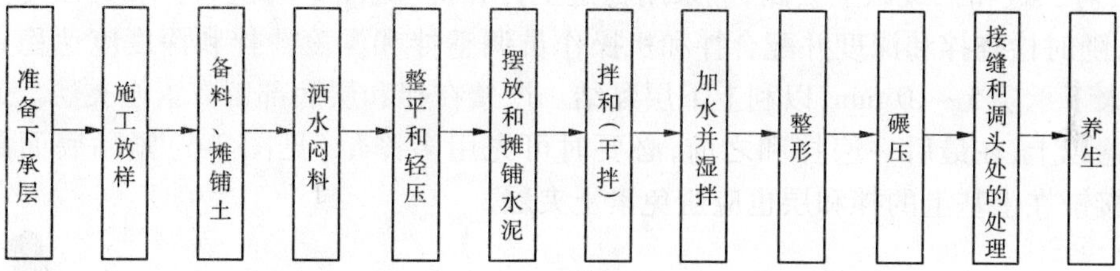

图 3-3　水泥稳定土基层路拌法施工工艺流程

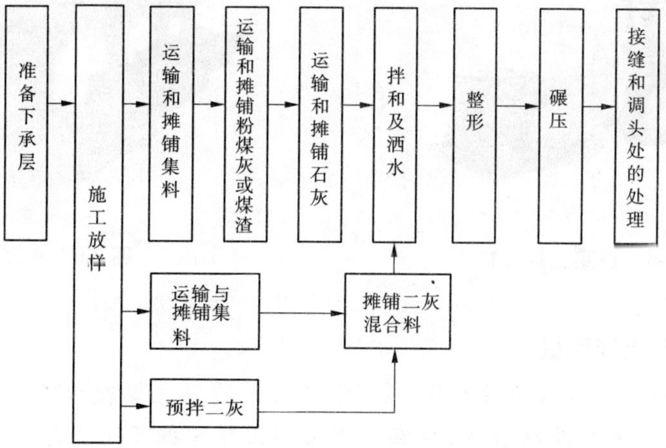

图 3-4　石灰工业废渣稳定土基层路拌法施工工艺流程

2.3.3.2　摊铺土

(1)应事先通过试验确定土的松铺系数。

(2)摊铺土应在摊铺水泥的前一天进行。摊铺长度按日进度的需要量控制,满足次日完成掺加水泥、拌和、碾压成型即可。雨期施工,如第二天有雨,不宜提前摊铺土。

2.3.3.3　洒水闷料

(1)如已整平的土(含粉碎的老路面)含水量过小,应在土层上洒水闷料。

(2)细粒土应经一夜闷料;如为综合稳定土,应先将石灰和土拌和后一起进行闷料。

2.3.3.4　整平和轻压

对人工摊铺的土层整平后，用6～8 t两轮压路机碾压1～2遍，使其表面平整，并有一定的压实度。

2.3.3.5　摆放和摊铺水泥（或石灰）

按计算出的每袋水泥的纵横间距，在土层上做安放标记。用刮板将水泥均匀摊开，并注意使每袋水泥的摊铺面积相等，水泥摊铺完后，表面应没有空白位置，也没有水泥过分集中的地点。如为石灰稳定土，按上述方法摊铺石灰。

2.3.3.6　拌和（干拌）

（1）对二级和二级以上公路，应采用稳定土拌和机（见图3-5）进行拌和并设专人跟随拌和机，随时检查拌和深度并配合拌和机操作员调整拌和深度。拌和深度应达稳定层底并宜侵入下承层5～10 mm，以利上下层黏结。严禁在拌和层底部留有素土夹层。通常应拌和两遍以上，在最后一遍拌和之前，必要时可先用多铧犁（见图3-6）紧贴底面翻拌一遍。直接铺在土基上的拌和层也应避免素土夹层。

图3-5　稳定土拌和机

图3-6　多铧犁

知识链接：稳定土拌和机

稳定土拌和机是一种在行驶过程中，以其工作装置对土壤就地破碎，并与稳定剂（石灰或水泥等）均匀拌和的机械设备，主要用于公路工程中的稳定土基层（底基层）的现场拌和作业。稳定土拌和机主要由主机、工作装置和稳定剂喷洒系统等组成，其构造如图3-7所示。

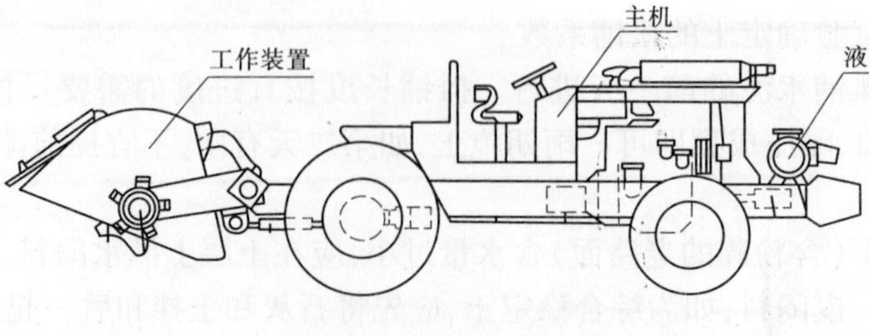

图3-7　稳定土拌和机

稳定土拌和机按行走系统，可分为履带式、轮胎式和复合式。履带式稳定土拌和机附着性、通过性好，质量轻；轮胎式稳定土拌和机机动性好、转场方便；复合式稳定土拌和机结构复杂。

稳定土拌和机按移动方式，可分为自行式、半拖式和悬挂式。自行式稳定土拌和机总体尺寸小、结构简单、质量轻；半拖式稳定土拌和机和悬挂式稳定土拌和机的主机可以一机多用。

目前，国内外稳定土拌和机趋向选择大功率柴油机作动力，行走与作业采用液压传动，采用先进的自动控制技术，可以更加完善稳定土拌和机的功能，提高其安全性、舒适性。工程中使用的国产稳定土拌和机主要有WB230、WB220、WBL20、LD160B。国外的机械主要是德国BOMAG公司制造的MPH－100型全液压轮胎式拌和机。

(2)对于三、四级公路，在没有专用拌和机械的情况下，可用农用旋转耕作机(见图3-8)与多铧犁或平地机相配合进行拌和，但应注意拌和时间不能过长。也可用缺口圆盘耙(见图3-9)与多铧犁或平地机相配合进行拌和。

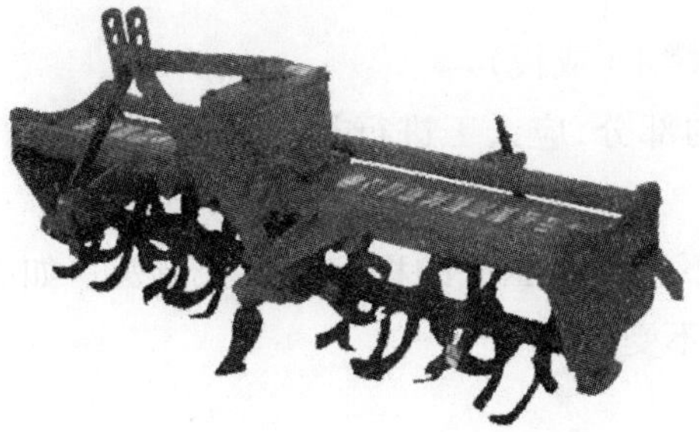

图3-8 农用旋转耕作机

图3-9 缺口圆盘耙

2.3.3.7 加水并湿拌

(1)在上述拌和过程结束时，如果混合料的含水量不足，应用洒水车补充洒水。

(2)混合料拌和均匀后应色泽一致，没有灰条、灰团和花面，无明显粗细集料离析现象，水分合适、均匀。

2.3.3.8 整形

混合料拌和均匀后，应立即用平地机初步整形。在直线段，平地机由两侧向路中心进行刮平；在平曲线段，平地机由内侧向外侧进行刮平。必要时，再返回刮一遍。

2.3.3.9 碾压

(1)根据路宽、压路机的轮宽和轮距的不同，制订成碾压方案，应使各部分碾压次数尽量相同，路面的两侧应多压2～3遍。

(2)整形后，当混合料的含水量为最佳含水量(±1%～±2%)时，应立即用轻型压路机并配合12 t以上压路机在结构层全宽内进行碾压。直线和不设超高的平曲线段，由两侧路肩向路中心碾压;设超高的平曲线段,由内侧路肩向外侧路肩进行碾压。碾压时,应重叠 1/2 轮宽,后轮必须超过两段的接缝处。后轮压完路面全宽时,即为一遍。一般需碾压 6 ~8 遍。压路机的碾压速度,头两遍以采用 1.5 ~1.7 km/h 为宜,以后宜采用 2.0 ~2.5 km/h。采用人工摊铺和整形的稳定土层,宜先用拖拉机或 6 ~8 t 两轮压路机或轮胎机碾压 1 ~2 遍,然后用重型压路机碾压。

2.3.3.10　接缝和调头处的处理

(1)横缝处理。同日施工的两工作段的衔接处,应采用搭接形式。前一段拌和整形后,留 5 ~8 mm 不进行碾压,后一段施工时,应与前段留下未压部分一起再进行拌和。

(2)纵缝处理。基层施工应该避免纵向接缝,在必须分两幅施工时,纵缝必须垂直相接,不应斜接。纵缝应按下述方法处理:

①在前一幅施工时,在靠中央一侧用方木或钢模板作支撑,方木或钢模板的高度与稳定土层的压实厚度相同。

②混合料拌和结束后,靠近支撑木(或板)的一部分,应人工进行补充拌和,然后整形和碾压。

③养生结束后,在铺筑另一幅之前,拆除支撑木(或板)。

④第二幅混合料拌和结束后,靠近第一幅的部分,应人工进行补充拌和,然后进行整形和碾压。

(3)调头处的处理。拌和机械及其他机械不宜在已压成的稳定土层上调头。如必须调头,应采取措施保护调头部分,使稳定土表层不受破坏。

2.3.4　中心站集中拌和法施工

2.3.4.1　集中拌和法施工工艺流程

集中拌和法施工工艺流程按图 3-10 的顺序进行。

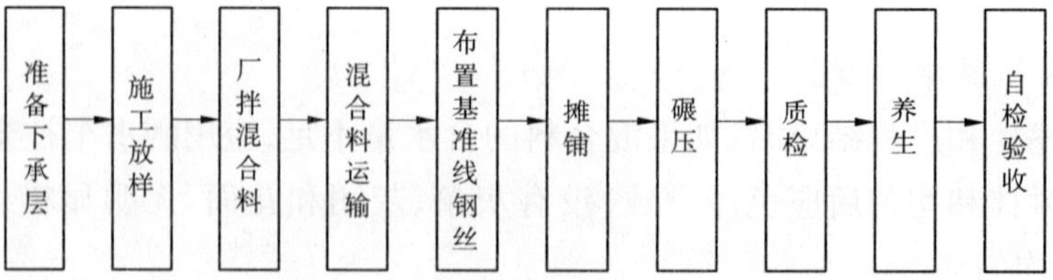

图 3-10　集中拌和法施工工艺流程

2.3.4.2　混合料拌和

(1)无机结合料稳定土可以在中心站用厂拌设备进行集中拌和,对于高速公路和一级公路,应采用专用稳定土集中厂拌机械拌制混合料。

混合料集中拌和生产工艺流程按图 3-11 的顺序进行。

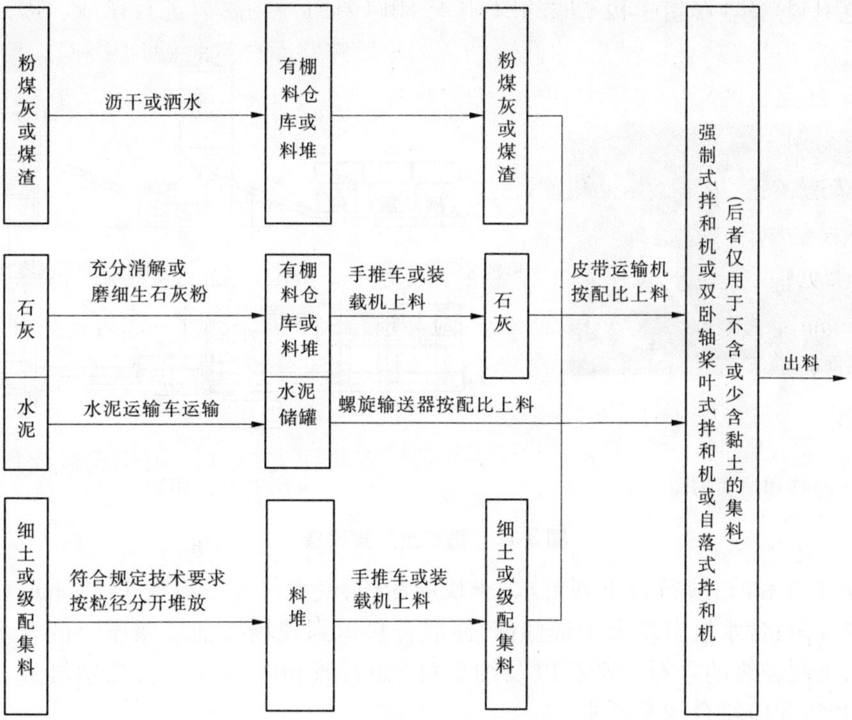

图3-11 集中拌和生产工艺流程

知识链接：稳定土厂拌设备

稳定土厂拌设备按其工艺性能可分为非强制跌落式、强制间歇式和强制连续式等三种，强制连续式又可分为单卧轴式和双卧轴式。按其生产率的大小，分为小型、中型、大型和特大型等四种。按其机动性，分为移动式、分总成移动式、部分移动式、可搬式和固定式等多种型式。

(1)移动式厂拌设备。将全部装置安装在一个专用的拖式底盘上，形成一个大型的半挂车，可以及时转移施工地点，适用于工程量小、施工地点分散、经常移动的公路工程。

(2)分总成移动式厂拌设备。将各主要总成分别安装在几个专用底盘上，形成两个或两个以上的半挂车或全挂车型式，各挂车分别被拖动到施工现场，一起吊装机具、安装设备、组合成工作状态，并可根据实际施工现场条件合理布置，适用于工程量较大的公路工程。

(3)部分移动式厂拌设备。将主要部件安装在一个或几个特用的底盘上，组成一组或几组半挂车或全挂车，依靠拖动来转移工地，小的部件采用可拆装搬运的方式，依靠汽车运输完成工地转移，主要适用于城市道路和公路工程。

(4)可搬式厂拌设备。将各主要总成分别安装在两个或两个以上的底架上，各自装车运输实现工地转移，再依靠吊装机具将几个总成组合成工作状态，主要适用于各种工程量的城市道路和公路工程。

(5)固定式厂拌设备。固定安装在预先选好的场地上，形成一个稳定土生产基地，具有大或特大生产能力，一般规模较大，适用于工程量大且集中的城市道路和公路工程。

稳定土厂拌设备如图 3-12 所示。

(a)拌和站实物图

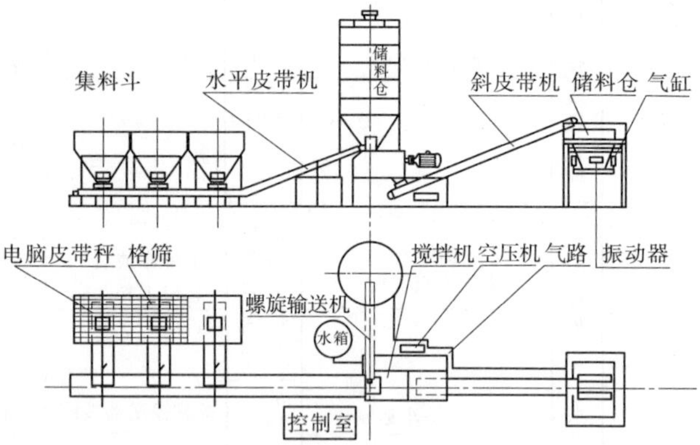

(b)拌和站组成

图 3-12　稳定土厂拌设备

(2)集中拌和时,应符合下列要求:土块应粉碎,最大尺寸不得大于 15 mm;配料应准确,拌和应均匀;含水量宜略大于最佳值,使混合料运到现场摊铺后碾压时的含水量不小于最佳值;不同粒级的碎石或砾石以及细集料(如石屑和砂)应隔离,分别堆放。集料的最大粒径和级配应符合规范要求。

(3)正式拌和之前必须先调试设备,使混合料的颗粒组成和含水量都达到规范规定的要求,当原材料的颗粒组成发生变化时,应重新调整生产配合比。

(4)在潮湿多雨的地区或者其他地区的雨期施工时,应采取措施,保护集料,特别是细集料应有覆盖,防止雨淋;应根据集料和混合料的含水量大小及时调整加水量。

2.3.4.3　混合料运输

拌和好的混合料应采用大吨位车辆运输,运输车应备有覆盖篷布以防止混合料因阳光照射失水或雨淋,降低混合料的质量。

2.3.4.4　混合料摊铺

(1)采用稳定土摊铺机(见图 3-13)摊铺混合料。如果下承层是稳定细粒土,应先将下承层顶面拉毛,再摊铺混合料。

(a)摊铺机实物图

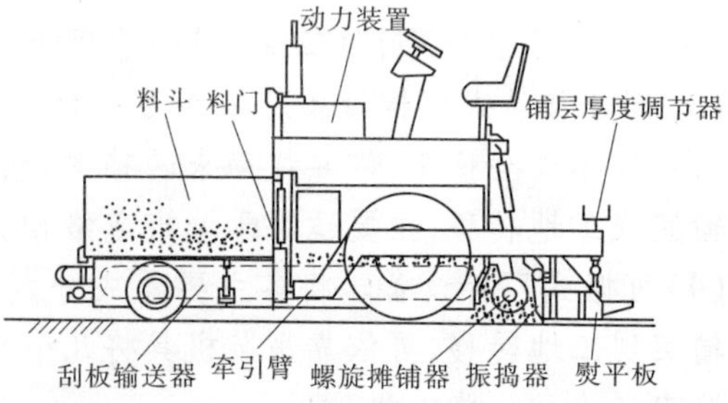

(b)摊铺机组成

图 3-13　稳定土摊铺机

(2)拌和机与摊铺机的生产能力应互相匹配。高速公路由于路基较宽，摊铺机连续作业，因此拌和机的生产能力宜大于400 t/h。

(3)路幅较宽，一台摊铺机宽度不够时，为了避免形成纵缝，宜采用两台摊铺机一前一后相隔5～10 m，同步梯队向前摊铺，并同时碾压。

(4)摊铺机应根据供料情况控制行进速度，做到连续稳步前进，以保证摊铺平整度。

(5)摊铺机后面应跟人，负责消除粗细集料离析现象，铲除局部粗集料"窝"，并及时用新拌制的混合料填补。

(6)在二、三、四级公路上，没有摊铺机时可以采用摊铺箱摊铺混合料，也可以用自动找平平地机铺以人工整平。

2.3.4.5 碾压

(1)宜先用轻型两轮压路机跟在摊铺机后及时进行碾压，后用重型振动压路机、三轮压路机或轮胎压路机继续碾压密实。

(2)当碾压厚度较厚，压实机具不能有效压实整个结构层厚度时，应分两层进行摊铺，但是最小厚度不宜小于10 cm。

(3)碾压应紧跟摊铺机，及时进行碾压，以防混合料水分挥发，保证结构层在合适的含水量下成型。

2.3.4.6 横向接缝

横向接缝应按照以下要求施工：

(1)用摊铺机摊铺混合料时，不宜中断，如因故中断时间超过2 h，应设置横向接缝，摊铺机应驶离混合料末端。

(2)人工将末端含水量合适的混合料弄整齐，紧靠混合料放两根方木，方木的高度应与混合料的压实厚度相同；整平紧靠方木的混合料。

(3)方木的另一侧用砂砾或碎石回填约3 m长，其高度应高出方木几厘米。

(4)将混合料碾压密实。

(5)在重新开始摊铺混合料之前，将砂砾或碎石和方木除去，并将下承层顶面清扫干净。

(6)摊铺机返回到已压实层的末端，重新开始摊铺混合料。

(7)如摊铺中断后，未按上述方法处理横向接缝，而中断时间已超过2 h，则应将摊铺机附近及其下面未经压实的混合料铲除，并将已碾压密实且高程和平整度符合要求的末端挖成与路中心线垂直向下的断面，然后摊铺新的混合料。

2.3.4.7 纵向接缝

基层施工应避免纵向接缝。高速公路和一级公路的基层应分两幅摊铺，宜采用两台摊铺机一前一后相隔5～10 m同步向前摊铺混合料，并一起进行碾压。

在不能避免纵向接缝的情况下，纵缝必须垂直相接，严禁斜接，并符合下列规定：

(1)在前一幅摊铺时，在靠中央的一侧用方木或钢模板做支撑，方木或钢模板的高度应与稳定土基层的压实厚度相同。

(2)养生结束后，在摊铺另一幅之前，拆除支撑木(或板)。

2.3.5 基层养护

(1)每一段碾压完成并经压实度检查合格后,应立即开始养生。

(2)对于高速公路和一级公路,基层的养生期不宜少于 7 d。对于二级和二级以下的公路,如养生期少于 7 d 即铺筑沥青面层,则应限制重型车辆通行。

(3)对于水泥稳定土基层,可采用湿砂或沥青乳液进行养生,也可用洒水车经常洒水养生;石灰工业废渣稳定土基层采用洒水养生,应始终保持表面潮湿;二灰基层宜采用泡水养生法,养生期应为 14 d;对于二灰稳定粗、中粒土的基层,也可用沥青乳液和沥青下封层进行养生,养生期一般为 7 d;石灰稳定土养生期间,应保持一定的湿度,不应过湿或忽干忽湿。

2.3.6 无机结合料基层施工注意事项

2.3.6.1 水泥稳定土基层

(1)必须采用流水作业法,使各个工序紧密衔接,特别是缩短从拌和到完成碾压之间的延迟时间。

(2)应做水泥稳定土的延迟时间对其强度影响的试验,以指导施工,确保不合格混合料不用于工程。

(3)要综合考察水泥终凝时间对施工运输车辆、运距、摊铺碾压时间的要求,必要时添加缓凝剂,以确保施工顺利进行。

(4)基层分层施工时,第二层必须在第一层养生 7 d 后方可铺筑,铺筑第二层之前,应在第一层顶面撒少量水泥或水泥浆。

2.3.6.2 石灰稳定土基层、石灰工业废渣稳定土基层

石灰稳定土基层分层施工时,下层石灰稳定土碾压完成后,可以立即铺筑上一层石灰稳定土,不需专门的养生期。

石灰工业废渣底基层分层施工时,下层碾压完毕后,可以立即铺筑上一层,不需专门的养生期。也可以养生 7 d 后再铺筑另一层。

2.3.6.3 其他要求

(1)无机结合料基层施工时,严禁用薄层贴补办法进行找平。

(2)无机结合料基层施工宜在春末和气温较高的季节组织施工,施工期的日最低气温应在 5 ℃以上。在有冰冻的地区,应在第一层重冰冻(-3 ~ -5 ℃)到来之前半个月到一个月完成。

(3)如无机结合料基层上为薄沥青层,基层每边应较面层展宽 20 cm 以上。在基层全宽上喷洒透层或粘层沥青或设下封层,沥青面层边沿向外侧做成三角形。

3 粒料类基层施工

3.1 粒料类基层的分类及适用范围

3.1.1 粒料类基层的分类

粒料类基层分为嵌锁型基层和级配型基层,其强度主要来自碎石之间的嵌锁和摩阻所形成的内摩阻力和黏结力。

(1)嵌锁型基层包括泥结碎石、泥灰结碎石、填隙碎石等。

（2）级配型基层包括级配碎石、级配砾石、符合级配的天然砂砾、部分砾石经轧制掺配而成的级配砂、碎石等。

3.1.2 粒料类基层的适用范围

级配碎石可用于各级公路的基层和底基层，也可用作较薄沥青面层与半刚性基层之间的中间层。

级配砾石、级配碎砾石以及符合级配、塑性指数等技术要求的天然砂砾，可用于轻交通的二级和二级以下公路的基层以及各级公路的底基层。

填隙碎石可用于各级公路的底基层和二级以下公路的基层。

3.2 粒料类基层施工一般要求

3.2.1 级配碎石施工一般要求

（1）颗粒组成应是一根顺滑的曲线，配料必须准确，塑性指数应符合规定。

（2）混合料必须拌和均匀，没有粗细颗粒离析现象。

（3）级配碎石应在最佳含水量时进行碾压，用作中间层时，压实度不应小于100%；用作基层时，压实度不应小于98%；用作底基层时，压实度不应小于96%。

（4）应使用12 t以上三轮压路机碾压，每层的压实厚度不应超15～18 cm。用重型振动压路机和轮胎压路机碾压时，每层的压实厚度可达20 cm。

（5）级配碎石基层未洒透层沥青或未铺封层时，禁止开放交通，以保护表层不受破坏。

3.2.2 级配砾石施工一般要求

（1）颗粒级配应符合规定，配料应准确，塑性指数应符合规定。

（2）混合料应拌和均匀，没有粗细颗粒离析现象。

（3）级配砾石或天然砂砾用作基层时，压实度不应小于98%；用作底基层时，压实度不应小于96%。

（4）级配砾石应用12 t以上三轮压路机碾压，每层的压实厚度不应超过15～18 cm。用重型振动压路机和轮胎压路机碾压时，每层的压实厚度不应超过20 cm。

（5）级配砾石基层未洒透层沥青或未铺封层时，禁止开放交通，以保护表层不受破坏。

3.2.3 填隙碎石施工一般要求

（1）细集料应干燥。

（2）应采用振动轮每米宽质量不小于1.8 t的振动压路机进行碾压。填隙料应填满粗碎石层内部的全部孔隙。碾压后，表面粗碎石间的孔隙应填满，但不得使填隙料覆盖粗集料而自成一层，表面应看得见粗碎石。碾压后基层的固体体积率应不小于85%，底基层的固体体积率应不小于83%。

（3）填隙碎石基层未洒透层沥青或未铺封层时，禁止开放交通。

3.3 粒料类基层施工方法

3.3.1 级配碎石路拌法施工

级配碎石路拌法施工的生产工艺流程应符合图3-14的顺序。

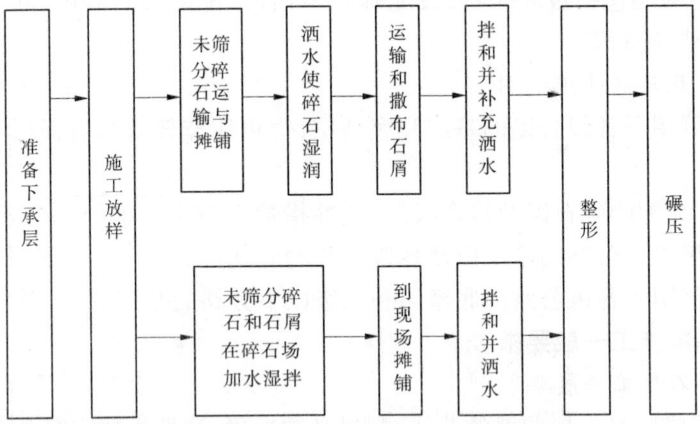

图3-14 级配碎石路拌法施工的生产工艺流程

3.3.1.1 准备下承层

下承层表面应平整、坚实,具有规定的路拱,下承层的平整度和压实度应符合规范规定。下承层不宜做成槽式断面。

3.3.1.2 测量放样

在底基层或老路面或土基上恢复中线,直线段每15~20 m设一桩,平曲线段每10~15 m设一桩,并在两侧路肩边缘外设指示桩。在两侧指示桩上用明显标记标出级配碎石基层边缘的设计高。

3.3.1.3 备料(计算材料用量)

根据各路段基层或底基层的宽度、厚度及规定的压实干密度,并按确定的配合比分别计算各段需要的未筛分碎石和石屑的数量或不同粒级碎石和石屑的数量,并计算每车料的堆放距离。

未筛分碎石的含水量较最佳含水量宜大1%左右。未筛分碎石和石屑可按预定比例在料场混合,同时洒水加湿,使混合料的含水量超过最佳含水量约1%。

3.3.1.4 运输集料

集料装车时,应控制每车料的数量基本相等。在同一料场供料的路段内,宜由远到近卸置集料。卸料距离应严格掌握,避免料不够或过多。未筛分碎石和石屑分别运送时,应先运送碎石。

料堆每隔一定距离应留一缺口。集料在下承层上的堆置时间不应过长,运送集料较摊铺集料工序宜只提前数天。

3.3.1.5 摊铺集料

应事先通过试验确定集料的松铺系数并确定松铺厚度。人工摊铺混合料时,其松铺系数为1.40~1.50;平地机摊铺混合料时,其松铺系数为1.25~1.35。用平地机或其他合适的机具将料均匀地摊铺在预定的宽度上,表面应力求平整,并具有规定的路拱。应同时摊铺路肩用料。

3.3.1.6 拌和及整形

1)拌和

对于二级和二级以上公路,应采用专用稳定土拌和机拌和级配碎石。对于二级以下的公路,在无稳定土拌和机的情况下,可采用平地机或多铧犁与缺口圆盘耙相配合进行拌和。

用稳定土拌和机应拌和两遍以上。拌和深度应直到级配碎石层底。在进行最后一遍拌和之前,必要时先用多铧犁紧贴底面翻拌一遍。

用平地机进行拌和,宜翻拌5~6遍,使石屑均匀分布于碎石料中。平地机拌和的作业长度,每段宜为300~500 m。

用缺口圆盘耙与多铧犁相配合拌和级配碎石时,用多铧犁在前面翻拌,圆盘耙紧跟在后面拌和,即采用边翻边耙的方法,共翻耙4~6遍。应随时检查调整翻耙的深度。用多铧犁翻拌时,第一遍由路中心开始,将混合料向中间翻,同时机械应慢速前进。第二遍从两边开始,将混合料向外翻。拌和过程中,应保持足够的水分。

拌和结束时,混合料的含水量应均匀,并较最佳含水量大1%左右,同时应没有粗细颗粒离析现象。

2)整形

用平地机将拌和均匀的混合料按规定的路拱进行整平和整形,在整形过程中,应注意消除粗细集料离析现象。用拖拉机、平地机或轮胎压路机在已初平的路段上快速碾压一遍,以暴露潜在的不平整,再用平地机进行整平和整形。

3.3.1.7 碾压

整形后,当混合料的含水量等于或略大于最佳含水量时,立即用12 t以上三轮压路机、振动压路机或轮胎压路机进行碾压。直线和不设超高的平曲线段,由两侧路肩开始向路中心碾压;在设超高的平曲线段,由内侧路肩向外侧路肩进行碾压。碾压时,后轮应重叠1/2轮宽;后轮必须超过两段的接缝处。后轮压完路面全宽时,即为一遍。碾压一直进行到要求的密实度。一般需碾压6~8遍,应使表面无明显轮迹。压路机的碾压速度,前两遍以采用1.5~1.7 km/h为宜,以后用2.0~2.5 km/h。路面的两侧应多压2~3遍。

凡含土的级配碎石层,都应进行滚浆碾压,一直压到碎石层中无多余细土泛到表面。滚到表面的浆(或事后变干的薄土层)应清除干净。

3.3.1.8 横缝的处理

两作业段的衔接处,应搭接拌和。第一段拌和后,留5~8 m不进行碾压;第二段施工时,前段留下未压部分与第二段一起拌和整平后进行碾压。

3.3.1.9 纵缝的处理

应避免纵向接缝。在必须分两幅铺筑时,纵缝应搭接拌和。前一幅全宽碾压密实,在后一幅拌和时,应将相邻的前幅边部约30 cm搭接拌和,整平后一起碾压密实。

3.3.2 级配碎石集中厂拌法施工

级配碎石用作半刚性路面的中间层以及用作二级以上公路的基层时,应采用集中厂拌法拌制混合料,并用摊铺机摊铺混合料。

3.3.2.1 拌和

级配碎石混合料可以在中心站用多种机械进行集中拌和，如强制式拌和机、卧式双转轴桨叶式拌和机、普通水泥混凝土拌和机等。

对用于高速公路和一级公路的级配碎石基层和中间层，宜采用不同粒级的单一尺寸碎石和石屑，按预定配合比在拌和机内拌制级配碎石混合料。

在正式拌制级配碎石混合料之前，必须先调试所用的厂拌设备，使混合料的颗粒组成和含水量都能达到规定的要求。在采用未筛分碎石和石屑时，如未筛分碎石或石屑的颗粒组成发生明显变化，应重新调试设备。

3.3.2.2 摊铺

将级配碎石用于高速公路和一级公路时，应用沥青混凝土摊铺机或其他碎石摊铺机摊铺碎石混合料。摊铺机后面应设专人消除粗细集料离析现象。

级配碎石用于二级和二级以下公路时，如没有摊铺机，也可用自动平地机（或摊铺箱）摊铺混合料。

3.3.2.3 压实

用振动压路机、三轮压路机进行碾压，碾压方法同路拌法。

3.3.2.4 接缝处理

（1）横向接缝。用摊铺机摊铺混合料时，靠近摊铺机当天未压实的混合料，可与第二天摊铺的混合料一起碾压，但应注意此部分混合料的含水量。必要时，应人工补充洒水，使其含水量达到规定的要求。

用平地机摊铺混合料时，两作业段的衔接处，应搭接拌和。第一段拌和后，留 5 ~ 8 m 不进行碾压；第二段施工时，前段留下未压部分与第二段一起拌和整平后进行碾压。

（2）纵向接缝。应避免纵向接缝，如摊铺机的摊铺宽度不够，必须分两幅摊铺时，宜采用两台摊铺机一前一后相隔 5 ~ 8 m 同步向前摊铺混合料。在仅有一台摊铺机的情况下，可先在一条摊铺带上摊铺一定长度后，再开到另一条摊铺带上摊铺，然后一起进行碾压。

在不能避免纵向接缝的情况下，纵缝必须垂直相接，不应斜接，并按下述方法处理：

①在前一幅摊铺时，在靠后一幅的一侧应用方木或钢模板做支撑，方木或钢模板的高度与级配碎石层的压实厚度相同。

②在摊铺后一幅之前，将方木或钢模板除去。

③如在摊铺前一幅时未用方木或钢模板支撑，靠边缘的 30 cm 左右难以压实，而且形成一个斜坡，在摊铺后一幅时，应先将未完全压实部分和不符合路拱要求部分挖松并补充洒水，待后一幅混合料摊铺后一起进行整平和碾压。

3.3.3 填隙碎石施工

填隙碎石施工工艺流程见图 3-15。

3.3.3.1 备料

根据各路段基层或底基层的宽度、厚度及松铺系数，计算各段需要的粗碎石数量；根据运料车辆的车厢体积，计算每车料的堆放距离。填隙料的用量为粗碎石质量的 30% ~ 40%。

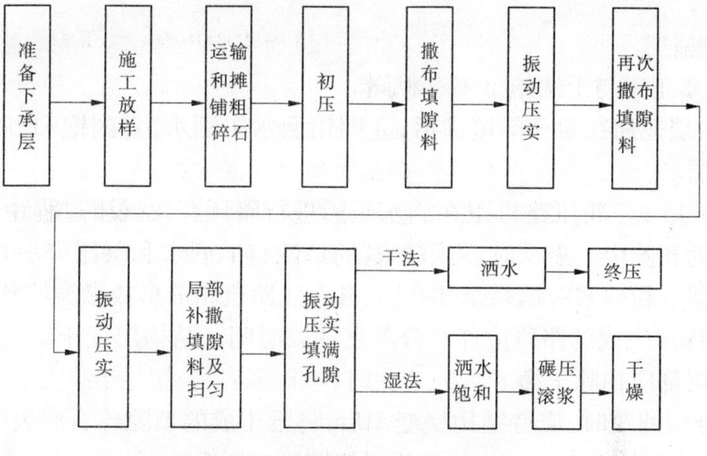

图 3-15　填隙碎石施工工艺流程

3.3.3.2 运输粗碎石

在同一料场的路段内，由远到近将粗碎石按计算的距离卸置于下承层上。卸料距离应严格掌握，避免有的路段料不够或过多。

3.3.3.3　摊铺

用平地机或其他合适的机具将粗碎石均匀地摊铺在预定的宽度上，表面应力求平整，并有规定的路拱。应同时摊铺路肩用料。检查松铺材料层的厚度是否符合要求，必要时，应进行减料或补料工作。

3.3.3.4　撒布填隙料和碾压

撒布填隙料和碾压分干法施工和湿法施工两种不同工艺。

第一，干法施工。

(1)初压：用 8 t 两轮压路机碾压 3 ~4 遍，使粗碎石稳定就位。

(2)撒布填隙料：用石屑撒布机或类似的设备将干填隙料均匀地撒布在已压稳的粗碎石层上，松铺厚度 2.5 ~3.0 cm。必要时，用人工或机械扫匀。

(3)碾压：用振动压路机慢速碾压，将全部填隙料振入粗碎石间的孔隙中。如没有振动压路机，可用重型振动板。碾压方法同前，但路肩两侧应多压 2 ~3 遍。

(4)再次撒布填隙料：用石屑撒布机或类似的设备将干填隙料再次撒布在粗碎石层上，松铺厚度 2.0 ~2.5 cm。用人工或机械扫匀。

(5)再次碾压：用振动压路机按前述方法进行碾压。在碾压过程中，对局部填隙料不足之处，人工进行找补。局部多余的填隙料应扫除。

(6)再次碾压后，如表面仍有未填满的孔隙，则应补撒填隙料，并用振动压路机继续碾压，直到全部孔隙被填满。表面必须能看得见粗碎石。如填隙碎石层上为薄沥青面层，应使粗碎石的棱角外露 3 ~5 mm。

(7)当需分层铺筑时，应将已压成的填隙碎石层表面粗碎石外露 5 ~10 mm，然后摊铺第二层粗碎石。

(8)填隙碎石表面孔隙全部填满后，用 12 ~15 t 三轮压路机再碾压 1 ~2 遍。在碾压过程中，不应有任何蠕动现象。在碾压之前，宜在表面先洒少量水，洒水量宜为 3 kg/m²

以上。

第二，湿法施工。

(1)～(5)步工序与干法施工要求相同。

(6)粗碎石层表面孔隙全部填满后，立即用洒水车洒水，直到饱和，但应注意避免多余水浸泡下承层。

(7)用12～15 t三轮压路机跟在洒水车后进行碾压。在碾压过程中，将湿填隙料继续扫入所出现的孔隙中。需要时，再添加新的填隙料。洒水和碾压应一直进行到填隙料和水形成粉砂浆。粉砂浆应填塞全部孔隙，并在压路机轮前形成微波纹状。

(8)干燥：碾压完成的路段应让水分蒸发一段时间。结构层变干后，表面多余的细料以及细料覆盖层都应扫除干净。

(9)当需分层铺筑时，应待结构层变干后，将已压成的填隙碎石层表面的填隙料扫除一些，使表面粗碎石外露5～10 mm，然后再摊铺第二层粗碎石。

4 沥青稳定类基层施工

4.1 沥青稳定类基层分类及适用范围

沥青稳定类基层包括热拌沥青碎石、沥青贯入式碎石、乳化沥青碎石混合料等形式。

(1)热拌沥青碎石适用于柔性路面上基层及调平层。

(2)沥青贯入式碎石可设在沥青混凝土与粒料基层之间，做上基层，此时应不撒封层料，也不做上封层。

(3)乳化沥青碎石混合料适用于各级公路调平层。

4.2 乳化沥青碎石混合料基层施工

用热拌沥青碎石和沥青贯入式碎石做基层时，其技术要求、施工方法和质量管理应符合《公路沥青路面施工技术规范》(JFG F40—2004)，具体内容参考“任务3 沥青路面施工”。

下面仅介绍乳化沥青碎石混合料基层施工方法。

4.2.1 拌制

乳化沥青碎石混合料宜采用拌和机拌和。在条件限制时也可在现场用人工拌制。

采用阳离子乳化沥青时，在与乳液拌和前需用水湿润集料，使集料总含水量达到5%左右，天气炎热宜多加，低温潮湿可少加。当集料湿润后仍不能与乳液拌和均匀时，应改用破乳速度更慢的乳液，或用1%～3%浓度的氯化钙水溶液代替水预先润湿集料表面。

混合料的拌和时间应保证乳液与集料拌和均匀。机械拌和不宜超过30 s(自矿料中加进乳液的时间算起)，人工拌和不宜超过60 s。

混合料应具有充分的施工和易性，混合料的拌和、运输和摊铺应在乳液破乳前结束。已拌好的混合料应立即运至现场进行摊铺。拌和与摊铺过程中已破乳的混合料，应予废弃。

4.2.2 摊铺

拌制的混合料宜用沥青摊铺机摊铺。当用人工摊铺时，应防止混合料离析。乳化沥青碎石混合料的松铺系数可根据规范通过试验确定。

4.2.3 碾压

乳化沥青碎石混合料的碾压,可按热拌沥青混合料的规定进行,并应符合下列要求:

(1)混合料摊铺后,应采用6 t左右的轻型压路机初压,宜碾压1~2遍,使混合料初步稳定,再用轮胎压路机或轻型筒式压路机碾压1~2遍。初压时应匀速进退,不得在碾压路段上紧急制动或快速启动。

(2)当乳化沥青开始破乳,混合料由褐色转变成黑色时,用12~15 t轮胎压路机或10~12 t钢筒式压路机复压。复压2~3遍后,立即停止,待晾晒一段时间,水分蒸发后,再补充复压至密实。当压实过程中有推移现象时应立即停止碾压,待稳定后再碾压。如当天不能完全压实,应在较高气温状态下补充碾压。

(3)碾压时发现局部混合料有松散或开裂时,应立即挖除并换补新料,整平后继续碾压密实。修补处应保证路面平整。压实成型后的路面应做好早期养生,并封闭交通2~6 h。

(4)阳离子乳化沥青碎石混合料可在下层潮湿的情况下施工,施工过程中遇雨应停止铺筑,以防雨水将乳液冲走。

5 基层施工质量控制

施工质量管理包括所用材料的标准试验、铺筑试验段、施工过程中的质量管理和工序间检查验收。各个工序完结后,均应进行检查验收。经检验合格后,方可进行下一个工序。凡经检验不合格的段落,必须进行补救,使其达到要求。

5.1 材料的标准试验

在组织现场施工以前以及在施工过程中,原材料(包括土)或混合料发生变化时,必须对拟采用的材料进行规定的试验,评定材料质量和性能是否符合要求。

5.2 铺筑试验段

在底基层和基层正式开工之前,应铺筑试验段。通过铺筑无结合料的集料基层试验段,确定以下主要项目:

(1)用于施工的集料配合比例。

(2)材料的松铺系数。

(3)确定标准施工方法。

(4)确定每一作业段的合适长度。

(5)确定一次铺筑的合适厚度。

通过铺筑水泥稳定土、石灰稳定土和石灰工业废渣稳定土基层试验段,还应确定控制结合料数量和拌和均匀性的方法。

对于水泥稳定土基层,还包括通过严密组织拌和、洒水、整形、碾压等工序,缩短延迟时间,确定允许的拌和时间。

5.3 质量过程管理

施工过程中的质量管理包括外形尺寸及质量的控制和检查。根据《公路路面基层施工技术规范》(JTG 034—2000)外形尺寸检查项目、频度和质量标准应符合表3-11的要求,质量控制的项目、频度和质量标准应符合表3-12的要求。

表 3-11　外形尺寸检查项目、频度和质量标准

工程类别	项目		频度	质量标准	
				高速公路、一级公路	其他公路
底基层	纵断面高程(m)		二级和二级以下公路每 20 延米 1 点;高速公路和一级公路每 20 延米 1 个断面,每个断面 3 ~ 5 个点	+5,-15	+5,-20
底基层	厚度(mm)	均值	每 1 500 ~ 2 000 m^2 6 个点	-10	-12
底基层	厚度(mm)	单个值	每 1 500 ~ 2 000 m^2 6 个点	-25	-30
底基层	宽度(mm)		每 40 延米 1 处	+0 以上	+0 以上
底基层	横坡度(%)		每 100 延米 3 处	±0.3	±0.5
底基层	平整度(mm)		每 200 延米 2 处,每处连续 10 尺(3 m 直尺)	12	15
基层	纵断面高程(m)		二级和二级以下公路每 20 延米 1 点;高速公路和一级公路每 20 延米 1 个断面,每个断面 3 ~ 5 个点	+5,-10	+5,-15
基层	厚度(mm)	均值	每 1 500 ~ 2 000 m^2 6 个点	-8	-15
基层	厚度(mm)	单个值	每 1 500 ~ 2 000 m^2 6 个点	-10	-20
基层	宽度(mm)		每 40 延米 1 处	+0 以上	+0 以上
基层	横坡度(%)		每 100 延米 3 处	±0.3	±0.5
基层	平整度(mm)		每 200 延米 2 处,每处连续 10 尺(3 m 直尺)	8	12
基层	平整度(mm)		连续式平整度仪的标准差(mm)	3.0	

表 3-12 质量控制的项目、频度和质量标准

工程类别	项目	频度	质量标准
无结合料底基层	含水量	据观察，异常时随时试验	在规范规定范围内
	级配	据观察，异常时随时试验	在规范规定范围内
	拌和均匀性	随时观察	无粗细集料离析现象
	压实度	每一作业段或不大于 2 000 m^2 检查 6 次以上	96% 以上，填隙碎石以固体体积率表示，不小于 83%
	塑性指数	每 1 000 m^2 1 次，异常时随时试验	小于规范规定值
	承载比	每 3 000 m^2 1 次，据观察，异常时随时增加试验	不小于规范规定值
	弯沉值检验	每一评定段（不超过 1 km）每车道 40 ~ 50个测点	95%（二级和二级以下公路）或 97.7%（高速公路和一级公路）概率的上波动界限不大于计算得的容许值
无结合料基层	含水量	据观察，异常时随时试验	在规范规定范围内
	级配	每 2 000 m^2 1 次	在规范规定范围内
	拌和均匀性	随时观察	无粗细集料离析现象
	压实度	每一作业段或不大于 2 000 m^2 检查 6 次以上	级配集料基层 98%，中间层 100%，填隙碎石固体体积率 85%
	塑性指数	每 1 000 m^2 1 次，异常时随时试验	小于规范规定值
	集料压碎值	据观察，异常时随时试验	不超过规范规定值
	承载比	每 3 000 m^2 1 次，据观察，异常时随时增加试验	不小于规范规定值
	弯沉值检验	每一评定段（不超过 1 km）每车道 40 ~ 50个测点	95%（二级和二级以下公路）或 97.7%（高速公路和一级公路）概率的上波动界限不大于计算得的容许值

续表 3-12

<table>
<tr><th>工程类别</th><th colspan="2">项目</th><th>频度</th><th>质量标准</th></tr>
<tr><td rowspan="10">水泥或石灰稳定土及综合稳定土</td><td colspan="2">级配</td><td>每 2 000 m^2 1 次</td><td>在规范规定范围内</td></tr>
<tr><td colspan="2">集料压碎值</td><td>据观察，异常时随时试验</td><td>不超过规范规定值</td></tr>
<tr><td colspan="2">水泥或石灰剂量</td><td>每 2 000 m^2 1 次，至少 6 个样品，用滴定法或用直读式测钙仪试验，并与实际水泥或石灰用量校核</td><td>不小于设计值 -1.0%</td></tr>
<tr><td rowspan="2">含水量</td><td>水泥稳定土</td><td rowspan="2">据观察，异常时随时试验</td><td rowspan="2">在规范规定范围内</td></tr>
<tr><td>石灰稳定土</td></tr>
<tr><td colspan="2">拌和均匀性</td><td>随时观察</td><td>无灰条、灰团，色泽均匀，无离析现象</td></tr>
<tr><td rowspan="2">压实度</td><td>稳定细粒土</td><td rowspan="2">每一作业段或不大于 2 000 m^2 检查 6 次以上</td><td>二级和二级以下公路 93% 以上，高速公路和一级公路 95% 以上</td></tr>
<tr><td>稳定中粒土和粗粒土</td><td>二级和二级以下公路的底基层 95%，基层 97%；高速公路和一级公路的底基层 96%，基层 98%</td></tr>
<tr><td colspan="2">抗压强度</td><td>稳定细粒土，每一作业段或每 2 000 m^2 6 个试件；稳定中粒土和粗粒土，每一作业段或每 2 000 m^2 6 个或 9 个试件</td><td>符合规范规定要求</td></tr>
<tr><td colspan="2">抗压强度</td><td></td><td></td></tr>
<tr><td rowspan="8">石灰工业废渣稳定土</td><td colspan="2">延迟时间</td><td>每个作业段 1 次</td><td>不超过规范规定</td></tr>
<tr><td colspan="2">配合比</td><td>每 2 000 m^2 1 次</td><td>石灰剂量不小于设计值 -1%（当石灰剂量小于 4% 时，为不小于设计值 -0.5%）</td></tr>
<tr><td colspan="2">级配</td><td>每 2 000 m^2 1 次</td><td>在规范规定范围内</td></tr>
<tr><td colspan="2">含水量</td><td>据观察，异常时随时试验</td><td>最佳含水量 ±1%（二灰土为 ±2%）</td></tr>
<tr><td colspan="2">拌和均匀性</td><td>随时观察</td><td>无粗细集料离析现象</td></tr>
<tr><td rowspan="2">压实度</td><td>二灰土</td><td rowspan="2">每一作业段或不大于 2 000 m^2 检查 6 次以上</td><td>二级和二级以下公路 93% 以上，高速公路和一级公路 95% 以上</td></tr>
<tr><td>其他含粒料的石灰工业废渣</td><td>二级和二级以下公路底基层 95% 或 93%，基层 97% 以上；高速公路和一级底基层 97% 或 95%，基层 98% 以上</td></tr>
<tr><td colspan="2">抗压强度</td><td>稳定细粒土，每一作业段或每 2 000 m^2 6 个试件；稳定中粒土和粗粒土，每一作业段或每 2 000 m^2 6 个或 9 个试件</td><td>符合规定要求</td></tr>
</table>

对于无机结合料稳定基层,应取钻件(俗称芯样)检验其整体性。水泥稳定基层的龄期7~10 d时,应能取出完整的钻件。二灰稳定基层的龄期为20~28 d时,应能取出完整的钻件。

如果路面钻机取不出水泥稳定基层或二灰稳定基层的完整钻件,则应找出不合格基层的界限,进行返工处理。

5.4 检查验收

检查验收的目的是判定完成的路面结构层是否满足设计文件与施工规范的要求。检查内容包括工程竣工后的外形和质量。

判定路面结构层质量是否合格时,以1 km长的路段为评定单位。采用大流水作业法施工时,也可以每天完成的段落为评定单位。

竣工工程外形的检查项目、频度和质量标准值应符合表3-13的要求。

表3-13 竣工工程外形的检查项目、频度和质量标准值

<table>
<tr><th rowspan="2">工程类别</th><th rowspan="2" colspan="2">项目</th><th rowspan="2">频度</th><th colspan="2">质量标准</th></tr>
<tr><th>高速公路、一级公路</th><th>其他公路</th></tr>
<tr><td rowspan="7">底基层</td><td colspan="2">高程(m)</td><td>每年200 m 4点</td><td>+5, -15</td><td>+5, -20</td></tr>
<tr><td rowspan="2">厚度(mm)</td><td>均值</td><td rowspan="2">每200 m每车道1点</td><td>-10</td><td>-12</td></tr>
<tr><td>单个值</td><td>-25</td><td>-30</td></tr>
<tr><td colspan="2">宽度(mm)</td><td>每200 m 4个断面</td><td>+0以上</td><td>+0以上</td></tr>
<tr><td colspan="2">横坡度(%)</td><td>每200 m 4个断面</td><td>±0.3</td><td>±0.5</td></tr>
<tr><td colspan="2">平整度(mm)</td><td>每200 m 2处,每处连续10尺</td><td>12</td><td>15</td></tr>
<tr><td colspan="2"></td><td></td><td></td><td></td></tr>
<tr><td rowspan="7">基层</td><td colspan="2">高程(m)</td><td>每200 m 4点</td><td>+5, -10</td><td>+5, -15</td></tr>
<tr><td rowspan="2">厚度(mm)</td><td>均值</td><td rowspan="2">每200 m每车道1点</td><td>-8</td><td>-10</td></tr>
<tr><td>单个值</td><td>-15</td><td>-20</td></tr>
<tr><td colspan="2">宽度(mm)</td><td>每200 m 4个断面</td><td>+0以上</td><td>+0以上</td></tr>
<tr><td colspan="2">横坡度(%)</td><td>每200 m 4个断面</td><td>±0.3</td><td>±0.5</td></tr>
<tr><td colspan="2" rowspan="2">平整度(mm)</td><td>每200 m 2处,每处连续10尺</td><td>8</td><td>12</td></tr>
<tr><td>连续式平整度仪的标准差</td><td>3.0</td><td></td></tr>
</table>

基层(底基层)工程质量检查验收合格标准值如表3-14所示。

表3-14　基层（底基层）工程质量检查验收合格标准值

工程类别	检查项目	检查数量	标准值	极限低值
无结合料底基层	压实度	6~10处	96%	92%
	弯沉值	每车道40~50个测点	规定弯沉标准值	—
级配碎石（或砾石）	压实度	6~10处	基层98%	94%
			底基层96%	92%
	颗粒组成	2~3	规定级配范围	
	弯沉值	每车道40~50个测点	规定弯沉标准值	—
填隙碎石	压实度（固体体积率）	6~10处	基层85%	82%
			底基层83%	80%
	弯沉值	每车道40~50个测点	规定弯沉标准值	—
水泥土、石灰二灰、二灰土	压实度	6~10处	93%（95%）	89%（91%）
	水泥或石灰剂量（%）	3~6处	设计值	水泥1.0% 石灰2.0%
水泥稳定土、石灰稳定土、石灰工业废渣稳定土	压实度	6~10处	基层98%（97%）	94%（93%）
			底基层96%（95%）	92%（91%）
	颗粒组成	2~3	规定级配范围	
	水泥或石灰剂量（%）	3~6处	设计值	设计值-1.0%

案例分析

一、背景材料

某一级公路路基为土方路基，路面基层为水泥稳定土无机结合料基层，根据工程实际情况及施工单位人力、设备条件，施工单位采用了中心站集中拌和法施工工艺，其中某一路段具体施工过程如下：

1. 施工放样，恢复中线。

2. 对水泥稳定土基层施工所需的土料、集料、水泥等按要求进行备料。

3. 混合料的拌和考虑方便在中心站用厂拌设备进行集中拌和，未采用专用稳定土集中拌和机械。

4. 混合料的运输采用的是8 t的翻斗车，为防阳光照射和雨淋，备有覆盖苫布。

5. 确定松铺系数后，进行混合料的摊铺。

6. 进行碾压，用轻型压路机配合重型振动压路机进行碾压。直线和平曲线段，由两侧路肩向路中心碾压，设超高的平曲线段，由外侧路肩向内侧路肩碾压。

7. 接缝处理。

二、问题提出

1. 无机结合料稳定基层根据使用材料分为哪几类？水泥稳定土可用于高速公路的基层吗？

2. 无机结合料稳定基层根据施工方法分为哪几种？

3. 本项目中心站集中拌和法施工准备工作是否完备？为什么？

4. 对水泥稳定土基层施工所需的土料、集料、水泥有何具体要求？

5. 请指出本项目具体施工过程中存在的问题，并进行纠正。

三、问题解决

1. 无机结合料稳定类基层根据材料不同可分为水泥稳定土、石灰稳定土和石灰工业废渣稳定土三大类。水泥稳定土无机结合料可用于高速公路的基层。

2. 路拌法和集中拌和法。

3. 不完备。缺少准备下承层。

4. 材料要求：

(1) 土料：应在预定的深度范围内采集土，不应分层采集，当需分层采集土时，应将土先分层堆放在一场地上，然后从前到后将上下层土一起装车运送到现场。对于塑性指数大于 12 的黏土，机械拌和时，可视土质和机械能确定是否需要过筛。人工拌和时，应筛除 15 mm 以上的土块。

(2) 集料：无机结合料使用的碎石、砂砾、煤矸、各种粒状矿渣应满足规范所要求的强度，与其他材料混合后应满足相应的规范级配要求。掺加的碎石宜加工成三四个不同粒径，以便于和其他自然材料(工业废渣、天然砂砾)混合后达到规范要求的颗粒组成范围。

(3) 水泥：应使用普通硅酸盐水泥、矿渣硅酸盐水泥或火山灰质硅酸盐水泥，初凝时间应在 3 h 以上，终凝时间宜在 6 h 以上。

5. 本项目施工过程中存在的问题及处理方法：

(1) 应采用专用稳定土集中拌和机械。

(2) 混合料的运输应采用大吨位的运料车，如 20 t 以上。

(3) 进行碾压时，直线和无超高的平曲线段，由两侧路肩向路中心碾压，设超高的平曲线段，由内侧路肩向外侧路肩碾压。

课后训练

一、填空题

1. 公路路面的基层的类型包括：__________基层、__________基层、__________基层和复合式基层。

2. 水泥稳定土基层应选用初凝时间__________ h 以上和终凝时间较长(宜在 6 h 以上)的水泥。

3. 半刚性基层混合料施工时在现场拌和称为__________法，集中采用大型成套拌和设备拌和称为__________法。

4. 粒料类基层的强度主要来自碎石之间的嵌锁和摩阻所形成的__________

和__________。

5. 无机结合料基层施工期的日最低气温应在__________以上。

6. 半刚性基层路拌法施工中,二级和二级以上公路选用的拌和机械应为__________。

二、多选题

1. 稳定土施工时以下选项中必须遵守的是(　　)。

A. 配料必须正确,水泥(石灰)必须摊铺均匀

B. 洒水、拌和必须均匀

C. 严格掌握基层厚度和高程

D. 在稳定土基层施工时,严禁用薄层贴补法进行找平

2. 属于路面基层粒料类嵌锁型的是(　　)。

A. 级配碎石　　B. 填隙碎石

C. 泥灰结碎石　　D. 沥青贯入碎石

3. 适合石灰稳定的土类为(　　)。

A. 高液限黏土　　B. 黏土质砂

C. 砂土　　D. 天然砂砾

4. 石灰稳定土层施工对自然气候的基本要求是(　　)。

A. 日最低气温应在5 ℃以上

B. 应在第一次重冰冻到来之前1～1.5个月完成

C. 稳定土层宜经历半个月以上温暖和热的气候养生

D. 应避免在雨季进行施工

5. 嵌挤型粒料基层的强度靠颗粒之间的(　　)作用形成。

A. 嵌挤锁结　　B. 黏结力

C. 摩阻力　　D. 碎石间填充作用

6. 二灰级配碎石采用双层塑料薄膜覆盖养生的作用是(　　)。

A. 保持二灰碎石的成型含水量,减少洒水养生工作量

B. 提高地温加速二灰碎石的早期强度发展

C. 增强二灰碎石的早期强度发展

D. 提高二灰碎石基层的平整度

7. 减少水泥稳定碎石基层干缩裂缝的措施有(　　)。

A. 改善碎石级配,减少水泥用量

B. 提高粗集料含量,减少细集料含量,降低混合料最佳含水量

C. 添加减水剂,降低混合料最佳含水量

D. 加强洒水养生

8. 下面属于水泥稳定碎石基层评定实测项目的是(　　)。

A. 压实度　　B. 弯沉

C. 抗压强度　　D. 中线平面偏位

9. 可以用作各类公路基层结构的材料是(　　)。

A. 填隙碎石　　B. 级配碎石

C. 级配砾石　　　　　　　　　　D. 天然砂砾

10. 沥青稳定基层有(　　)。

A. 热拌沥青砾石基层　　　　　　B. 沥青贯入式碎石基层

C. 沥青碎石基层　　　　　　　　D. 乳化沥青碎石基层

三、简答题

1. 路面基层(底基层)的结构类型有哪些？各有何特点？

2. 路面基层(底基层)对主要材料有何要求？

3. 半刚性基层集中拌和法的主要施工流程有哪些？

4. 路面基层(底基层)竣工验收的主要指标有哪些？

四、案例分析

1. 工程背景

某高速公路全长88 km，双向6车道，路幅宽33.5 m，设计车速100 km/h，路面基层为水泥稳定碎石基层，根据工程实际情况及施工单位条件，施工单位采用了在中心站用厂拌设备进行集中拌和法施工，并采用专用稳定土集中厂拌机械拌制混合料。其施工工艺有：①施工放样；②准备下承层；③混合料拌和与运输；④布置基准线钢丝；⑤混合料摊铺与碾压；⑥自检验收；⑦质检；⑧养生。施工工艺流程按①→②→③→④→⑤→⑥→⑦→⑧的顺序进行。

由于路面较宽，在摊铺时，分两幅摊铺，中间设一条纵缝，纵缝采用45°斜接。碾压时，先用轻型两轮压路机跟在摊铺机后及时进行碾压，后用重型振动压路机继续碾压密实。

2. 问题提出

(1)施工单位的施工工艺流程是否正确？如果不正确，将其改正。

(2)施工过程中存在什么问题？结合该项目的实际情况考虑，最好的摊铺方法是什么？

任务3　沥青路面施工

【任务描述】

沥青路面是公路中使用最广泛的路面类型，公路施工员应具备制订沥青路面施工方案和指导沥青路面现场施工的能力。

【任务分析】

1. 识别沥青路面的类型。

2. 沥青路面常用材料的选择。

3. 沥青混合料路面的施工。

4. 沥青表面处治路面的施工。

5. 沥青贯入式路面的施工。

6. 透层、粘层和封层的施工。

7. 路面排水施工。

8. 沥青路面的质量控制。

【任务实施】

路面是在路基顶面的行车部分用各种混合料铺筑而成的层状结构物，路面的施工质量对行车速度、运输成本、行车安全和舒适有很大影响。面层多为1～3层，是路面的最上层部分，一般采用沥青混合料、水泥混凝土及其他混合料铺筑，面层要求具有较高的强度、刚度、稳定性、耐磨性、抗滑性和平整度，满足汽车行驶要求。

1 沥青路面的分类

沥青路面是在柔性基层、半刚性基层上铺筑的具有一定厚度的沥青混合料面层的路面结构。与水泥混凝土路面相比，沥青路面具有表面平整、无接缝、行车舒适、耐磨、振动小、噪声低、施工期短、养护维修简便、适宜分期修建等优点；缺点是沥青易老化，且温度敏感性较高，夏季易流淌，冬季易低温开裂。

1.1 按技术特性分类

1.1.1 沥青混凝土

沥青混凝土路面是由适当比例的各种不同大小颗粒的集料、矿粉和沥青，加热到一定温度后拌和，经摊铺压实而成的路面面层。

采用相当数量的矿粉是沥青混凝土的一个显著特点，较高的黏结力使路面具有较高的强度，可以承受比较繁重的车辆交通。但沥青混凝土路面的允许拉应变值较小，会产生不规则的横向裂缝，因而要求设置强度较高的基层。沥青路面对高温稳定性与低温稳定性均有要求。较小的空隙率使沥青混凝土路面具有透水性小，水稳性好，耐久性高，有较强的抵抗自然因素的能力，使用年限达15～20年以上。

沥青混凝土路面适用于各级公路面层。

1.1.2 沥青碎石

与沥青混凝土相比，主要区别在级配组成（集料和矿粉的含量）和空隙率大小方面。沥青碎石组成特点是沥青用量少，不用或少量使用矿粉，孔隙率大。用沥青碎石做面层的路面，其高温稳定性好，路面不易产生波浪，冬季不易产生冻缩裂缝，行车荷载作用下裂缝少；路面较易保持粗糙，有利于高速行车；对石料级配和沥青规格要求较宽，材料组成设计比较容易满足要求；造价低。但因其空隙较大，路面容易渗水和老化。

热拌沥青碎石可用于三、四级公路面层。中粒式、粗粒式沥青碎石宜用作沥青混凝土面层的下层、联结层或整平层。

1.1.3 沥青贯入式

用沥青贯入碎（砾）石做面层的路面，即把沥青浇洒在铺好的主层集料上，再分层撒布嵌缝石屑和浇洒沥青，分层压实，形成一个较致密的沥青结构层。贯入式路面的强度与稳定性主要由石料相互嵌挤作用构成。贯入式路面需要2～3周的成型期，在行车碾压与重力作用下，沥青逐渐下渗包裹石料，填充空隙，形成整体的稳定结构层。这种路面温度稳定性好，热天不易出现推移、壅包，冷天不易出现低温裂缝，贯入式路面的最上层应撒布封层料或加铺拌和层。

沥青贯入式路面可用于三、四级公路的面层，也可作为沥青混凝土面层的联结层。

1.1.4　沥青表面处治

沥青表面处治是用沥青和集料按层铺法或拌和法铺筑而成的、厚度不超过 3 cm 的沥青面层。表面处治按浇洒沥青和撒布集料的遍数不同，分为单层式、双层式、三层式。表面处治路面的使用寿命不及贯入式路面，设计时一般不考虑其承重强度，其作用主要是对非沥青承重层起保护和防磨耗作用，对旧沥青路面，是一种日常维护的常用措施。

沥青表面处治一般用于三、四级公路的面层，也可用作沥青路面的磨耗层、防滑层。

1.2　按组成结构分类

1.2.1　密实－悬浮结构

在采用连续密级配矿料配制的沥青混合料中，一方面矿料的颗粒由大到小连续分布，并通过沥青胶结作用形成密实结构。另一方面较大一级的颗粒只有留出充足的空间才能容纳下一级较小的颗粒，这样粒径较大的颗粒就往往被较小一级的颗粒挤开，造成粗颗粒之间不能直接接触，也就不能相互支撑形成嵌挤骨架结构，而是彼此分离悬浮于较小颗粒和沥青胶浆中间，这样就形成了密实－悬浮结构的沥青混合料。工程中常用的密级配沥青混凝土就是这种结构的典型代表，如图 3-16(a)所示。

1.2.2　骨架－空隙结构

当采用连续开级配矿料与沥青组成沥青混合料时，由于矿料颗粒大多集中在较粗的粒径上，所以粗粒径的颗粒可以相互接触，彼此相互支撑，形成嵌挤的骨架。但因很少含有细颗粒，粗颗粒形成的骨架空隙无法填充，从而压实后在混合料中留下较多的空隙，形成骨架－空隙结构。沥青碎石(AM)和排水式沥青混合料(OGFC)是典型的骨架－空隙结构，如图 3-16(b)所示。

1.2.3　密实－骨架结构

当采用间断型密级配矿料与沥青组成沥青混合料时，由于矿料颗粒集中在级配范围的两端，缺少中间颗粒，所以一端的粗颗粒相互支撑嵌挤形成骨架，另一端较细的颗粒填充于骨架留下的空隙中间，使整个矿料结构呈现密实状态，形成密实－骨架结构。沥青玛𤧛脂碎石混合料(SMA)是一种典型的骨架－密实结构，如图 3-16(c)所示。

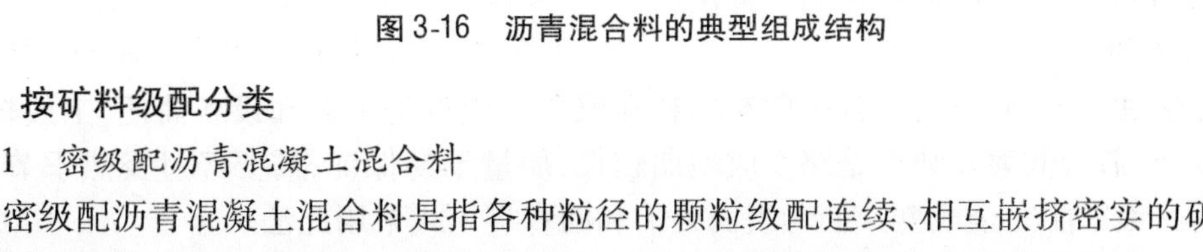

(a)密实–悬浮结构　(b)骨架–空隙结构　(c)密实–骨架结构

图 3-16　沥青混合料的典型组成结构

1.3　按矿料级配分类

1.3.1　密级配沥青混凝土混合料

密级配沥青混凝土混合料是指各种粒径的颗粒级配连续、相互嵌挤密实的矿料与沥青拌和而成，且压实后的剩余空隙率小于 10% 的混合料。剩余空隙率为 3% ～6% 的是Ⅰ型密实式沥青混凝土混合料；剩余空隙率为 6% ～10% 的是Ⅱ型半密实式沥青混凝土混合料。代表类型有沥青混凝土(AC)和沥青稳定碎石(ATB)。

1.3.2　半开级配沥青混合料

半开级配沥青混合料指由适当比例的粗集料、细集料及少量填料(或不加填料)与沥青拌和而成,压实后剩余空隙率在10%以上的混合料。代表类型有沥青碎石(AM)。

1.3.3　开级配沥青混合料

开级配沥青混合料主要由粗集料组成,细集料和填料较少,采用高黏度沥青结合料黏结形成,压实后空隙率大于15%的开式沥青混合料。代表类型有排水式沥青混合料(OGFC)、排水式沥青稳定碎石基层(ATPB)。

1.3.4　间断级配沥青混合料

间断级配沥青混合料指矿料级配组成中有粗集料、细集料和填料,缺少1个或几个档次的中间颗粒而形成的级配间断的沥青混合料。代表类型有沥青玛瑞脂碎石混合料(SMA)。

1.4　按矿料粒径分类

1.4.1　砂粒式沥青混合料

砂粒式沥青混合料指矿料公称最大粒径等于或小于4.75 mm的沥青混合料,也称为沥青石屑或沥青砂。

1.4.2　细粒式沥青混合料

细粒式沥青混合料指矿料公称最大粒径为9.5 mm或13.2 mm的沥青混合料。

1.4.3　中粒式沥青混合料

中粒式沥青混合料指矿料公称最大粒径为16 mm或19 mm的沥青混合料。

1.4.4　粗粒式沥青混合料

粗粒式沥青混合料指矿料公称最大粒径为26.5 mm或31.5 mm的沥青混合料。

1.4.5　特粗式沥青混合料

特粗式沥青混合料指矿料的公称最大粒径等于或大于37.5 mm的沥青混合料。

知识链接:集料的最大粒径和公称最大粒径

集料的最大粒径是指集料100%都要求通过的最小的标准筛筛孔尺寸,以mm计。

集料的公称最大粒径是指集料能全部通过或有少量不通过(一般容许筛余不超过10%)的最小标准筛筛孔尺寸。通常比集料最大粒径小一个粒级,以mm计。

如果两个条件都满足,集料的最大粒径和公称最大粒径相同,但这种情况不多见。

1.5　按施工方法分类

沥青路面的施工方法分为层铺法、路拌法和厂拌法。低等级公路中通常使用层铺法和路拌法,高等级公路中通常使用厂拌法。

1.5.1　层铺法

层铺法是分层洒布沥青、分层撒布集料和碾压。优点是工艺和设备简便,工效较高,施工进度快,造价低廉。缺点是路面成型期较长,质量不易保证,需要经过炎热季节行车碾压之后路面方能完全成型。沥青表面处治和沥青贯入式采用此法。

1.5.2　路拌法

路拌法是路上用机械或人工将集料和沥青材料就地拌和、摊铺和碾压密实。与层铺法相比，沥青材料在集料中分布比较均匀，成型快。但由于所用集料为冷料，需使用稠度较低的沥青材料，故混合料的强度较低。这种方法目前使用较少。

1.5.3 厂拌法

厂拌法是由一定级配的集料和沥青材料在工厂用专用设备加热拌和，然后送到工地摊铺碾压而成。厂拌法可使用较黏稠的沥青材料，且矿料经过精选，因而混合料质量高，使用寿命长，但修建费用也较高。沥青混凝土、沥青玛琋脂碎石混合料等高等级沥青路面均使用此方法。

1.6 按施工温度分类

1.6.1 热拌热铺沥青混合料

沥青与矿料经加热后拌和，并在一定的温度下完成摊铺和碾压施工过程的混合料。

1.6.2 常温沥青混合料

常温沥青混合料指采用乳化沥青或稀释沥青在常温下（或者加热温度很低）与矿料拌和，并在常温下完成摊铺和碾压过程的混合料。

知识链接：常用沥青混合料简称

在工程文件资料中，为便于使用，通常用沥青混合料英文名称的首字母简写作为该类路面的简称，以沥青混凝土为例，其英文名称为“Asphalt Concrete”，简写为AC。常用沥青混合料简称如下：

HMA——热拌沥青混合料；

AC——密级配沥青混凝土混合料，分为Ⅰ型和Ⅱ型；

SMA——沥青玛琋脂碎石混合料；

OGFC——大孔隙开级配排水式沥青混合料；

ATB ——密级配沥青稳定碎石混合料；

ATPB——铺筑在沥青层底部的排水式沥青稳定碎石混合料；

AM——半开级配沥青碎石混合料；

SAC——多碎石沥青混凝土。

2 沥青路面常用材料

沥青路面常用材料包括沥青类材料、粗集料、细集料、矿粉等，各类材料的选用应根据路面的类型、施工条件、地区气候条件等因素而定。

2.1 一般规定

（1）沥青路面使用的各种材料运至现场后必须取样进行质量检验，经评定合格后方可使用，不得以供应商提供的检测报告或商检报告代替现场检测。

（2）沥青路面集料的选择必须经过认真的料源调查，确定料源应尽可能地就地取材。质量符合使用要求，石料开采必须注意环境保护，防止破坏生态平衡。

（3）集料粒径规格以方孔筛为准。不同料源、品种、规格的集料不得混杂堆放。

2.2 道路石油沥青

（1）道路石油沥青分为A、B、C三级，各个沥青等级的适用范围应符合表3-15的规定。

表 3-15　道路石油沥青的适用范围

沥青等级	适用范围
A 级沥青	各个等级的公路,适用于任何场合和层次
B 级沥青	①高速公路以及公路沥青下面层及以下层次,二级和二级公路以下公路的各个层次;②用作改性沥青、乳化沥青、改性乳化沥青、稀释沥青的基质沥青
C 级沥青	三级和三级以下公路的各个层次

(2)沥青路面采用的沥青标号,宜按照公路等级、气候条件、交通条件、路面类型及在结构层中的层位及受力特点、施工方法等,结合当地的使用经验,经技术论证后确定。

(3)对高速公路、一级公路,夏季温度高、高温持续时间长、重载交通、山区及丘陵区上坡路段、服务区、停车场等行车速度慢的路段,尤其是汽车荷载剪应力大的层次,宜采用稠度大、黏度大的沥青,也可提高高温气候分区的温度水平选用沥青等级。

(4)对冬季寒冷的地区或交通量小的公路、旅游公路宜选用稠度小及低温延度大的沥青。对温度日温差、年温差大的地区宜注意选用针入度指数大的沥青。当高温要求与低温要求发生矛盾时应优先考虑满足高温性能的要求。

(5)当缺乏所需标号的沥青时,可采用不同标号掺配的调合沥青,其掺配比例由试验决定。掺配后的沥青质量应符合规范要求。

2.3　乳化石油沥青

乳化石油沥青是将通常高温使用的道路沥青,经过机械搅拌和化学稳定的方法(乳化),扩散到水中而液化成常温下黏度很低、流动性很好的一种沥青乳液。

乳化石油沥青分为阳离子、阴离子、非离子三类。乳化石油沥青类型根据集料品种及使用条件选择。阳离子乳化石油沥青适用于各种集料品种,阴离子乳化石油沥青适用于碱性石料。乳化石油沥青的破乳速度、黏度宜根据用途与施工方法选择。

乳化石油沥青适用于沥青表面处治、沥青贯入式路面、冷拌沥青混合料路面,修补裂缝,喷洒透层、黏层与封层等。乳化石油沥青的品种及适用范围如表 3-16 所示。

表 3-16　乳化石油沥青的品种及适用范围

分类	品种及代号	适用范围
阳离子乳化石油沥青	PC－1	表面处治、贯入式路面及下封层用
	PC－2	透层油及基层养护用
	PC－3	粘层油用
	BC－1	稀浆封层或冷拌沥青混合料用
阴离子乳化石油沥青	PA－1	表面处治、贯入式路面及下封层用
	PA－2	透层油及基层养护用
	PA－3	粘层油用
	BA－1	稀浆封层或冷拌沥青混合料用
非离子乳化石油沥青	PN－2	透层油用
	BN－1	与水泥稳定集料同时使用(基层路拌或再生)

乳化沥青宜存放在立式罐中,并保持适当搅拌。储存期以不离析、不冻结、不破乳为度。

2.4 液体石油沥青

液体石油沥青是采用针入度较大的石油沥青,使用前按先加热沥青后加稀释剂的顺序,掺配煤油或轻柴油,经适当的搅拌、稀释制成。掺配比例根据使用要求由试验确定。

液体石油沥青适用于透层、粘层及拌制冷拌沥青混合料。根据使用目的与场所,可选用快凝、中凝、慢凝的液体石油沥青。

液体石油沥青在制作、储存、使用的全过程中必须通风良好,并由专人负责,确保安全。基质沥青的加热温度严禁超过 140 ℃,液体石油沥青的储存温度不得高于 50 ℃。

2.5 改性沥青

改性沥青是指添加了橡胶、树脂、高分子聚合物、磨细的胶粉等改性剂,或对沥青进行轻度氧化加工,从而使沥青的性能得到改善的沥青混合物。用它铺设的路面有良好的耐久性、抗磨性,实现高温不软化,低温不开裂。

工程中常用的改性沥青有 SBS 类、SBR 类、EVA 类及 PE 类。

2.6 改性乳化沥青

改性乳化沥青,是指采取各种措施使乳化沥青性能得到改善的乳化沥青,一般指聚合物改性乳化沥青(PME)。用它铺设的路面有良好的耐久性、抗磨性,高温不软化,低温不开裂。

改性乳化沥青宜按表 3-17 选用。

表 3-17 改性乳化沥青品种及适用范围

品种		代号	适用范围
改性乳化沥青	喷洒型改性乳化沥青	PCR	粘层、封层、桥面防水黏结层处用
	拌和用乳化沥青	BCR	改性稀浆封层和微表处用

2.7 粗集料

沥青面层使用的粗集料包括碎石、破碎砾石、筛选砾石、钢渣、矿渣等,但高速公路和一级公路不得使用筛选砾石和矿渣。

破碎砾石应采用粒径大于 50 mm、含泥量不大于 1% 的砾石轧制。筛选砾石仅适用于三级和三级以下公路的沥青表面处治路面。经过破碎且存放期超过 6 个月以上的钢渣可作为粗集料使用。

粗集料应该洁净、干燥、表面粗糙,质量应符合表 3-18 的要求。

2.8 细集料

沥青面层的细集料可采用天然砂、机制砂、石屑。

天然砂可采用河砂或海砂,通常宜采用粗、中砂。砂的含泥量超过规定时应水洗后使用,海砂中的贝壳类材料必须筛除。热拌密级配沥青混合料中天然砂的用量通常不宜超过集料总量的 20%,SMA 混合料和 OGFC 混合料不宜使用天然砂。

表 3-18　沥青混合料用粗集料质量要求

指标	单位	高速公路及一级公路		其他等级公路
		表面层	其他层次	
石料压碎值，≤	%	26	28	30
洛杉矶磨耗损失，≤	%	28	30	35
表观相对密度，≥		2.60	2.50	2.45
吸水率，≤	%	2.0	3.0	3.0
坚固性，≤	%	12	12	—
针片状颗粒含量(混合料)，≤ 其中粒径大于 9.5 mm，≤ 其中粒径小于 9.5 mm，≤	% % %	15 12 18	18 15 20	20 — —
水洗法 <0.075 mm 颗粒含量，≤	%	1	1	1
软石含量，≤	%	3	5	5

石屑是采石场破碎石料时通过 4.75 mm 或 2.36 mm 的筛下部分。采石场在生产石屑的过程中应具备抽吸设备，高速公路和一级公路的沥青混合料，宜将 S14 与 S16 组合使用，S15 可在沥青稳定碎石基层或其他等级公路中使用。其中，S14 公称粒径 3 ~ 5 mm，S15 公称粒径 0 ~ 5 mm，S16 公称粒径 0 ~ 3 mm。

机制砂宜采用专用的制砂机制造，并选用优质石料生产，其级配应符合 S16 的要求。

细集料应洁净、干燥、无风化、无杂质，并有适当的颗粒级配，其质量应符合表 3-19 的要求。

表 3-19　沥青混合料用细集料质量要求

项目	单位	高速公路、一级公路	其他等级公路
表观相对密度，≥		2.50	2.45
坚固性(>0.3 mm 部分)，≥	%	12	—
含泥量(<0.075 mm 的含量)，≤	%	3	5
砂当量，≥	%	60	50
亚甲蓝值，≤	g/kg	25	—
棱角性(流动时间)，≥	s	30	—

2.9　填料

沥青混合料的矿粉必须采用石灰岩或岩浆岩中的强基性岩石等憎水性石料经磨细得到，原石料中的泥土杂质应除净。

粉煤灰作为填料使用时，用量不得超过填料总量的 50%，粉煤灰的烧失量应小于 12%，与矿粉混合后的塑性指数应小于 4，其余质量要求与矿粉相同。高速公路、一级公路的沥青面层不宜采用粉煤灰做填料。

矿粉应干燥、洁净，能自由地从矿粉仓流出，其质量应符合表3-20的要求。

表3-20 沥青混合料用矿粉质量要求

项目	单位	高速公路、一级公路	其他等级公路
表观相对密度，≥		2.50	2.45
含水量，≤	%	1	1
粒度范围 <0.6 mm	%	100	100
<0.15 mm	%	90～100	90～100
<0.075 mm	%	75～100	70～100
外观		无团粒结块	
亲水系数		<1	
塑性指数		<4	
加热安定性		实测记录	

2.10 纤维稳定剂

在沥青混合料中掺加的纤维稳定剂宜选用木质素纤维、矿物纤维等。纤维稳定剂的掺加比例以沥青混合料总量的质量百分率计算，通常情况下用于SMA路面的木质素纤维不宜低于0.3%，矿物纤维不宜低于0.4%，必要时可适当增加纤维用量。纤维掺加量的允许误差宜不超过±5%。

3 热拌沥青混合料路面施工

3.1 热拌沥青混合料的分类

热拌沥青混合料（HMA）适用于各种等级公路的沥青路面，其种类按集料公称最大粒径、矿料级配、空隙率划分，集料规格以方孔筛为准，分类见表3-21。

表3-21 热拌沥青混合料种类

混合料类型	密级配			开级配		半开级配	公称最大粒径（mm）	最大粒径（mm）
	连续级配		间断级配	间断级配				
	沥青混凝土	沥青稳定碎石	沥青玛琋脂碎石	排水式沥青磨耗层	排水式沥青碎石基层	沥青稳定碎石		
特粗式	—	ATB－40	—	—	ATPB－40	—	37.5	53.0
粗粒式	—	ATB－30	—	—	ATPB－30	—	31.5	37.5
	AC－25	ATB－25	—	—	ATPB－25	—	26.5	31.5
中粒式	AC－20	—	SMA－20	—	—	AM－20	19.0	26.5
	AC－16	—	SMA－16	OGFC－16	—	AM－16	16.0	19.0
细粒式	AC－13	—	SMA－13	OGFC－13	—	AM－13	13.2	16.0
	AC－10	—	SMA－10	OGFC－10	—	AM－10	9.5	13.2
砂粒式	AC－5	—	—	—	—	AM－5	4.75	9.5
设计空隙率（%）	3～5	3～6	3～4	>18	>18	6～12		

各类热拌沥青混合料的适用范围应遵循以下规定:

(1)密级配沥青混凝土混合料(DAC)适用于各级公路沥青面层的任何层次。

(2)沥青玛瑹脂碎石混合料(SMA)适用于铺筑新建公路的表面层、中面层或旧路面加铺磨耗层使用。

(3)设计空隙率6% ~12%的半开级配的沥青碎石混合料(AM)仅适用于三、四级公路及乡村公路,且沥青混合料拌和设备缺乏添加矿粉装置和人工炒拌的情况。

(4)设计空隙率3% ~6%粗粒式及特粗式的密级配沥青稳定碎石混合料(ATB)适用于基层。

(5)设计空隙率大于18%的粗粒式及特粗式排水式沥青稳定碎石混合料(ATPB)适用于基层。

(6)设计空隙率大于18%的排水式沥青混合料(OGFC)适用于高速行车、多雨潮湿、不易被尘土污染、非冰冻地区铺筑排水式沥青路面磨耗层。

沥青混合料应满足所在层位的功能性要求,便于施工,不容易离析。各层应连续施工并联结成为一个整体。当发现混合料结构组合及级配类型的设计不合理时应进行修改、调整,以确保沥青路面的使用性能。

沥青面层集料的最大粒径宜从上至下逐渐增大,并应与压实厚度相匹配。对热拌热铺密级配沥青混合料,沥青层一层的压实厚度不宜小于集料公称最大粒径的2.5 ~3倍,对SMA和OGFC等嵌挤型混合料不宜小于公称最大粒径的2 ~2.5倍,以减少离析,便于压实。

3.2 施工工艺流程

热拌沥青混合料路面施工的主要工艺流程为:施工准备→混合料拌和→混合料运输→混合料摊铺→混合料压实→接缝处理→开放交通。

3.2.1 施工准备

(1)选购经调查试验合格的材料进行备料,矿料应分类堆放,矿粉必须是石灰岩磨细而且不得受潮,必要时做好矿料堆放场地的硬化处理和场地四周排水及搭设矿粉库房或储存罐。

(2)采用马歇尔试验配合比设计方法确定沥青混合料配合比。

(3)石油沥青加工及沥青混合料施工温度应根据沥青标号及黏度、气候条件、铺装层的厚度确定。

(4)铺筑沥青层前,应检查基层或下卧沥青层的质量,不符合要求的不得铺筑沥青面层。旧沥青路面或下卧层已被污染时,必须清洗或经铣刨处理后方可铺筑沥青混合料。

(5)在验收合格的基层上恢复中线时(底面层施工),在边线外侧0.3 ~0.5 m处每隔5 ~10 m钉边桩进行水平测量,拉好基准线,画好边线。

(6)对下承层进行清扫,底面层施工前两天在基层上洒透层油。在中底面层上喷洒粘层油。

(7)进行试验段铺筑,以确定松铺系数、施工工艺、机械配备、人员组织、压实遍数,并检查压实度、沥青含量、矿料级配、沥青混合料马歇尔各项技术指标等。

3.2.2 混合料拌和

(1)各种集料分类堆放,每个料源均进行试验,按要求的配合比进行配料。

(2)沥青混合料拌和设备有间歇强制式和连续滚筒式两类。规范规定,高速公路和一级公路必须使用间歇式拌和设备。

(3)拌和站设实验室,对沥青混合料的原材料和沥青混合料及时进行检测。

(4)沥青的加热温度控制在规范规定的范围之内,如表 3-22 所示。

(5)出厂的混合料应均匀一致,无白花料,无粗细料离析和结块现象,不符合要求时应废弃。

(6)拌好的热拌沥青混合料不立即铺筑时,可放入储料仓储存,混合料在储存期间的温降不应超过 10 ℃,普通沥青混合料的储存时间不得超过 72 h,改性沥青混合料的储存时间不宜超过 24 h。

表 3-22 热拌沥青混合料的施工温度 （单位:℃）

施工工序		石油沥青的标号			
		50 号	70 号	90 号	110 号
沥青加热温度		160 ~ 170	155 ~ 165	150 ~ 160	145 ~ 155
矿料加热温度	间歇式拌和机	集料加热温度比沥青温度高 10 ~ 30			
	连续式拌和机	矿料加热温度比沥青温度高 5 ~ 10			
沥青混合料出料温度		150 ~ 170	145 ~ 165	140 ~ 160	135 ~ 155
混合料储料仓储存温度		储料过程中温度降低不超过 10			
混合料废弃温度,>		200	195	190	185
运输到现场温度,≥		150	145	140	135
混合料摊铺温度,≥	正常施工	140	135	130	125
	低温施工	160	150	140	135
开始碾压的混合料内部温度,≥	正常施工	135	130	125	120
	低温施工	150	145	135	130
碾压终了的表面温度,≥	钢轮压路机	80	70	65	60
	轮胎压路机	85	80	75	70
	振动压路机	75	70	60	55
开放交通的路表温度,≤		50	50	50	45

知识链接:沥青混合料拌和设备

沥青混合料拌和设备是将沥清、不同粒径的集料、填料等材料按规定的比例掺合在一起,在规定的温度下拌和成均匀混合料的专用机械,是沥青路面施工的关键设备之一,其性能直接影响沥青路面的质量。

沥青混合料拌和设备按工艺流程可分为间歇强制式和连续滚筒式。高等级公路建设应使用间歇强制式,而普通公路和场地建设多使用连续滚筒式。

间歇强制式沥青混合料搅拌设备由冷集料储仓及配料机、带式输送机、烘干筒、热集料提升机、热集料筛分及计量装置、石粉供给及计量装置、沥青供给系统、搅拌器、除尘装置、成品料储仓和操作控制室等组成,如图3-17所示。间歇式设备工作特点是:将各种成分分批计量好后投入拌和器进行拌和,拌和好的一批成品料从拌和器卸出,接着进行下一批料的拌和,形成周而复始的循环作业过程。

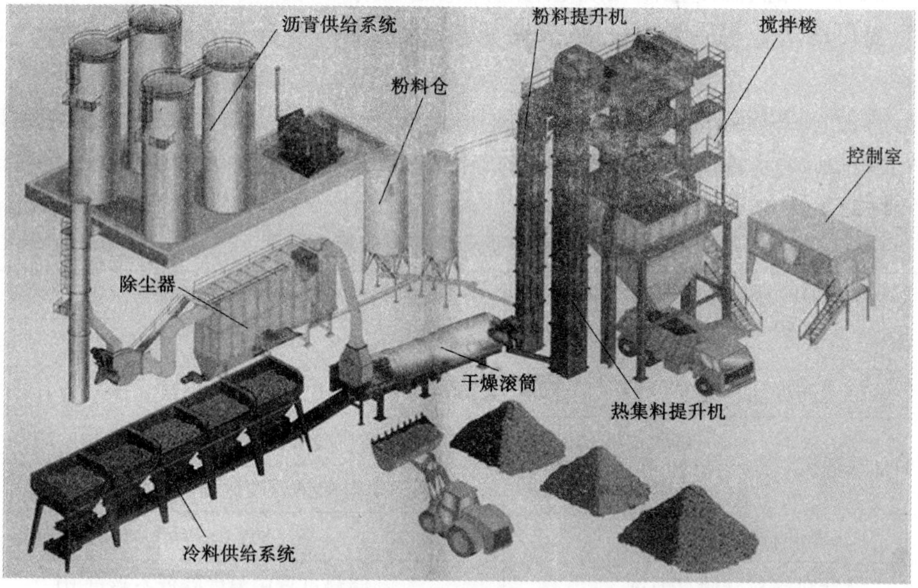

图3-17　间歇强制式沥青混合料拌和设备

连续滚筒式沥青混合料拌和设备由冷集料储仓及给料器、粉料及沥青供给装置、搅拌滚筒、除尘装置、成品料储仓等组成。其基本构造如图3-18所示。与间歇强制式拌和设备相比,连续滚筒式设备的冷料烘干、加热与粉料、沥青搅拌等在同一搅拌滚筒内完成,故工艺流程简化、搅拌设备简单、制造成本和使用费用低。

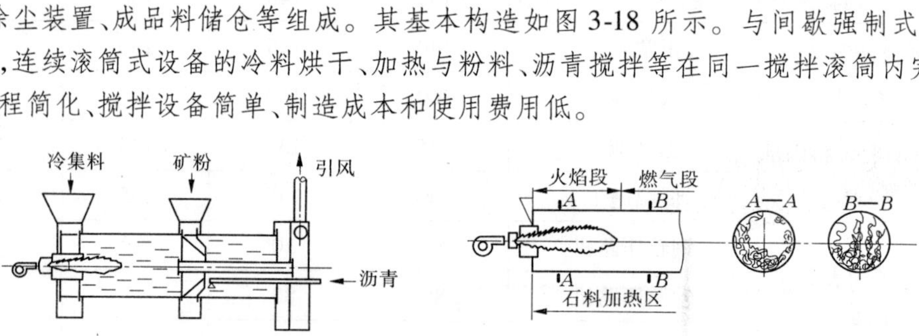

图3-18　连续滚筒式沥青混合料拌和设备构造示意图

3.2.3　混合料运输

3.2.3.1　运输准备

根据拌和站的产量、运距合理安排运输车辆,运料车的运力应稍有富余。

宜采用较大吨位的运料车运输,运输车的标准不宜小于15 t。

运料车每次使用前后须清扫干净,在车厢侧板和底板上涂一薄层防止沥青黏结的隔离剂或防粘剂,但不得有余液积聚在车厢底部。

3.2.3.2　装料

从拌和机向运料车上装料时，应多次挪动汽车位置，平衡装料，以减少混合料离析，如图3-19所示。

图3-19　运料车正确的装料方式

3.2.3.3　运输

运料车不得超载运输或急刹车、急弯掉头使透层、封层造成损伤。

运料车运输混合料宜用篷布覆盖保温、防雨、防污染。

3.2.3.4　注意事项

已离析、硬化在运输车厢内的混合料，低于规定铺筑温度或被雨淋的混合料应予以废弃；运料车每次卸料必须倒净；为了解决交叉污染，运料车的轮胎要干净。

3.2.4　混合料摊铺

3.2.4.1　摊铺机的选择

根据路面宽度选用1～2台具有自动调节摊铺厚度及找平装置、可加热的振动熨平板，并且运行良好的沥青混合料摊铺机进行摊铺，如图3-20所示。在喷洒有粘层油的路面上铺筑改性沥青混合料或SMA时，宜使用履带式摊铺机。

(a)摊铺机实物图

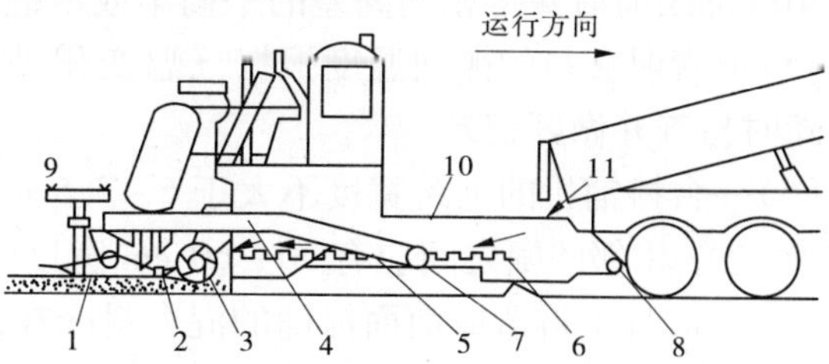

(b)摊铺机构造示意图

1—摊铺面；2—振捣板；3—螺旋摊铺器；4—水平臂；5—链式传送器；6—履带 7—枢轴；
8—顶推辊；9—厚度控制器；10—料斗；11—自卸汽车

图3-20　沥青混合料摊铺机

知识链接：沥青混合料摊铺机

沥青混合料摊铺机是铺筑沥青路面的专用施工机械，其作用是将拌制好的沥青混合料均匀摊铺在路面底基层上，并保证摊铺层厚度、宽度、路面拱度、平整度和密实度等满足要求。

沥青混合料摊铺机按摊铺宽度可分为小型、中型、大型和超大型四类。按传动方式可分为机械式和液压式两类;按熨平板延伸方式可分为机械加长式和液压伸缩式;按熨平板的加热方式可分为电加热、液化石油气加热和燃油加热三种形式;按行走方式可分为履带式和轮胎式。履带式摊铺机一般为大型或超大型摊铺机,其优点是接地比压小,附着性能好、摊铺作业时运行平稳,无打滑现象;其缺点是机动性差,对路基凸起物吸收能力差,弯道作业时铺层边缘不够圆滑,且结构复杂,制造成本较高,适用于大型路面工程的施工。轮胎式摊铺机靠轮胎承受整机重力,并提供附着力,其优点是转场运行速度较高、机动性好、对路基凸起物吸收能力强,弯道作业易形成圆滑的边缘;其缺点是附着力较小,在摊铺宽度较大、铺层较厚的路面时,有可能产生打滑现象。此外,它对路基起伏较敏感,需要自动找平装置来协助,以提高路面平整度。适用于各种道路的路面修筑及养护作业。

沥青混合料摊铺机主要由动力装置、传动系统、供料装置、工作装置和操纵机构等组成,与运料车、压路机联合,进行沥青混凝土摊铺机械化作业。如图 3-20 所示,运料车将沥青混合料运至施工现场,将沥青混合料卸入摊铺机接料斗内,并被刮板输送机、螺旋摊铺器送至摊铺面,然后摊铺机以适当的稳定速度顶推着运料车向前行驶,运料车边前进边卸料,摊铺机连续摊铺。摊铺的沥青混合料由振捣器初步振实,再用熨平板整平。

3.2.4.2 混合料摊铺的注意事项

(1)开铺前将摊铺机的熨平板进行加热至不低于 65 ℃。

(2)运料车应在摊铺机前 100 ~ 300 mm 处停住,空挡等候,由摊铺机推动运料车前进开始缓缓卸料,避免撞击摊铺机。

(3)摊铺机连续、均匀、不间断摊铺,行走速度和拌和站产量相匹配,一般为 2 ~ 6 m/min。在摊铺过程中不准随意变换速度,尽量避免中途停顿。

(4)摊铺机自动找平时,中、下面层宜采用一侧钢丝绳引导的高程控制方式。表面层宜采用摊铺层前后保持相同高差的平衡梁或雪橇式摊铺厚度控制方式。

(5)沥青混合料的摊铺温度根据气温变化进行调节,具体要求见表 3-22。在摊铺过程中随时检查并做好记录。

(6)一台摊铺机的铺筑宽度不大于 6 ~ 7.5 m。高速公路必须采用两台摊铺机梯队式的摊铺方式,相邻两幅之间应有 30 ~ 60 cm 宽度的摊铺重叠。相邻两台摊铺机宜前后相距 10 ~ 20 m,且不得造成前面摊铺的混合料冷却,影响热接缝。

(7)在摊铺过程中,随时检查摊铺质量,出现离析、边角缺料等现象时人工及时补撒料,换补料。在摊铺过程中随时检查高程及摊铺厚度。

(8)用机械摊铺的混合料,不应用人工反复修整。摊铺机无法作业的地方,在监理工程师同意后采取人工摊铺施工。

(9)当高速公路和一级公路施工气温低于 10 ℃、其他等级公路施工气温低于 5 ℃时,不宜摊铺热拌沥青混合料。

知识链接:沥青混合料转运车

在有条件时,运料车可将混合料卸入转运车经二次拌和后向摊铺机连续均匀地供料。

转运车介于运料车与摊铺机之间,运料车将混合料卸在转运车上,转运车一边对混合料进行二次拌和,一边与摊铺机完全同步前进,向摊铺机供料。由于运料车的混合料不直接卸在摊铺机上,可有效地改善混合料的离析和温度不均的问题。

3.2.5 混合料压实

在沥青混合料压实过程中,压路机的数量要与摊铺机匹配,选择合理的压路机组合方式及初压、复压、终压(包括成型)的碾压步骤,以达到最佳的碾压效果。

3.2.5.1 压路机选择

沥青混合料压实应采用钢筒式静力压路机与轮胎压路机或振动压路机组合的方式。

高速公路铺筑双车道沥青路面的压路机数量不宜少于5台。施工气温低、风大、碾压层薄时,压路机数量应适当增加。

知识链接:轮胎压路机在沥青类路面中的应用

对沥青路面,轮胎压路机具有特别好的搓揉作用,密水性效果好,碾压均匀,不需要洒水,不会出现发裂,能比钢性碾达到更大的密实度,不如振动碾操作难度那么大、有较大的温度适应范围,因此在沥青路面压实过程中使用广泛。但对SMA路面,除沥青用量较低,经试验证明采用轮胎压路机碾压有良好效果外,不宜采用轮胎压路机碾压,以防将沥青结合料搓揉挤压上浮。

3.2.5.2 压实层厚度

沥青混凝土的压实层最大厚度不宜大于100 mm,沥青稳定碎石混合料的压实层厚度不宜大于120 mm,但当采用大功率压路机且经试验证明能达到压实度时允许增大到150 mm。

3.2.5.3 压实程序

沥青混合料路面的压实分为初压、复压和终压三个阶段。

(1)初压。初压应紧跟在摊铺机后碾压,并保持较短的初压区长度,以尽快使表面压实,减少热量散失。通常宜采用钢轮压路机静压1~2遍。

对摊铺后初始压实度较大,采用振动压路机或轮胎压路机直接碾压无严重推移而有良好效果时,可免去初压直接进入复压工序。

(2)复压。复压应紧跟在初压后开始,且不得随意停顿。压路机碾压段的总长度应尽量缩短,通常不超过60~80 m。

密级配沥青混凝土的复压宜优先采用重型的轮胎压路机进行搓揉碾压,以增加密水性。对以粗集料为主的较大粒径的混合料,尤其是大粒径沥青稳定碎石基层,宜优先采用振动压路机复压。当采用三轮钢筒式压路机时,总质量不宜小于12 t,相邻碾压带宜重叠后轮的1/2宽度,并不应少于200 mm。

对路面边缘、加宽及港湾式停车带等大型压路机难以碾压的部位,宜采用小型振动压路机或振动夯板作补充碾压。

(3)终压。终压应紧接在复压后进行,如经复压后已无明显轮迹时可免去终压。终压可选用双轮钢筒式压路机或关闭振动的振动压路机,碾压不宜少于2遍,至无明显轮迹为止。

碾压轮在碾压过程中应保持清洁,有混合料沾轮应立即清除。对钢轮可涂刷隔离剂或防黏结剂,但严禁刷柴油。

3.2.5.4 压实速度

压路机应以慢而均匀的速度碾压,如表3-23所示。

表3-23 压路机碾压速度 (单位:km/h)

压路机类型	初压		复压		终压	
	适宜	最大	适宜	最大	适宜	最大
钢筒式压路机	2～3	4	3～5	6	3～6	6
轮胎压路机	2～3	4	3～5	6	4～6	8
振动压路机	2～3 (静压或振动)	3 (静压或振动)	3～4.5 (振动)	5 (振动)	3～6 (静压)	6 (静压)

3.2.5.5 压实温度

压路机的碾压温度应符合规范要求,见表3-22,并根据混合料种类、压路机、气温、层厚等情况经试压确定。在不产生严重推移和裂缝的前提下,在高温下紧跟压路机碾压是提高碾压效果的重要手段,初压、复压、终压都应在尽可能高的温度下进行。同时不得在低温状况下作反复碾压,使石料棱角磨损、压碎,破坏集料嵌挤作用。

3.2.5.6 注意事项

(1)压路机的碾压路线及碾压方向不应突然改变而导致混合料推移。碾压区的长度应大体稳定,两端的折返位置应随摊铺机前进而推进,横向不得在相同的断面上。

(2)压路机不得在未碾压成型的路段上转向、调头、加水或停留。在当天成型的路面上,不得停放各种机械设备或车辆,不得散落矿料、油料等杂物。

(3)为防止沾轮,可对滚轮喷水,喷水必须是雾状的,不得自流,以防混合料降温过快。对轮胎压路机,可不必洒水,开始碾压之前轮胎预热,开始阶段可能会沾轮,轮胎发热后就不会沾轮。

3.2.6 接缝处理

沥青路面的施工必须接缝紧密、连接平顺,不得产生明显的接缝离析。

上下层的纵缝应错开150 mm(热接缝)或300～400 mm(冷接缝)以上。相邻两幅及上下层的横向接缝均应错位1 m以上。接缝施工应用3 m直尺检查,确保平整度符合要求。

3.2.6.1 纵缝处理

(1)摊铺时采用梯队作业的纵缝应采用热接缝,将已铺部分留下100～200 mm宽暂不碾压,作为后续部分的基准面,然后作跨缝碾压以消除缝迹。

(2)当半幅施工或因特殊原因而产生纵向冷接缝时,宜加设挡板或加设切刀切齐,也可在混合料尚未完全冷却前用镐刨除边缘留下毛茬的方式,但不宜在冷却后采用切割机作纵向切缝。加铺另半幅前应涂洒少量沥青,重叠在已铺层上50～100 mm,再铲走铺在前半幅上面的混合料,碾压时由边向中碾压留下100～150 mm,再跨缝挤紧压实。或者先在已压实路面上行走碾压新铺层150 mm左右,然后压实新铺部分。

3.2.6.2 横缝处理

高速公路和一级公路的表面层横向接缝应采用垂直的平接缝,以下各层可采用自然碾压的斜接缝，沥青层较厚时也可作阶梯形接缝。其他等级公路的各层均可采用斜接缝。横向接缝的形式如图3-21所示。

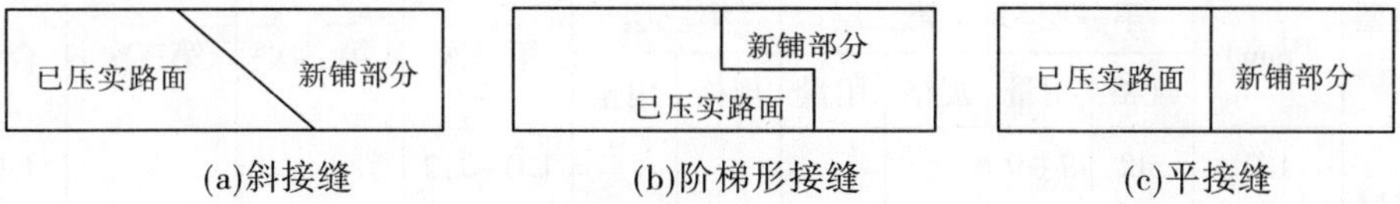

图3-21　横向接缝的形式

(1)斜接缝。搭接长度与层厚有关，宜为0.4～0.8 m。搭接处应洒少量沥青，混合料中的粗集料颗粒应予剔除，并补上细料，搭接平整，充分压实。

(2)阶梯形接缝。台阶经铣刨而成，并洒粘层沥青，搭接长度不宜小于3 m。

(3)平接缝。宜趁尚未冷透时用凿岩机或人工垂直刨除端部层厚不足的部分，使工作缝成直角连接。当采用切割机制作平接缝时，宜在铺设当天混合料冷却但尚未结硬时进行。刨除或切割不得损伤下层路面。切割时留下的泥水必须冲洗干净，待干燥后涂刷粘层油。铺筑新混合料接头应使接槎软化，压路机先进行横向碾压，再纵向碾压成为一体，充分压实，连接平顺。

3.2.7　开放交通

拌沥青混合料路面应待摊铺层完全自然冷却，混合料表面温度低于50 ℃后，方可开放交通。需要提早开放交通时，可洒水冷却降低混合料温度。

4　沥青表面处治层铺法施工

沥青表面处治是用沥青和集料按层铺法或拌和法铺筑而成的厚度不超过3 cm的沥青面层，适用于三级和三级以下公路的沥青面层。沥青表面处治宜选择在干燥和较热的季节施工，并在最高温度低于15 ℃到来以前半个月及雨季前结束。

4.1　材料要求

沥青表面处治可采用道路石油沥青、乳化沥青铺筑。沥青表面处治的集料最大粒径应与处治层的厚度相等，其规格和用量宜按表3-24选用。沥青表面处治施工后，应在路侧另备S12(5～10 mm)碎石或S14(3～5 mm)石屑、粗砂或小砾石2～3 m^3/1 000 m^2作为初期养护用料。

4.2　层铺法施工

4.2.1　施工准备

沥青表面处治施工应在路缘石安装完成以后进行，基层必须清扫干净。

层铺法沥青表面处治路面宜采用沥青洒布车及集料撒布机联合作业。

当为半幅施工并采用人工撒布集料时，先在半幅等距离划分小段，按规定用量计算并准备集料，以后每层按同样方法备料。

表 3-24　沥青表面处治材料规格和用量

沥青种类	类型	厚度（mm）	集料（m^3/1 000 m^2）						沥青或乳液用量（kg/m^2）			
			第一层		第二层		第三层		第一次	第二次	第三次	合计用量
			规格	用量	规格	用量	规格	用量				
石油沥青	单层	1.0	S12	7~9					1.0~1.2			1.0~1.2
		1.5	S10	12~14					1.4~1.6			1.4~16
	双层	1.5	S10	12~14	S12	7~8			1.4~1.6	1.0~1.2		2.4~2.8
		2.0	S9	16~18	S12	7~8			1.6~1.8	1.0~1.2		2.6~3.0
		2.5	S8	18~20	S12	7~8			1.8~2.0	1.0~1.2		2.8~3.2
	三层	2.5	S8	18~20	S12	12~14	S12	7~8	1.6~1.8	1.2~1.4	1.0~1.2	3.8~4.4
		3.0	S6	20~22	S12	12~14	S12	7~8	1.8~2.0	1.2~1.4	1.0~1.2	4.0~4.6
乳化沥青	单层	0.5	S14	7~9					0.9~1.0			0.9~1.0
	双层	1.0	S12	9~11	S14	4~6			1.8~2.0	1.0~1.2		2.8~3.2
	三层	3.0	S6	20~22	S10	9~11	S12 S14	4~6 3.5~4.5	2.0~2.2	1.8~2.0	1.0~1.2	4.8~5.4

知识链接：沥青洒布车与集料撒布机

在采用沥青贯入法或沥青表面处治法铺筑、养护沥青或渣油路面时，沥青洒布车可用于运输和喷洒各种液态沥青以及喷洒沥青结合料，如图 3-22 所示。沥青洒布装置主要包括沥青罐、加热系统、传动机构、洒布机构和操纵机构等部分。沥青洒布车在施工中可根据操作需要完成各种作业，如吸入沥青、放出沥青、沥青传输（进入其他储油设备）及洒布沥青等。沥青洒布车喷洒沥青时应保持稳定速度和喷洒量，并保持整个洒布宽度喷洒均匀。小规模工程可采用机动或手摇的手工沥青洒布机洒布沥青。洒布设备的喷嘴应适应于沥青的稠度，确保能成雾状，与洒油管成 15 °~25 °的夹角，洒油管的高度应使同一地点接受 2~3 个喷油嘴喷洒的沥青，不得出现花白条。沥青表面处治喷洒沥青材料时应对道路人工构造物、路缘石等外露部分作防污染遮盖。

集料撒布机包括碎石撒布机和石屑撒布机等类型，如图 3-23 所示。集料撒布机通常与沥青洒布车配套使用，可用于公路封层施工中碎石的撒布，以及层铺法新建沥青路面施工中碎石的撒布，特别适用于大面积连续施工作业。集料撒布机使用前检查传动和液压调整系统，并进行试撒，确定撒布各种规格集料时应控制的下料间隙及行驶速度。

图 3-22　沥青洒布车

图 3-23　集料撒布机

4.2.2　三层式沥青表面处治的施工工艺

沥青表面处治施工应确保各工序紧密衔接，每个作业段长度应根据施工能力确定，并在当天完成。层铺法沥青表面处治施工工艺流程如图 3-25 所示。

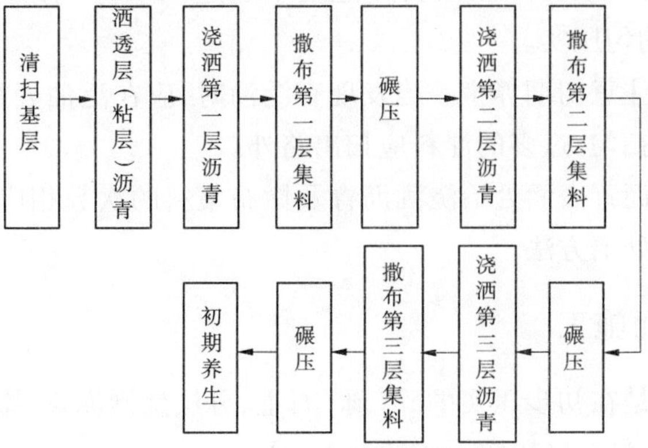

图 3-24　层铺法沥青表面处治施工工艺流程

(1)清扫基层，喷洒透层油。

在清扫干净的碎（砾）石路面上铺筑沥青表面处治时，应喷洒透层油。

在旧沥青路面、水泥混凝土路面、块石路面上铺筑沥青表面处治路面时，可在第一层沥青用量中增加 10% ~20%，不再另洒透层油或粘层油。

(2)洒布第一层沥青。

沥青的洒布温度根据气温及沥青标号选择，石油沥青宜为 130 ~170 ℃，乳化沥青在常温下洒布，加温洒布的乳液温度不得超过 60 ℃。前后两车喷洒的接槎处用铁板或建筑纸铺 1 ~1.5 m，使搭接良好。分几幅浇洒时，纵向搭接宽度宜为 100 ~150 mm。洒布第二、三层沥青的搭接缝应错开。

(3)撒布第一层主集料。

洒布主层沥青后应立即用集料撒布机或人工洒布第一层主集料。撒布集料后应及时扫匀，达到全面覆盖、厚度一致、集料不重叠，也不露出沥青的要求。局部有缺料时适当找补，集料过多的将多余集料扫出。两幅搭接处，第一幅洒布沥青应暂留 100 ~150 mm 宽度不撒布石料，待第二幅一起撒布。

(4)碾压。

撒布主集料后，不必等全段撒布完，立即用6～8 t钢筒双轮压路机从路边向路中心碾压3～4遍，每次轮迹重叠约300 mm。碾压速度开始不宜超过2 km/h，以后可适当增加。

(5)完成第二、三层施工。

重复以上第(2)～(4)步，第二、三层的施工方法和要求应与第一层相同，但可以采用8 t以上的压路机碾压。

(6)开放交通及初期养生。

除乳化沥青表面处治应待破乳、水分蒸发并基本成型后方可通车外，沥青表面处治在碾压结束后即可开放交通，并通过开放交通补充压实，成型稳定。在通车初期应设专人指挥交通或设置障碍物控制行车，限制行车速度不超过20 km/h，严禁畜力车及铁轮车行驶，使路面全部宽度均匀压实。

沥青表面处治应注意初期养生。当发现有泛油时，应在泛油处补撒与最后一层石料规格相同的嵌缝料并扫匀，过多的浮料应扫出路外。

双层式或单层式沥青表面处治浇洒沥青及撒布集料的次数相应减少，其施工程序和要求参照三层式表面处治方法。

5 沥青贯入式路面施工

沥青贯入式路面是在初步压实的碎(砾)石上，分层浇洒沥青、撒布嵌缝料，或在上部铺筑热拌沥青混合料封层，经压实而成的沥青面层。

沥青贯入式路面适用于三级和三级以下公路，也可作为沥青路面的联结层或基层。

5.1 一般规定

沥青贯入式路面的厚度宜为4～8 cm，但乳化沥青贯入式路面的厚度不宜超过5 cm。当贯入层上部加铺拌和的沥青混合料面层成为上拌下贯式路面时，拌和层的厚度宜不小于1.5 cm。

沥青贯入式路面的最上层应撒布封层料或加铺拌和层。沥青贯入层作为联结层使用时，可不撒表面封层料。

沥青贯入式路面宜选择在干燥和较热的季节施工，并宜在日最高温度降低至15 ℃以前半个月结束，使贯入式结构层通过开放交通碾压成型。

5.2 材料规格和用量

5.2.1 集料

沥青贯入式路面的集料应选择有棱角、嵌挤性好的坚硬石料。当使用破碎砾石时，其破碎面应符合规范要求。

沥青贯入式路面的材料规格和用量宜根据贯入层厚度按表3-25选用。

表3-25 沥青贯入式路面的材料规格和用量

沥青品种	石油沥青					
厚度(cm)	4		5		6	
规格和用量	规格	用量	规格	用量	规格	用量
封层料	S14	3~5	S14	3~5	S13(S14)	4~6
第三遍沥青		1.0~1.2		1.0~1.2		1.0~1.2
第二遍嵌缝料	S12	6~7	S11(S10)	10~12	S11(S10)	10~12
第二遍沥青		1.6~1.8		1.8~2.0		2.0~2.2
第一遍嵌缝料	S10(S9)	12~14	S8	12~14	S8(S6)	16~18
第一遍沥青		1.8~2.1		1.6~1.8		2.8~3.0
主层石料	S5	45~50	S4	55~60	S3(S4)	66~76
沥青总用量	4.4~5.1		5.2~5.8		5.8~6.4	

沥青品种	石油沥青				乳化沥青			
厚度(cm)	7		8		4		5	
规格和用量	规格	用量	规格	用量	规格	用量	规格	用量
封层料	S13(S14)	4~6	S13(S14)	4~6	S13(S14)	4~6	S14	4~6
第五遍沥青								0.8~1.0
第四遍嵌缝料							S14	5~6
第四遍沥青						0.8~1.0		1.2~1.4
第三遍嵌缝料					S14	5~6	S12	7~9
第三遍沥青		1.0~1.2		1.0~1.2		1.4~1.6		1.5~1.7
第二遍嵌缝料	S10(S11)	11~13	S10(S11)	11~13	S12	7~8	S10	9~11
第二遍沥青		2.4~2.6		2.6~2.8		1.6~1.8		1.6~1.8
第一遍嵌缝料	S6(S8)	18~20	S6(S8)	20~22	S9	12~14	S8	10~12
第一遍沥青		3.3~3.5		4.4~4.2		2.2~2.4		2.6~2.8
主层石料	S2	80~90	S1(S2)	95~100	S5	40~45	S4	50~55
沥青总用量	6.7~7.3		7.6~8.2		6.0~6.8		7.4~8.5	

注:①表中集料单位是 $m^3/1000\ m^2$,沥青及沥青乳液的单位是 kg/m^2;②表中乳化沥青是指乳液的用量,并适用于乳液浓度约为60%的情况,如果浓度不同,用量应予换算。

沥青贯入层主层集料中大于粒径范围中值的数量不宜小于50%。

沥青贯入层的主层集料最大粒径宜与贯入层厚度相当。当采用乳化沥青时,主层集料最大粒径可采用厚度的80%~85%,数量宜按压实系数1.25~1.30计算。

5.2.2 沥青

沥青贯入式路面的结合料可采用道路石油沥青或乳化沥青,用量应按表3-25选用。

贯入式路面各层分次沥青用量应根据施工气温及沥青标号等在规定范围内选用,在寒冷地带或当施工季节气温较低、沥青针入度较小时,沥青用量宜用高限。在低温潮湿气候下用乳化沥青贯入时,应按乳液总用量不变的原则进行调整,上层较正常情况适当增加,下层较正常情况适当减少。

5.3 施工准备

沥青贯入式路面施工前,基层必须清扫干净。当需要安装路缘石时,应在路缘石安装完成后施工。路缘石应予遮盖。

乳化沥青贯入式路面必须浇洒透层或粘层沥青。沥青贯入式路面厚度小于或等于 5 cm 时,也应浇洒透层或粘层沥青。

5.4 沥青贯入式路面施工方法

沥青贯入式路面的施工应按下列步骤进行:

(1)摊铺主层集料。采用碎石摊铺机、平地机或人工摊铺主层集料。铺筑后严禁车辆通行。

(2)碾压主层集料。主层集料撒布后应采用 6 ~ 8 t 的轻型钢筒式压路机自路两侧向路中心碾压,碾压速度宜为 2 km/h,每次轮迹重叠约 30 cm,碾压一遍后检验路拱和纵向坡度,当不符合要求时,应调整找平后再压。然后用重型的钢轮压路机碾压,每次轮迹重叠 1/2 左右,宜碾压 4 ~ 6 遍,直至主层集料嵌挤稳定,无显著轮迹。

(3)浇洒第一层沥青。沥青的洒布温度根据气温及沥青标号选择,石油沥青宜为 130 ~ 170 ℃,乳化沥青在常温下洒布,加温洒布的乳液温度不得超过 60 ℃。前后两车喷洒的接槎处用铁板或建筑纸铺 1 ~ 1.5 m,使搭接良好。分几幅浇洒时,纵向搭接宽度宜为 100 ~ 150 mm。洒布第二、三层沥青的搭接缝应错开。采用乳化沥青贯入时,为防止乳液下漏过多,可在主层集料碾压稳定后,先洒布一部分嵌缝料,再浇洒主层沥青。

(4)撒布第一层嵌缝料。采用集料撒布机或人工撒布第一层嵌缝料。撒布后尽量扫匀,不足处应找补。当使用乳化沥青时,石料撒布必须在乳液破乳前完成。

(5)碾压嵌缝料。立即用 8 ~ 12 t 钢筒式压路机碾压嵌缝料,轮迹重叠轮宽的 1/2 左右,宜碾压 4 ~ 6 遍,直至稳定。碾压时随压随扫,使嵌缝料均匀嵌入。因气温较高使碾压过程中发生较大推移现象时,应立即停止碾压,待气温稍低时再继续碾压。

(6)第二层施工。浇洒第二层沥青,撒布第二层嵌缝料,再次碾压。

(7)浇洒第三层沥青 ,撒布封层料,最后碾压,开放交通。浇洒第三层沥青,按撒布嵌缝料方法撒布封层料。

采用 6 ~ 8 t 压路机作最后碾压,宜碾压 2 ~ 4 遍,然后开放交通。

(8)初期养生。表面不加铺拌和层的贯入式路面在施工结束后每 1 000 m^2 宜另备 2 ~ 3 m^3 与最后一层嵌缝料规格相同的细集料供初期养生使用。

5.5 上拌下贯式路面施工方法

铺筑上拌下贯式路面时,贯入层不撒布封层料,拌和层应紧跟贯入层施工,使上下成为一整体。贯入部分采用乳化沥青时应待其破乳、水分蒸发且成型稳定后方可铺筑拌和层,当拌和层与贯入部分不能连续施工,且要在短期内通行施工车辆时贯入层部分的第二遍嵌缝料应增加用量 2 ~ 3 m^3/1 000 m^2,在摊铺拌和层沥青混合料前,应作补充碾压,并浇洒粘层沥青。

6 其他沥青路面施工

6.1 冷拌沥青混合料路面

6.1.1 一般规定

冷拌沥青混合料适用于三、四级以下公路的沥青面层，二级公路的罩面层施工，以及各级公路沥青路面的基层、联结层或整平层。冷拌改性沥青混合料可用于沥青路面的坑槽冷补。

冷拌沥青混合料宜采用乳化沥青或液体沥青拌制，也可采用改性乳化沥青。

冷拌沥青混合料宜采用密级配沥青混合料，当采用半开级配冷拌沥青碎石混合料路面时应铺筑上封层。

6.1.2 乳化沥青冷拌沥青混合料路面施工

乳化沥青冷拌沥青混合料宜采用厂拌机械拌和以及沥青摊铺机摊铺的方式。缺乏厂拌条件时，也可采用现场路拌及人工摊铺方式。乳化沥青冷拌沥青混合料施工应注意防止混合料离析。

6.1.2.1 拌和

当采用阳离子乳化石油沥青拌和时，宜先用水使集料湿润，若湿润后仍难以与乳液拌和均匀，应改用破乳速度更慢的乳液，或用1% ~3%浓度的氯化钙水溶液代替水润湿集料表面。

混合料适宜的拌和时间应根据实际情况调节并通过试拌确定，矿料中加进乳液后的机械拌和时间不宜超过30 s，人工拌和时间不宜超过60 s。

6.1.2.2 摊铺

已拌好的混合料应立即运至现场进行摊铺，并在乳液破乳前结束。

在拌和与摊铺过程中已破乳的混合料，应予废弃。

冷拌沥青混合料施工遇雨应立即停止铺筑，以防雨水将乳液冲走。

6.1.2.3 碾压

乳化沥青冷拌混合料摊铺后宜采用6 t左右的轻型压路机初压1 ~2遍，使混合料初步稳定，再用轮胎压路机或钢筒式压路机碾压1 ~2遍。当乳化沥青开始破乳、混合料由褐色转变成黑色时，改用12 ~15 t轮胎压路机碾压，将水分挤出，复压2 ~3遍后停止，待晾晒一段时间，水分基本蒸发后继续复压至密实为止。当压实过程中有推移现象时应停止碾压，待稳定后再碾压。当天不能完全压实时，可在较高气温状态下补充碾压。当缺乏轮胎压路机时，也可采用钢筒式压路机或较轻的振动压路机碾压。

6.1.2.4 封层

乳化沥青混合料路面的上封层应在压实成型、路面水分完全蒸发后加铺。

6.1.2.5 开放交通与早期养护

乳化沥青混合料路面施工结束后宜封闭交通2 ~6 h，并注意做好早期养护。开放交通初期，应设专人指挥，车速不得超过20 km/h，不得刹车或掉头。

6.2 SMA路面施工

由沥青结合料与少量的纤维稳定剂、细集料以及较多量的填料（矿粉）组成的沥青玛琋脂，填充于间断级配的粗集料骨架的间隙，组成一体形成的沥青混合料，称为沥青玛琋脂碎石混合料，简称 SMA。SMA 是近年来出现的一种新型沥青混合料，以其优良的抗车辙性能和抗滑性能闻名于世。

6.2.1　SMA 路面的组成特点

SMA 路面通过采用木质素纤维或矿物纤维稳定剂、增加矿粉用量、沥青改性等技术手段，组成沥青玛琋脂，沥青玛琋脂可以使沥青的感温性变小，沥青用量增加，由它填充间断级配碎石集料中的空隙，既能保持间断级配沥青混合料表面性能好的优点，又能克服其耐久性差的缺点，尤其是高温抗车辙能力、低温抗裂性能、耐疲劳性能和水稳定性等各种路用性能大幅度提高。

SMA 结构具有以下特点：

(1)嵌挤的骨架，使 SMA 路面的高温稳定性好、抗车辙能力强。

(2)粗集料用量多，使 SMA 路面的路表粗糙抗滑、行车安全。

(3)空隙率较小，使 SMA 路面抗水害、耐老化。

(4)沥青用量多，使 SMA 路面的抗裂性好。

图 3-25 所示为最大粒径相同的集料以两种不同的沥青混合料配比进行拌和，图 3-25(a)为密级配沥青混合料，属连续级配；图 3-25(b)为沥青玛琋脂碎石混合料，属间断级配。

(a) 密级配沥青混合料　　(b) 沥青玛琋脂碎石混合料

图 3-25　SMA 的间断级配示意

6.2.2　SMA 混合料的组成材料及其技术要求

沥青玛琋脂碎石混合料的构成如图 3-26 所示。由于 SMA 混合料的骨架结构特性以及对它较高的性能要求，其组成材料的质量除应满足普通热拌沥青混合料组成材料的基本要求外，还应满足一些特殊的要求。

6.2.2.1　粗集料

SMA 混合粒中，以粒径 4.75 mm 以上的粗集料为主，其中粒径 4.75 ~ 13 mm 的比例高达 70% ~ 80%，矿粉用量达 8% ~ 12%。由于通过 0.075 mm 筛孔的矿粉很多，使 SMA

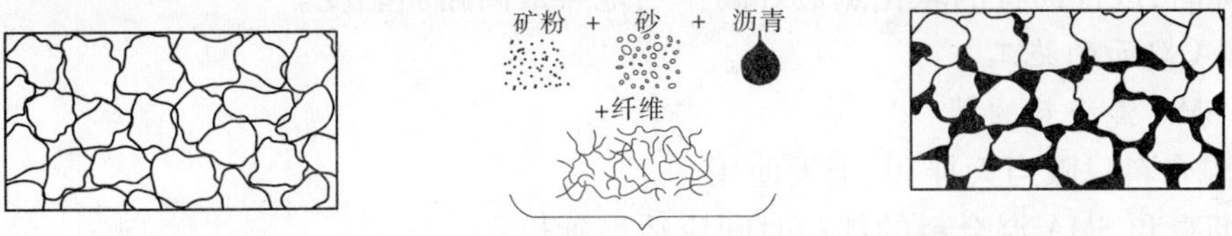

(a)粗集料骨架　(b)沥青玛琋脂　(c)用沥青玛琋脂填充的粗集料骨架

图3-26 沥青玛琋脂碎石混合料的构成

的空隙率比较低,因此也完全不同于开级配沥青混合料OGFC。

SMA对粗集料质量要求比较高,集料要求坚硬、耐磨,颗粒形状接近立方体,表面构造粗糙,针片状颗粒含量少,以便在交通荷载作用下,集料间嵌挤密实。适量的粗集料可使动稳定度达到最大值,比普通沥青路面提高1倍左右。

用于SMA混合料中的粗集料是高质量的轧制碎石,其岩石应坚韧,具有较高的强度和刚度,如玄武岩、砂岩、花岗岩等石料。

6.2.2.2 细集料

细集料要清洁、坚硬、表面粗糙,且只能含有少量的软料或有害物质。

细集料最好使用坚硬的机制砂,也可以从洁净的石屑中筛取粒径范围0.5~3 mm部分作为机制砂使用。当采用普通石屑作为细集料时,宜采用石灰岩石屑,石屑中不得含有泥土类杂物。当与天然砂混用时,天然砂的含量不宜超过机制砂或石屑的比例。细集料质量除满足普通热拌沥青混合料对细集料的要求外,棱角性最好大于45%。

在SMA混合料中,矿粉用量多,要求粉料干净、疏松,一般选用磨细石灰粉。

6.2.2.3 纤维增强剂

纤维增强剂包括有机纤维(木质素纤维)和无机纤维(矿物纤维,如玄武岩纤维)。添加纤维的目的是增加砂浆稳定性,避免运输和摊铺过程中产生离析现象,也可以使混合料加入较多的沥青,增厚沥青膜,从而提高路面的耐久性。

纤维稳定剂的掺加比例以沥青混合料总量的质量百分率计算,通常情况下木质素纤维不宜低于0.3%,矿物纤维不宜低于0.4%,必要时可适当增加纤维用量。纤维掺加量的允许误差宜不超过±5%。

纤维应在250 ℃的干拌温度下不变质、不发脆,使用纤维必须符合环保要求,不危害身体健康。纤维必须在混合料拌和过程中能充分分散均匀。

6.2.2.4 沥青

要求沥青具有较高的黏度,与集料有良好的黏附性,可根据需要选择普通沥青或改性沥青。

普通沥青应采用比当地常用热拌沥青混合料所用沥青硬一级的沥青。南方炎热地区可以采用AH-70,寒冷地区用AH-70或AH-90。

改性沥青是掺加橡胶、树脂、高分子聚合物、天然沥青、磨细的橡胶粉等外掺剂(改性剂),使沥青或沥青混合料的性能得以改善而制成的沥青结合料。用它铺设的路面有良好的耐久性、抗磨性,实现高温不软化,低温不开裂。当以提高沥青混合料抗车辙能力作为主要目标时,改性沥青的软化点最好高于当地年最高路面温度。

6.2.3 SMA 路面的施工

6.2.3.1 SMA 混合料的拌和

SMA 混合料只限当天拌和、当天使用。

改性沥青和 SMA 混合料的拌和时间应适当延长。

生产添加纤维的沥青混合料时,纤维必须在混合料中充分分散,拌和均匀。拌和机应配备同步添加投料装置,松散的絮状纤维可在喷入沥青的同时或稍后采用风送设备喷入拌和锅,拌和时间宜延长 5 s 以上。颗粒纤维可在粗集料投入的同时自动加入,经 5 ~ 10 s 的干拌后,再投入矿粉。

6.2.3.2 SMA 混合料的运输

由于沥青玛瑞脂黏性较大,运输车的车厢底部要涂较多的油水混合物,而且为了防止运输车表面混合料结成硬壳,运输过程中必须加盖篷布,同时车辆要适当增加。

6.2.3.3 SMA 混合料的摊铺

SMA 路面宜使用履带式摊铺机。

摊铺机必须缓慢、均匀、连续不间断地摊铺,摊铺速度宜放慢至 1 ~ 3 m/min。

摊铺机应采用自动找平方式 ,宜采用非接触式平衡梁。

摊铺厚度应根据试验路段的数据来确定,松铺系数通常为 1.15 ~ 1.20。

6.2.3.4 SMA 混合料的压实

SMA 混合料内部含有大量沥青玛瑞脂胶浆,黏度大,温度低时很难压实,因而确保摊铺碾压温度尤为重要。

SMA 路面宜采用振动压路机或钢筒式压路机碾压,采用初压 1 ~ 2 遍、复压 2 ~ 4 遍、终压 1 遍的组合方式。振动压路机应遵循"紧跟、慢压、高频、低幅"的原则,即紧跟在摊铺机后面,采取高频率、低振幅的方式慢速碾压。

特别强调的是,在 SMA 面层碾压施工时,应确保压路机数量充足。初压、复压工作区间严格分开,降低压路机工作区段长度,保证在足够高温下进行压实作业。同时也要防止过度碾压,破坏结构内部骨架。

除沥青用量较低,经试验证明采用轮胎压路机碾压有良好效果外,不宜采用轮胎压路机碾压,以防将沥青结合料搓揉挤压上浮。

7 透层、粘层与封层施工

7.1 透层施工技术

7.1.1 作用与适用条件

沥青路面各类基层都必须喷洒透层油,沥青层必须在透层油完全渗透入基层后方可铺筑。基层上设置下封层时,透层油不宜省略。

7.1.2 透层材料品种及用量

根据基层类型选择渗透性好的液体沥青、乳化沥青作透层油,喷洒后通过钻孔或挖掘确认透层油渗透入基层的深度宜不小于 5 (无机结合料稳定集料基层) ~ 10 mm(无结合料基层),并能与基层联结成为一体。

透层油的用量应通过试验确定。

7.1.3 注意事项

用于半刚性基层的透层油宜紧接在基层碾压成型后表面稍变干燥,但尚未硬化的情况下喷洒。

在无结合料粒料基层上洒布透层油时,宜在铺筑沥青层前1~2 d洒布。

透层油宜采用沥青洒布车一次喷洒均匀,使用的喷嘴宜根据透层油的种类和黏度选择并保证均匀喷洒,沥青洒布车喷洒不均匀时宜改用手工沥青洒布机喷洒。

喷洒透层油前应清扫路面,遮挡防护路缘石及人工构造物避免污染,透层油必须洒布均匀,有花白遗漏应人工补洒,喷洒过量的立即洒布石屑或砂吸油,必要时作适当碾压。透层油洒布后不得在表面形成能被运料车和摊铺机黏起的油皮,透层油达不到渗透深度要求时,应调整透层油稠度或品种。

透层油洒布后的养生时间随透层油的品种和气候条件由试验确定,确保液体沥青中的稀释剂全部挥发,乳化沥青渗透且水分蒸发,然后尽早铺筑沥青面层,防止工程车辆损坏透层。

气温低于10 ℃或大风、即将降雨时不得喷洒透层油。

7.2 粘层施工技术

7.2.1 作用与适用条件

粘层的作用在于使上下沥青层或沥青层与构造物完全黏结成一整体。符合下列情况之一时,必须喷洒粘层油:

(1)双层式或三层式热拌热铺沥青混合料路面的沥青层之间。

(2)水泥混凝土路面、沥青稳定碎石基层或旧沥青路面层上加铺沥青层。

(3)路缘石、雨水口、检查井等构造物与新铺沥青混合料接触的侧面。

7.2.2 一般要求

(1)粘层油的技术要求。粘层油宜采用快裂或中裂乳化沥青、改性乳化沥青,也可采用快、中凝液体石油沥青,其规格和质量应符合规范的要求,所使用的基质沥青标号宜与主层沥青混合料相同。

(2)粘层油的用量、品种选择。粘层油品种和用量,应根据下卧层的类型通过试洒确定。当粘层油上铺筑薄层大空隙排水路面时,粘层油的用量宜增加到0.6~1.0 L/m^2。在沥青层之间兼作封层而喷洒的粘层油宜采用改性沥青或改性乳化沥青,其用量宜不少于1.0 L/m^2。

7.2.3 注意事项

(1)粘层油宜采用沥青洒布车喷洒,并选择适宜的喷嘴,洒布速度和喷洒量保持稳定。当采用机动或手摇的手工沥青洒布机喷洒时,必须由熟练的技术工人操作,均匀洒布。气温低于10 ℃时不得喷洒粘层油,寒冷季节施工不得不喷洒时可以分成两次喷洒。路面潮湿时不得喷洒粘层油,用水洗刷后需待表面干燥后喷洒。

(2)喷洒的粘层油必须成均匀雾状,在路面全宽度内均匀分布成一薄层,不得有洒花漏空或成条状,也不得有堆积。喷洒不足的要补洒,喷洒过量处应予刮除。喷洒粘层油后,严禁运料车外的其他车辆和行人通过。

(3)粘层油宜在当天洒布,待乳化沥青破乳、水分蒸发完成,或稀释沥青中的稀释剂基本挥发完成后,紧跟着铺筑沥青层,确保粘层不受污染。

7.3 封层施工技术

7.3.1 封层的作用与适用条件

封层是指为封闭表面空隙,防止水分侵入面层或基层而铺筑的沥青混合料薄层。铺筑在面层表面的称为上封层,铺筑在面层下面的称为下封层。

封层的作用:一是封闭某一层起着保水防水作用;二是起基层与沥青表面层之间的过渡和有效连接作用;三是路的某一层表面破坏离析松散处的加固补强;四是基层在沥青面层铺筑前,要临时开放交通,防止基层因天气或车辆作用而破坏。

7.3.2 封层施工一般要求

封层可采用层铺法或拌和法的单层式表面处治,也可以采用乳化沥青稀浆封层和微表处。

7.3.2.1 层铺法

使用层铺法沥青表面处治铺筑上封层时,施工方法按层铺法表面处治工艺施工。沥青用量可采用规定范围的中、低限。

使用层铺法沥青表面处治铺筑下封层时,施工工艺同上封层。矿料用量应根据矿料尺寸、形状、种类等情况确定,宜为 5 ~ 8 $m^3/1\ 000\ m^2$。沥青用量可采用规定范围的中、高限。

7.3.2.2 拌和法

采用拌和法施工上、下封层时,应按照热拌沥青混合料路面的施工工艺进行,如图 3-27所示。当为下封层铺筑时,宜采用 AC − 5 砂粒式沥青混凝土,厚度宜为 1 cm。

7.3.2.3 乳化沥青稀浆封层和微表处

使用乳化沥青稀浆封层施工上、下封层时,稀浆封层的厚度宜为 3 ~ 6 mm;稀浆封层使用的乳化沥青可采用慢裂或中裂的拌和型乳化沥青。

高速公路和一级公路上封层根据需要也可采用微表处。

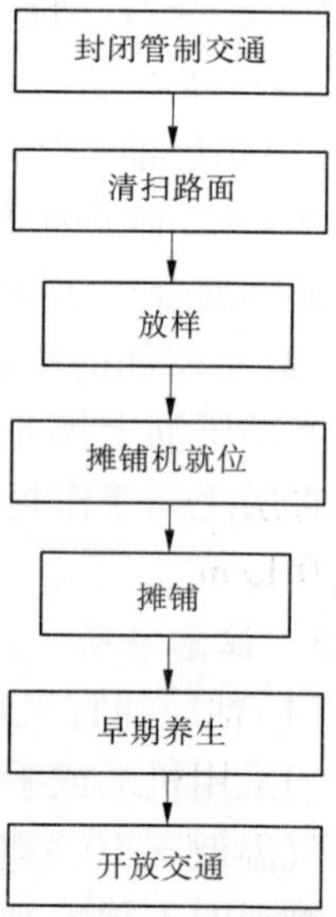

图 3-27　封层拌和法施工流程图

知识链接:稀浆封层与微表处

1. 稀浆封层

稀浆封层是采用机械设备将适当级配的乳化沥青、粗细集料、水、填料(水泥、石灰、粉煤灰、石粉等)和添加剂等按照设计配比拌和成稀浆混合料摊铺到原路面上形成的封层。由于该种稀浆混合料的稠度较稀,形态似浆状,铺筑厚度一般为 3 ~ 10 mm,主要起防水或改善恢复路面功能的作用,故取名为乳化沥青稀浆封层,简称稀浆封层。

2. 微表处

微表处是用具有一定级配的石屑或砂、填料(水泥、石灰、粉煤灰、石粉等)与聚合物改性乳化沥青、外掺剂和水,按一定比例拌制成流动型混合料，再均匀洒布于路面上的封层。微表处通常被认为是一个聚合物改性的稀浆封层。

3. 稀浆封层和微表处的区别

稀浆封层与微表处从材料构成及适用范围看，有以下区别：

(1)稀浆封层可采用普通乳化沥青或改性乳化沥青；通过4.75 mm筛的合成矿料的砂当量不得低于50%；主要用于二级和二级以下公路的预防性养生，也适用于新建公路的下封层。

(2)微表处必须采用改性乳化沥青；通过4.75 mm筛的合成矿料的砂当量不得低于65%；主要用于高速公路和一级公路的预防性养生以及修补轻度车辙，也适用于新建公路的抗滑磨耗层。

4. 稀浆封层和微表处的施工

稀浆封层（微表处）采用稀浆封层机（微表处机）施工，该机械可完成作业过程中的各种物料的存储、输送、搅拌、摊铺、控制、操作等，不仅可作稀浆封层（微表处）施工，亦可用于高等级路面施工中的下封层及桥面处治作业。

7.3.3 上封层施工

上封层用于路面表面功能衰减和预防性养生，可选择乳化沥青稀浆封层、微表处、改性沥青集料封层、薄层磨耗层或其他适宜的材料。

铺设上封层的下卧层必须彻底清扫干净，对车辙、坑槽、裂缝进行处理或挖补。

裂缝较细、较密的可采用涂洒类密封剂、软化再生剂等涂刷罩面。

对二级和二级以下公路的旧沥青路面可以采用普通的乳化沥青稀浆封层，也可在喷洒道路石油沥青后洒布石屑（砂）后碾压作封层。

对高速公路、一级公路路面有轻微损坏的宜铺筑微表处。

对用于改善抗滑性能的上封层可采用稀浆封层、微表处或改性沥青集料封层。

7.3.4 下封层施工

下封层位于基层和面层之间，用于防渗或临时通行车辆。多雨潮湿地区的高速公路、一级公路的沥青面层空隙率较大，有严重渗水可能，或铺筑完基层不能及时铺筑沥青面层而需通行车辆时，宜在喷洒透层油后铺筑下封层。

下封层宜采用层铺法表面处治或稀浆封层法施工。稀浆封层可采用乳化沥青或改性乳化沥青作结合料。下封层的厚度不宜小于6 mm，且做到完全密水。

以层铺法沥青表面处治铺筑下封层时，通常采用单层式。

8 沥青路面施工质量控制

8.1 沥青路面施工质量控制一般规定

沥青路面施工应根据全面质量管理的要求，建立健全有效的质量保证体系，对施工各工序的质量进行检查评定，达到规定的质量标准，确保施工质量的稳定性。

高速公路、一级公路沥青路面应加强施工过程质量控制，实行动态质量管理。

所有与工程建设有关的原始记录、试验检测及计算数据、汇总表格，必须如实记录和保存。对已经采取措施进行返工和补救的项目，可在原记录和数据上注明，但不得销毁。

8.2 施工前的材料与设备检查

8.2.1 材料检查

施工前必须检查各种材料的来源和质量。所有材料都应按规定取样检测，经质量认可后方可订货。

各种材料都必须在施工前以“批”为单位进行检查，不符合规范技术要求的材料不得进场。对各种矿料是以同一料源、同一次购入并运至生产现场的相同规格材料为一“批”；对沥青是指从同一来源、同一次购入且储入同一沥青罐的同一规格的沥青为一“批”。

工程开始前，必须对材料的存放场地、防雨和排水措施进行确认，不符合本规范要求时材料不得进场。进场的各种材料的来源、品种、质量应与招标及提供的样品一致，不符合要求的材料严禁使用。

正式开工前，各种原材料的试验结果，以及据此进行的目标配合比设计和生产配合比设计结果，应在规定期限内向业主及监理提出正式报告，待取得正式认可后，方可使用。

8.2.2 设备检查

施工前应对沥青混合料拌和设备、摊铺机、压路机等各种施工机械和设备进行调试，对机械设备的配套情况、技术性能、传感器计量精度等进行检查、标定，并得到监理的认可。

8.3 铺筑试验路段

高速公路和一级公路的沥青路面在施工前应铺筑试验路段。其他等级公路在缺乏施工经验或初次使用重大设备时，也应铺筑试验路段。

当同一施工单位在材料、机械设备及施工方法与其他工程完全相同时，也可利用其他工程的结果，不再铺筑新的试验路段。

试验路段的长度应根据试验目的确定，通常宜为 100 ~ 200 m，宜选在正线上铺筑。

8.4 施工过程中的质量管理与检查

沥青面层施工必须在得到开工令后方可开工。施工单位在施工过程中应随时对施工质量进行自检。施工过程中无论是否已经返工补救，所有数据均必须如实记录，不得丢弃、涂改。

8.4.1 沥青混合料拌和与质量控制

沥青混合料生产过程中，必须对各种原材料进行抽样试验。

沥青拌和厂必须对沥青混合料生产过程进行质量控制。

8.4.2 沥青混合料施工质量控制

8.4.2.1 质量控制标准

沥青路面铺筑过程中必须随时对铺筑质量进行评定。根据《公路沥青路面施工技术规范》(JTG F40—2004)，以热拌沥青混合料路面施工为例，其质量检查的内容、频度、允许偏差应符合表 3-26 的规定。

8.4.2.2 沥青路面施工厚度的检测

施工厚度的检测按以下方法执行，并相互校核，当差值较大时通常以总量检验为准。

(1) 利用摊铺过程在线控制，即不断地用插尺或其他工具插入摊铺层测量松铺厚度。

(2) 利用拌和厂沥青混合料总生产量与实际铺筑的面积计算平均厚度进行总量检验。

(3) 当具有地质雷达等无破损检验设备时，可利用其连续检测路面厚度。

(4) 待路面完全冷却后，在钻孔检测压实度的同时测量沥青层的厚度。

表 3-26　热拌沥青混合料路面施工过程中工程质量的控制标准

项目		检查频度及单点检验评价方法	质量要求或允许偏差	
			高速公路、一级公路	其他等级公路
外观		随时	表面平整密实，不得有明显轮迹、裂缝、推挤、油盯、油包等缺陷，且无明显离析	
接缝		随时	紧密平整、顺直、无跳车	
接缝		逐条缝检测评定	3 mm	5 mm
施工温度	摊铺温度	逐车检测评定	符合规范规定	
施工温度	碾压温度	随时	符合规范规定	
厚度	每一层次	随时，厚度 50 mm 以下 厚度 50 mm 以上	设计值的 5% 设计值的 8%	设计值的 8% 设计值的 10%
厚度	每一层次	1 个台班区段的平均值 厚度 50 mm 以下 厚度 50 mm 以上	 -3 mm -5 mm	—
厚度	总厚度	每 2 000 m^2 一点单点评定	设计值的 -5%	设计值的 -8%
厚度	上面层	每 2 000 m^2 一点单点评定	设计值的 -10%	设计值的 -10%
压实度		每 2 000 m^2 检查 1 组逐个试件评定并计算平均值	实验室标准密度的 97%(98%) 最大理论密度的 93%(94%) 试验段密度的 99%(99%)	
平整度（最大间隙）	上面层	随时，接缝处单杆评定	3 mm	5 mm
平整度（最大间隙）	中下面层	随时，接缝处单杆评定	5 mm	7 mm
平整度（标准差）	上面层	连续测定	1.2 mm	2.5 mm
平整度（标准差）	中面层	连续测定	1.5 mm	2.8 mm
平整度（标准差）	下面层	连续测定	1.8 mm	3.0 mm
平整度（标准差）	基层	连续测定	2.4 mm	3.5 mm
宽度	有侧石	检测每个断面	±20 mm	±20 mm
宽度	无侧石	检测每个断面	不小于设计宽度	不小于设计宽度
纵断面高程		检测每个断面	±10 mm	±15 mm
横坡度		检测每个断面	±0.3%	±0.5%
沥青层层面上的渗水系数		每 1 km 不少于 5 点，每点 3 处取平均值	300 mL/min(普通密级配沥青混合料) 200 mL/min(SMA 混合料)	

8.4.2.3 沥青路面的压实度的控制

沥青路面的压实度,采取重点对碾压工艺进行过程控制、适度钻孔抽检压实度的方法。

(1)碾压工艺的控制包括压路机的配置(台数、吨位及机型)、排列和碾压方式、压路机与摊铺机的距离、碾压温度、碾压速度、压路机洒水(雾化)情况、碾压段长度、调头方式等。

(2)碾压过程中宜采用核子密度仪等无损检测设备进行压实度过程控制,测点随机选择,一组不少于13点,取平均值,与标定值或试验段测定值比较评定。测定温度应与试验段测定时一致,检测精度通过试验路段与钻孔试件标定。

(3)在路面完全冷却后,随机选点钻孔取样测定密度,计算压实度。

8.4.2.4 其他指标的检测与控制

(1)压实成型的路面应按《公路路基路面现场测试规程》(JTG E60—2008)规定的方法随机选点检测渗水情况。对排水式沥青混合料,应要求水能够迅速排走。如需要测定构造深度,宜在测定渗水的同时在附近选点测定,记录实测结果。

(2)施工过程中应随时对路面进行外观(色泽、油膜厚度、表面空隙)评定,尤其注意防止粗细集料的离析和混合料温度不均,造成路面局部渗水严重或压实不足。如果某路段确实严重离析、渗水,且经2次补充钻孔仍不能达到压实度要求,确属施工质量差的,应予铣刨或局部挖补,返工重铺。

(3)施工过程中必须随时用3 m直尺检测接缝及与构造物连接处的平整度,正常路段的平整度采用连续式平整度仪或颠簸累积仪测定。

8.5 交工验收阶段的工程质量检查与验收

工程完工后,施工单位应将全线以1~3 km作为一个评定路段,每一侧车行道规定频度,随机选取测点,对沥青面层进行全线自检,将单个测定值与规定的质量要求或允许偏差进行比较,计算合格率,然后计算一个评定路段的平均值、极差、标准差及变异系数。施工单位应在规定时间内提交全线检测结果及施工总结报告,申请交工验收。

沥青路面交工时应检查验收沥青面层的各项质量指标,包括路面的厚度、压实度、平整度、渗水系数、构造深度、摩擦系数等。

工程交工时应对全线宽度、纵断面高程、横坡度、中线偏位等进行实测,以每个桩号的测定结果评定合格率,最后提出实际的竣工图。

热拌沥青混合料路面交工检查与验收质量标准如表3-27所示。

表 3-27 热拌沥青混合料路面交工检查与验收质量标准

检查项目		检查频度（每一侧车行道）	质量要求或允许偏差	
			高速公路、一级公路	其他等级公路
外观		随时	表面平整密实，不得有明显轮迹、裂缝、推挤、油盯、油包等缺陷，且无明显离析	
面层总厚度	代表值	每 1 km 5 点	设计值的 –5%	设计值的 –8%
	极值	每 1 km 5 点	设计值 –10%	设计值的 –15%
上面层厚度	代表值	每 1 km 5 点	设计值的 –10%	—
	极值	每 1 km 5 点	设计值 –20%	—
压实度	代表值	每 1 km 5 点	实验室标准密度的 96%（98%） 最大理论密度的 92%（94%） 试验段密度的 98%（99%）	
	极值（最小值）	每 1 km 5 点	比代表值放宽 1%（每 km）或 2%（全部）	
路表平整度	标准差 σ	全线连续	1.2 mm	2.5 mm
	IRI	全线连续	2.0 m/km	4.2 m/km
	最大间隙	每 1 km 10 处，各连续 10 杆	—	5 mm
路表渗水系数，≤		每 1 km 不少于 5 点，每点 3 处取平均值评定	300 mL/min（普通沥青路面） 200 mL/min（SMA 路面）	—
宽度	有侧石	每 1 km 20 个断面	±20 mm	±30 mm
	无侧石	每 1 km 20 个断面	不小于设计宽度	不小于设计宽度
纵断面高程		每 1 km 20 个断面	±15 mm	±20 mm
中线偏位		每 1 km 20 个断面	±20 mm	±30 mm
横坡度		每 1 km 20 个断面	±0.3%	±0.5%
弯沉	回弹弯沉值	全线每 20 m 1 点	符合设计对交工验收的要求	符合设计对交工验收的要求
	总弯沉值	全线每 5 m 1 点	符合设计对交工验收的要求	—
构造深度		每 1 km 5 点	符合设计对交工验收的要求	—
摩擦系数摆值		每 1 km 5 点	符合设计对交工验收的要求	—
横向力系数		全线连续	符合设计对交工验收的要求	—

案例分析

一、背景材料

某高速公路设计车速120 km/h,路面面层为三层式沥青混凝土结构。施工企业为公路交通大型企业专业施工队伍,设施精良。为保证工程施工质量,防止沥青路面施工中沥青混合料摊铺时发生离析、沥青混凝土路面压实度不够、平整度及接缝明显等问题,施工单位在施工准备、沥青混合料的拌和、沥青混合料的运输、沥青混合料的摊铺、沥青混合料的压实、接缝的处理等方面,做了如下工作:

(1)选用经试验合格的石料进行备料,严格对下承层进行清扫,并在开工前进行试验段铺筑。

(2)沥青混合料的拌和站设置实验室,对沥青混合料及原材料及时进行检验,拌和中严格控制集料加热温度和混合料的出厂温度。

(3)根据拌和站的产量、运距合理安排运输车辆,确保运输过程中混合料的质量。

(4)设置两台具有自动调节摊铺厚度及找平装置的高精度沥青混凝土摊铺机梯进式施工,严格控制相邻两机的间距,以保证接缝的相关要求。

(5)采用2台双轮双振压路机及2台16 t轮胎压路机,严格控制碾压温度及碾压重叠宽度。

(6)纵缝采用热接缝、梯进式摊铺,后摊铺部分完成,立即骑缝碾压,以除缝迹,并对接缝作了严格控制。

二、问题提出

1. 施工准备中,控制石料除规格和试验外,堆放应注意哪几点?

2. 沥青混合料铺筑试验路段的主要目的是什么?

3. 混合料运输过程中应注意的主要问题是什么?

4. 沥青混合料摊铺过程中,为什么应对摊铺温度随时检查并做好记录?

5. 沥青混凝土路面碾压过程中,除应严格控制碾压温度和碾压重叠宽度外,还应注意哪些问题?

6. 请简述横接缝的处理方法。

三、问题解决

1. 石料应分类堆放;石料堆放场地最好做硬化处理;石料堆放场地四周做好排水。

2. 试验路段铺筑的主要目的有两类:一是为控制指标确定相关数据,如松铺系数、机械配备、压实遍数、人员组织、施工工艺等;二是检验相关技术指标,如沥青含量、矿料级配、沥青混合料马歇尔试验、压实度等。

3. 沥青混合料运输过程中应注意的问题是:保持车厢干净并涂防粘薄膜剂,运输时必须覆盖篷布以防雨和热量损失。

4. 沥青混凝土路面施工中压实度是一重要控制指标,温度低是造成压实度不足的原因之一。随时检查并做好记录是保证沥青路面压实度的重要手段之一。

5. 碾压进行中压路机运行应均匀,不得中途停留、转向或制动;也不能随意改变碾压速度;不允许在新铺筑路面上停机加油、加水。

6. 先用3 m直尺检查端部平整度,垂直于路中线切齐清除,在端部涂粘层沥青后继续摊铺,横向接缝的碾压先用双轮双振压路机进行横压,压路机位于压实的部分伸入新铺层的15 cm,每压一遍向新铺层移动15~20 cm,直到压路机全部移到新铺层,再改为纵向碾压。

课后训练

一、单选题

1. 试验路铺筑属于(　　)阶段。

A. 施工准备　　B. 沥青混合料摊铺

C. 沥青混合料压实　　D. 沥青混合料运输

2. 沥青混合料压实温度(　　)。

A. 是一个确定值　　B. 有一个温度区间

C. 与沥青种类无关　　D. 与压实机械有关

3. 沥青混合料的分层压实厚度不得大于(　　)。

A. 10 cm　　B. 8 cm

C. 6 cm　　D. 12 cm

4. SMA沥青路面温度低时很难压实的原因是(　　)。

A. 粒料粗　　B. 沥青含量高

C. 玛瑞脂胶浆黏度大　　D. 矿粉含量高

5. 高速公路、一级公路铺筑沥青路面时,道路石油沥青应采用符合规范要求的(　　)。

A. 轻交通道路石油沥青技术要求　　B. 道路用煤沥青技术指标

C. 道路用乳化石油沥青技术要求　　D. 重交通道路石油沥青技术要求

6. 为加强路面沥青层之间、沥青层与水泥混凝土路面之间的结合,浇洒的沥青薄层是(　　)。

A. 透层　　B. 粘层

C. 封层　　D. 结合层

7. 基层的裂缝及老路面原先的裂缝或接缝会在新铺沥青面层上相同位置重新出现的称为(　　)。

A. 龟裂　　B. 缩缝

C. 反射裂缝　　D. 胀缝

8. SMA沥青路面施工中纵向接缝通常采用(　　)。

A. 冷接缝　　B. 切割接缝

C. 横向接缝　　D. 热接缝

9. 由连续级配矿料组成的沥青混合料结构主要为(　　)。

A. 密实 – 悬浮结构　　B. 骨架 – 空隙结构

C. 嵌挤级配结构　　D. 间断级配结构

二、多选题

1. 密实型沥青混合料强度主要由(　　)形成。

A. 沥青与矿料的黏附力　　B. 沥青自身的黏聚力

C. 矿料间的嵌挤力　　D. 内摩阻力

2. 透层沥青采用的是(　　)。

A. 道路石油沥青　　B. 中慢凝液体石油沥青

C. 慢凝洒布型乳化沥青　　D. 慢裂或中慢裂的拌和型乳化沥青

3. 下面关于沥青混合料级配类型,说法正确的是(　　)。

A. 密级配沥青混凝土剩余空隙率 10% 以下

B. 开级配沥青混合料剩余空隙率 15% 以上

C. 半开级配沥青混合料也称沥青碎石混合料,以 AC 表示

D. Ⅱ级密级配沥青混凝土剩余空隙率 6% ~10%

4. 下面属于次高级路面的路面结构是(　　)。

A. 沥青混凝土　　B. 厂拌沥青碎石

C. 沥青表面处治　　D. 沥青贯入式

5. 沥青路面施工厚度控制的方法有(　　)。

A. 高程测量

B. 在摊铺及压实时量取

C. 测量钻孔试件厚度

D. 校验每一天的沥青混合料总量与实际铺筑的面积计算出的平均厚度

6. 沥青混合料配合比设计分为哪几个阶段? (　　)。

A. 目标配合比设计阶段　　B. 生产配合比设计阶段

C. 施工配合比设计阶段　　D. 生产配合比验收阶段

三、简答题

1. 沥青路面按施工工艺分为哪几类?

2. 沥青路面按技术特性如何划分?

3. 沥青路面常用材料有哪些?

4. 沥青表面处治的层铺法施工有哪些工序?

5. 沥青贯入式路面适用于什么情况?

6. 热拌沥青混合料路面的施工有哪些工序?

7. 热拌沥青混合料路面施工中用到哪些主要机械设备?

8. 沥青路面施工过程中质量控制包括哪些内容？

9. 沥青路面交工验收的质量控制标准有哪些项目？

四、路面结构识图

分析图3-28所示路面结构层的组成特点。

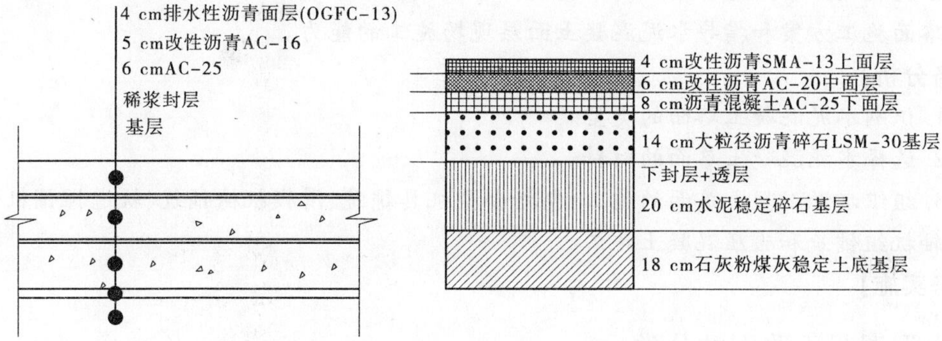

图3-28　路面结构示意图

五、案例分析

1. 工程背景

A单位承接了一段高速公路沥青混凝土路面施工，根据设计要求，需要在沥青混凝土路面的级配碎石基层上浇洒透层沥青，在中、底面层上喷洒粘层沥青。施工中发生了如下事件：

事件1：施工单位首先针对沥青路面施工编制了施工组织设计。

事件2：工程准备阶段，项目部根据路面工程量、施工进度计划、施工条件、现有机械的技术状况选择了施工机械。

事件3：在施工透层沥青时，工地现场连续3日下起了大雨，第4日上午当雨量变小后，项目部决定开始浇洒透层沥青，并在下午随即摊铺上层。

事件4：在施工过程中，施工单位为保证施工质量设置了以下质量控制点：基层强度、高程的检查与控制，沥青混凝土材料的检查与试验，集料的级配、沥青混凝土配合比设计和试验，路面施工机械设备配置与组合，沥青混凝土摊铺厚度控制和摊铺中的离析控制，沥青混凝土的接缝施工。

2. 问题提出

(1)说明沥青路面透层、粘层、封层的不同作用。

(2)事件3中的施工是否正确？如不正确，指出问题所在。

(3)针对事件4，请补充其他的沥青混凝土路面施工质量控制关键点。

任务 4　水泥混凝土路面施工

【任务描述】

水泥混凝土路面是公路工程中重要的路面类型之一，公路施工员应具备编制水泥混凝土路面施工方案和指导水泥混凝土面层现场施工的能力。

【任务分析】

1. 识别水泥混凝土路面的类型。

2. 选择水泥混凝土路面的材料。

3. 组织水泥混凝土路面的施工，包括小型机具铺筑、滑模机械铺筑、轨道摊铺机铺筑、三辊轴机组铺筑和碾压混凝土施工。

【任务实施】

1　水泥混凝土路面的分类

水泥混凝土路面是指以水泥混凝土为主要材料做面层的路面，广泛应用于公路、城市道路、机场跑道等场合，是一种高级路面。水泥混凝土路面有普通混凝土（素混凝土）、钢筋混凝土、连续配筋混凝土、装配式混凝土、组合式混凝土、钢纤维混凝土等多种形式。目前，采用最广泛的是就地浇筑的普通混凝土路面。

与其他类型路面相比，混凝土路面具有以下优点：

（1）强度高：混凝土具有很高的抗压强度和较高的抗弯拉强度以及抗磨耗能力。

（2）稳定性好：混凝土路面的水稳定性、热稳定性好。

（3）耐久性好：由于混凝土路面的强度和稳定性好，所以它经久耐用。

（4）有利于夜间行车：混凝土路面能见度好，对夜间行车有利。

但是混凝土路面也存在一些缺点，主要有以下几方面：

（1）接缝多且易破坏，从而引起行车跳动，行车舒适性差。

（2）水泥混凝土路面要求相对稳固的路基和基层支撑条件，不适用于基层、路基变形大和不均匀沉降的软基、高填方及长期浸水路段。

（3）超载对刚性路面极为不利，极易形成断板、断边、断角等结构性破坏。

（4）修复困难，混凝土路面损坏后，开挖很困难，修补工作量也大，时间长，影响交通。

1.1　普通混凝土路面

普通混凝土路面是指用素混凝土或仅在路面板边缘和角隅少量配筋的混凝土就地浇筑成的路面结构。这种路面施工方便，造价低廉，是目前采用最广泛的混凝土路面。

普通混凝土路面应沿纵向每隔 5 ~ 6 m 设一缩缝，以满足冬季缩裂要求；每隔 20 ~ 40 m 设一胀缝，以防止夏季热胀、板屈曲压裂或缝边混凝土挤碎；沿横向每隔 3 ~ 4.5 m 设一纵缝。由于横胀缝易引起路面板的破坏，增加施工和养护的麻烦，对夏季施工的混凝土路面，除在桥头、隧道口、道路交叉口小半径曲线或纵坡变换处必须设置胀缝外，其他路段可少设或不设。

1.2 钢筋混凝土路面

钢筋混凝土路面是指板内配置有纵横向钢筋网的混凝土路面。在此类路面中，设置钢筋网的目的是控制裂缝缝隙张开量，把开裂的板拉在一起，使板依靠断裂面上的集料嵌锁作用而保证结构强度，并非增加板的抗弯强度。

在混凝土路面板内，沿纵横向配置钢筋网，配筋率一般为 0.1% ~0.2%，钢筋直径为 8 ~12 mm，纵筋间距为 150 ~350 mm，横筋间距为 300 ~750 mm。钢筋设在板表面下 50 ~60 mm处，以减轻板面裂纹的产生和扩张。板厚和纵缝间距与素混凝土路面相同，但横缩缝间距可增至 10 ~30 m，并设传力杆。在路基软弱地段和交通特别繁重处，也可将钢筋网设在板底面之上 50 ~60 mm 处，或设双层钢筋网。

钢筋混凝土路面适用于混凝土板的平面尺寸较大，预计路基或基层有可能产生不均匀沉陷，以及板下埋有地下设施等情况。

1.3 连续配筋混凝土路面

连续配筋混凝土路面是指纵向配置连续钢筋的钢筋混凝土路面。

连续配筋混凝土路面的配筋率达 0.6% ~1.0%，纵筋直径 12 ~16 mm，间距 75 ~200 mm，可连续贯穿横缝。横筋直径 6 ~9 mm，间距 400 ~1 200 mm。钢筋设在板厚中央略高处，与板表面距离至少 60 ~70 mm。其配筋特点是：确定纵向钢筋用量的控制因素是裂缝缝隙宽度，横向钢筋用量很小，纵横向钢筋均需采用螺纹钢筋。

这种路面除在与其他路面交接处或临近构造物附近设置胀缝以及视施工需要设置施工缝外，一般不设横缝。

连续配筋混凝土路面一般适用于高速公路、一级公路和机场混凝土路面。

1.4 装配式混凝土路面

装配式混凝土路面是在工厂中把混凝土预制成板块，然后运至工地现场装配而成的。其优点是混凝土板可以全年生产，不受气候影响，混凝土质量容易保证；而且施工进度快，铺筑完毕即可通车；损坏后易于拆换修理。但其接缝多，整体性差，容易引起行车颠簸跳动，因此较适用于停车站场及港口码头处，在公路和城市道路干线上很少采用。

1.5 组合式混凝土路面

当缺乏品质良好的材料时，可采用双层式混凝土路面，即利用当地品质差的材料做下层，用品质好的材料做上层，以降低造价。根据上下层板间结合程度分为结合式、分离式和部分结合式 。

1.5.1 结合式

上下层混凝土板牢固结合成为一整体。新建路面时，上下层混凝土连续施工而成；改建路面时，将下层板表面凿毛、洗净晾干，并喷刷水泥浆或环氧树脂等黏结剂，然后立即浇筑新混凝土面层。

1.5.2 分离式

上下层混凝土板之间铺以厚 1 ~2 cm 的沥青砂或双层油毡作为隔离材料，以达到分离的目的。这种分离措施，可以防止下层板的裂缝和接缝反射到上层板内，因此上下层板的接缝位置不要求对齐。当下层板严重破碎时，也可采用这种形式。

1.5.3 部分结合式

改建路面时,先对原有混凝土板表面进行清理后再浇筑上层板。由于上下层板之间部分结合,下层板的裂缝和接缝通常会反射到上层板内,所以上下层板的接缝位置应相同。多用于旧面层结构损坏不太严重并已经修复时。

1.6 钢纤维混凝土路面

钢纤维混凝土路面是在混凝土面板中掺入一些低碳钢、不锈钢纤维或其他纤维,是一种均匀而多向配筋的混凝土路面。作为一种新型路面材料,钢纤维混凝土具有广泛的发展前途。

施工时一般在混凝土中掺入1.5% ~2.0%(体积比)的钢纤维,过多则混凝土和易性不好。钢纤维长度宜为25 ~60 mm,直径为0.25 ~1.25 mm,过长则与混凝土拌和易成团,过短则混凝土强度增加不多,长度与直径的最佳比值为50 ~70。

钢纤维混凝土的物理性能远好于普通混凝土,抗疲劳强度、抗冲击能力和防止裂缝的能力好。与普通混凝土路面相比,路面的厚度可以减小30% ~50%,而缩缝可以增至15 ~20 m,胀缝可以不设。

1.7 碾压混凝土路面

碾压混凝土路面是采用沥青混凝土路面的主要施工机械(摊铺机、压路机等)将单位用水量较少的干硬性水泥混凝土摊铺、碾压成型的一种混凝土路面。

碾压混凝土的含水量低,通过碾压施工工艺达到高密度、高强度,与普通混凝土相比,能节省大量水泥,施工速度快,养生时间短,强度高。

2 水泥混凝土路面的材料

水泥混凝土路面的基本组成材料有水泥、水、粗集料、细集料、化学外加剂和矿物掺合料等6种。此外,根据结构特点的不同,还有钢筋、钢纤维、接缝材料等其他材料。

2.1 水泥

特重、重交通的路面宜采用道路硅酸盐水泥,也可采用硅酸盐水泥或普通硅酸盐水泥;中、轻交通的路面可采用矿渣硅酸盐水泥;低温天气施工或有快速通车要求的路段可采用R型水泥,此外宜采用普通型水泥。

各交通等级路面水泥各龄期的抗折强度、抗压强度应符合表3-28要求。

表3-28 各交通等级路面水泥各龄期的抗折强度、抗压强度

交通等级	特重交通		重交通		中、轻交通	
龄期(d)	3	28	3	28	3	28
抗压强度(MPa),≥	25.5	57.5	22.0	52.5	16.0	42.5
抗折强度(MPa),≥	4.5	7.5	4.0	7.0	3.5	6.5

水泥进场时每批应附有化学成分、物理、力学指标合格的检验证明。各交通等级路面所使用水泥的化学成分、物理性能等路面所用品质要求应符合表3-29的规定。

表3-29　各交通等级路面所使用水泥的化学成分和物理指标

水泥性能	特重、重交通路面	中、轻交通路面
铝酸三钙	不宜＞7.0%	不宜＞9.0%
铁铝酸四钙	不宜＜15.0%	不宜＜12.0%
游离氧化钙	不得＞1.0%	不得＞1.5%
氧化镁	不得＞5.0%	不得＞6.0%
三氧化硫	不得＞3.5%	不得＞4.0%
碱含量	$Na_2O+0.658K_2O\leqslant 0.6\%$	有碱活性集料时，≤0.6%；无碱活性集料时，≤1.0%
混合材种类	不得掺窑灰、煤矸石、火山灰和黏土，有抗(盐)冻要求时不得掺石灰、石粉	不得掺窑灰、煤矸石、火山灰和黏土，有抗(盐)冻要求时不得掺石灰、石粉
出磨时安定性	雷氏夹或蒸煮法检验必须合格	蒸煮法检验必须合格
标准稠度需水量	不宜＞28%	不宜＞30%
烧失量	不得＞3.0%	不得＞5.0%
比表面积	宜为300～450 m^2/kg	宜为300～450 m^2/kg
细度(80 μm)	筛余量不得＞10%	筛余量不得＞10%
初凝时间	不早于1.5 h	不早于1.5 h
终凝时间	不迟于10 h	不迟于10 h
28 d干缩率	不得＞0.09%	不得＞0.10%
耐磨性	不得＞3.6 kg/m^2	不得＞3.6 kg/m^2

采用机械化铺筑时，宜选用散装水泥。散装水泥的夏季出厂温度：南方不宜高于65 ℃，北方不宜高于55 ℃；混凝土搅拌时的水泥温度：南方不宜高于60 ℃，北方不宜高于50 ℃，且不宜低于10 ℃。

当贫混凝土和碾压混凝土用作基层时，可使用各种硅酸盐类水泥。不掺用粉煤灰时，宜使用强度等级32.5级以下的水泥。掺用粉煤灰时，只能使用道路水泥、硅酸盐水泥、普通硅酸盐水泥。水泥的抗压强度、抗折强度、安定性和凝结时间必须检验合格。

2.2　粉煤灰及其他掺合料

混凝土路面在掺用粉煤灰时，应掺用Ⅰ、Ⅱ级干排或磨细粉煤灰，不得使用Ⅲ级粉煤灰。贫混凝土、碾压混凝土基层或复合式路面下面层应掺Ⅲ级或Ⅲ级以上粉煤灰，不得使用等外粉煤灰。

粉煤灰宜采用散装灰。

粉煤灰分级和质量指标如表3-30所示。

表 3-30 粉煤灰分级和质量指标

等级	细度（45μm 气流筛，筛余量）（%）	烧失量（%）	需水量比（%）	含水量（%）	Cl^-（%）	SO_3（%）	混合砂浆活性指数	
							7 d	28 d
Ⅰ	≤12	≤5	≤95	≤1.0	<0.02	≤3	≥75	≥85(75)
Ⅱ	≤20	≤8	≤105	≤1.0	<0.02	≤3	≥70	≥80(62)
Ⅲ	≤45	≤15	≤115	≤1.5	—	≤3	—	—

应确切了解所用水泥中已经加入的掺合料种类和数量。

路面混凝土中可使用硅灰或磨细矿渣，使用前应经过试配检验，确保路面和桥面混凝土弯拉强度、工作性、抗磨性、抗冻性等技术指标合格。

2.3 粗集料

粗集料应使用质地坚硬、耐久、洁净的碎石、碎卵石和卵石，并应符合表 3-31 的规定。

高速公路、一级公路、二级公路及有抗（盐）冻要求的三、四级公路混凝土路面使用的粗集料级别应不低于Ⅱ级，无抗（盐）冻要求的三、四级公路混凝土路面、碾压混凝土及贫混凝土基层可使用Ⅲ级粗集料。有抗（盐）冻要求时，Ⅰ级集料吸水率不应大于 1.0%，Ⅱ级集料吸水率不应大于 2.0%。

表 3-31 碎石、碎卵石和卵石技术指标

项目	技术要求		
	Ⅰ级	Ⅱ级	Ⅲ级
碎石压碎指标（%）	<10	<15	<20
卵石压碎指标（%）	<12	<14	<16
坚固性（按质量损失计，%）	<5	<8	<12
针片状颗粒含量（按质量，%）	<5	<15	<20
含泥量（按质量计，%）	<0.5	<1.0	<1.5
泥块含量（按质量计，%）	<0	<0.2	<0.5
有机物含量（比色法）	合格	合格	合格
硫化物及硫酸盐（按 SO_3 质量计）	<0.5	<1.0	<1.0
岩石抗压强度	火成岩不小于 100 MPa，变质岩不小于 80 MPa，水成岩不小于 60 MPa		
表观密度	>2 500 kg/m^3		
松散堆积密度	>1 350 kg/m^3		
空隙率	<47%		
碱－集料反应	经碱－集料反应试验后，试件无裂缝、酥裂、胶体外溢等现象，在规定试验龄期的膨胀率应小于 0.10%		

注：①Ⅲ级碎石的压碎指标，用作路面时，应小于 20%；用作下面层或基层时，可小于 25%。②Ⅲ级粗集料的针片状颗粒含量，用作路面时，应小于 20%；用作下面层或基层时，可小于 25%。

路面混凝土的粗集料不得使用不分级的统料，应按最大公称粒径的不同采用2~4个粒级的集料进行掺配，并应符合表3-32合成级配的要求。卵石最大公称粒径不宜大于19.0 mm，碎卵石最大公称粒径不宜大于26.5 mm，碎石最大公称粒径不应大于31.5 mm。贫混凝土基层粗集料最大公称粒径不应大于31.5 mm，钢纤维混凝土与碾压混凝土粗集料最大公称粒径不宜大于19.0 mm。碎卵石或碎石中粒径小于75 μm的石粉含量不宜大于1%。

表3-32 粗集料级配范围

级配类型	粒径(mm)	方孔筛尺寸(mm)							
		2.36	4.75	9.50	16.0	19.0	26.5	31.5	37.5
		累计筛余(以质量计)(%)							
合成级配	4.75~16	95~100	85~100	40~60	0~10				
	4.75~19	95~100	85~90	60~75	30~45	0~5	0		
	4.75~26.5	95~100	90~100	70~90	50~70	25~40	0~5	0	
	4.75~31.5	95~100	90~100	75~90	60~75	40~60	20~35	0~5	0
粒级	4.75~9.5	95~100	80~100	0~15	0				
	9.5~16		95~100	80~100	0~15	0			
	9.5~19		95~100	85~100	40~60	0~15	0		
	16~26.5			95~100	55~70	25~40	0~10	0	
	16~31.5			95~100	85~100	55~70	25~40	0~10	0

2.4 细集料

细集料采用质地坚硬、耐久、洁净的天然砂、机制砂或混合砂。

高速公路、一级公路、二级公路及有抗(盐)冻要求的三、四级公路混凝土路面使用的砂应不低于Ⅱ级，无抗(盐)冻要求的三、四级公路混凝土路面、碾压混凝土及贫混凝土基层可采用Ⅲ级砂。特重、重交通混凝土路面宜使用河砂，砂的硅质含量不应低于25%。

细集料技术指标如表3-33所示。

表3-33 细集料技术指标

项目	技术要求		
	Ⅰ级	Ⅱ级	Ⅲ级
机制砂单粒级最大压碎指标(%)	<20	<25	<30
氯化物(按氯离子质量计,%)	<0.01	<0.02	<0.06
坚固性(按质量损失计,%)	<6	<8	<10
云母(按质量计,%)	<1.0	<2.0	<2.0
天然砂、机制砂含泥量(按质量计,%)	<1.0	<2.0	<3.0[①]

续表 3-33

项目	技术要求		
	Ⅰ级	Ⅱ级	Ⅲ级
天然砂、机制砂泥块含量(按质量计,%)	<0	<1.0	<2.0
机制砂 pH 值<1.4 或合格石粉含量 (按质量计,%)	<3.0	<5.0	<7.0
机制砂 pH 值≥1.4 或不合格石粉含量(按质量计,%)	<1.0	<3.0	<5.0
有机物含量(比色法)	合格		
硫化物级硫酸盐(按 SO_3 质量计,%)	<0.5		
轻物质(按质量计,%)	<1.0		
机制砂母岩抗压强度	火成岩不应小于 100 MPa,变质岩不应小于 80 MPa,水成岩不应小于 60 MPa		
表观密度	>2 500 kg/m^3		
松散堆积密度	>1 350 kg/m^3		
空隙率	<47%		
碱 - 集料反应	经碱 - 集料反应试验后,由砂配制的试件无裂缝、酥裂、胶体外溢现象,在规定试验龄期的膨胀率应小于 0.10%		

注:①天然Ⅲ级砂用作路面时,含泥量应小于 3%;用作贫混凝土基层时,可小于 5%。

路面用天然砂宜为中砂,也可使用细度模数为 2.0 ~ 3.5 的砂。同一配合比用砂的细度模数变化范围不应超过 0.3;否则应分别堆放,并调整配合比中的砂率后使用。细集料级配范围应符合表 3-34 的规定。

表 3-34　细集料级配范围

砂分级	方孔筛尺寸(mm)					
	0.15	0.30	0.60	1.18	2.36	4.75
	累计筛余(以质量计)(%)					
粗砂	90 ~ 100	80 ~ 95	71 ~ 85	35 ~ 65	5 ~ 35	0 ~ 10
中砂	90 ~ 100	70 ~ 92	41 ~ 70	10 ~ 50	0 ~ 25	0 ~ 10
细砂	90 ~ 100	55 ~ 85	16 ~ 40	0 ~ 25	0 ~ 15	0 ~ 10

路面混凝土所使用的机制砂除应符合表 3-33 和表 3-34 规定外,还应检验砂浆磨光值,其值宜大于 35,不宜使用抗磨性较差的泥岩、页岩、板岩等水成岩类母岩品种生产机制砂。配制机制砂混凝土应同时掺引气高效减水剂。

在河砂资源紧缺的沿海地区,二级和二级以下公路混凝土路面和基层可使用淡化海砂,缩缝设传力杆混凝土路面不宜使用淡化海砂;钢筋混凝土及钢纤维混凝土路面不得使用淡化海砂。

2.5 水

饮用水可直接作为混凝土搅拌和养生用水。对水质有疑问时，经化验符合规定后可使用。

2.6 外加剂

引气剂应选用表面张力降低值大、水泥稀浆中起泡容量多而细密、泡沫稳定时间长、不溶残渣少的产品。有抗冰(盐)冻要求的地区，各交通等级路面、桥面、路缘石、路肩及贫混凝土基层必须使用引气剂；无抗冰(盐)冻要求地区，二级及二级以上公路路面混凝土中应使用引气剂。

各交通等级路面、桥面混凝土宜选用减水率大、坍落度损失小、可调控凝结时间的复合型减水剂。高温施工宜使用引气缓凝(保塑、高效)减水剂；低温施工宜使用引气早强(高效)减水剂。选定减水剂品种前，必须与所用的水泥进行适应性检验。

处在海水、海风、氯离子、硫酸根离子环境的或冬季洒除冰盐的路面或桥面钢筋混凝土、钢纤维混凝土中宜掺阻锈剂。

2.7 钢筋

各交通等级混凝土路面、桥面和搭板所用钢筋应顺直，不得有裂纹、断伤、刻痕、表面油污和锈蚀。传力杆钢筋加工应锯断，不得挤压切断；断口应垂直、光圆，用砂轮打磨掉毛刺，并加工成2~3 mm圆倒角。

2.8 钢纤维

钢纤维是指用钢材制成的、能乱向均匀分布于混凝土中的短纤维，包括普通碳钢纤维、不锈钢纤维等。用于公路混凝土路面和桥面的钢纤维应满足《公路水泥混凝土路面施工技术规范》(JTG F30—2003)、《纤维混凝土应用技术规程》(JGJ/T 221—2010)等规范、规程的规定。

(1)单丝钢纤维抗拉强度不宜小于600 MPa。

(2)钢纤维长度应与混凝土粗集料最大公称粒径相匹配，最小长度宜大于粗集料最大公称粒径的1/3；最大长度宜大于粗集料最大公称粒径的2倍；钢纤维长度与标称值的偏差不应超过±10%。

(3)宜使用防锈蚀处理、有锚固端的钢纤维，不得使用表面磨损前后裸露尖端导致行车不安全的钢纤维，不宜使用搅拌易成团的钢纤维。

2.9 接缝材料

胀缝板应选用能适应混凝土面板膨胀和收缩、施工时不变形、弹性复原率高、耐久性好的。高速公路、一级公路宜采用塑胶、橡胶泡沫板或沥青纤维板。

填缝材料应具有与混凝土板壁黏结牢固、回弹性好、不溶于水、不渗水，高温时不挤出、不流淌、抗嵌入能力强、耐老化龟裂，负温拉伸量大，低温时不脆裂、耐久性好等性能。填缝料有常温施工式和加热施工式两种。常温施工式填缝料主要有聚(氨)酯、硅树脂类、氯丁橡胶、沥青橡胶类等。加热施工式填缝料主要有沥青玛琋脂类、聚氯乙烯胶泥类、改性沥青类等。高速公路、一级公路应优先使用树脂类、橡胶类或改性沥青类填缝料，并宜在填缝料中加入耐老化剂。

填缝时应使用背衬垫条控制填缝形状系数。背衬垫条应具有良好的弹性、柔韧性、不吸水、耐酸碱腐蚀和高温不软化等性能。背衬垫条的材料有聚氨酯、橡胶或微孔泡沫塑料等,其形状应为圆柱形,直径应比接缝宽度大 2 ~5 mm。

2.10 其他材料

在水泥混凝土路面中,使用的其他材料包括:

(1)用于做防裂层及修补基层裂缝的油毡、玻纤网和土工织物。

(2)传力杆套(管)帽、沥青及塑料薄膜。

(3)用于滑模摊铺传力杆自动插入装置(DBI)、缩缝传力杆塑料套管。

(4)用于胀缝传力杆端部的镀锌管或塑料管套帽。

(5)用于滑动封层的石油沥青、改性沥青和乳化沥青。

(6)用于滑动封层的软聚氯乙烯吹塑或压延塑料薄膜。

(7)用于混凝土路面养生的养生剂。

3 水泥混凝土路面施工基本程序

3.1 施工准备

3.1.1 施工机械选择

根据公路等级的不同,混凝土路面的施工宜符合表 3-35 的机械装备要求。

表 3-35 与公路等级相适应的机械装备

摊铺机械装备	高速公路	一级公路	二级公路	三级公路	四级公路
滑模摊铺机	√	√	√		○
轨道摊铺机	▲	√	√	√	○
三辊轴机组	○	▲	√	√	√
小型机具	×	○	▲	√	√
碾压混凝土机械		○	√	√	▲
计算机自动控制强制搅拌楼(站)	√	√	√	▲	○
强制搅拌楼(站)	×	○	▲	√	√

注:符号含义:√应使用,▲有条件使用,○不宜使用,×不得使用。

3.1.2 施工测量

施工单位应根据设计文件,测量校核平面控制桩和高程控制桩,复测和恢复路面中心、边缘全部基本标桩,测量精度应满足规定。

3.1.3 搅拌场设置

搅拌场宜设置在摊铺路段的中间位置。搅拌场内部布置应满足原材料储运、混凝土运输、供水、供电、钢筋加工等使用要求,并尽量紧凑,减少占地。

为确保拌和物质量,各等级公路均不得使用体积计量、小型自落滚筒式搅拌机,严禁使用人工控制加水量。

3.2 水泥混凝土路面施工技术

3.2.1 模板及其架设与拆除

施工模板应采用刚度足够的槽钢、轨模或钢制边侧模板,不应使用木模板、塑料模板等易变形模板。

支模前在基层上应进行模板安装及摊铺位置的测量放样，核对路面标高、面板分板、胀缝和构造物位置。

纵横曲线路段应采用短模板，每块横板中点应安装在曲线切点上。

模板安装应稳固、平顺、无扭曲，应能承受摊铺、振实、整平设备的负载行进，冲击和振动时不发生位移。

模板与混凝土拌和物接触表面应涂脱模剂。

模板拆除应在混凝土抗压强度不小于8.0 MPa时方可进行。

3.2.2　混凝土拌和物搅拌

3.2.2.1　搅拌楼标定

每台搅拌楼在投入生产前，必须进行标定和试拌。在标定有效期满或搅拌楼搬迁安装后，均应重新标定。施工中应每15 d校验一次搅拌楼计量精确度。采用计算机自动控制系统的搅拌楼时，应使用自动配料生产，并按需要打印每天(周、旬、月)对应路面摊铺桩号的混凝土配料统计数据及偏差。

3.2.2.2　拌和时间

应根据拌和物的黏聚性、均质性及强度稳定性试拌确定最佳拌和时间。一般情况下，单立轴式搅拌机总拌和时间宜为80～120 s，全部原材料到齐后的最短纯拌和时间不宜短于40 s；行星立轴和双卧轴式搅拌机总拌和时间为60～90 s，最短纯拌和时间不宜短于35 s；连续双卧轴搅拌楼的最短拌和时间不宜短于40 s。最长总拌和时间不应超过高限值的2倍。

3.2.2.3　材料拌和要求

拌和过程中，不得使用沥水、夹冰雪、表面沾染尘土和局部暴晒过热的砂石料。

外加剂应以稀释溶液加入，其稀释用水和原液中的水量，应从拌和加水量中扣除。使用间歇搅拌楼时，外加剂溶液浓度应根据外加剂掺量、每盘外加剂溶液筒的容量和水泥用量计算得出。连续式搅拌楼应按流量比例控制加入外加剂。加入搅拌锅的外加剂溶液应充分溶解，并搅拌均匀。有沉淀的外加剂溶液，应每天清除一次稀释池中的沉淀物。

拌和引气混凝土时，搅拌楼一次拌和量不应大于其额定搅拌量的90%。纯拌和时间应控制在含气量最大或较大时。

粉煤灰或其他掺合料应采用与水泥相同的输送、计量方式加入。粉煤灰混凝土的纯拌和时间应比不掺的延长10～15 s。当同时掺用引气剂时，宜通过试验适当增大引气剂的掺量，以达到规定含气量。

3.2.2.4　拌和温度

低温或高温天气施工时，拌和物出料温度宜控制在10～35 ℃，并应测定原材料温度、拌和物的温度、坍落度损失率和凝结时间等。

3.2.3　混凝土拌和物的运输

应根据施工进度、运量、运距及路况，选配车型和车辆总数。总运力应比总拌和能力略有富余。确保新拌混凝土在规定时间内运到摊铺现场。

运输到现场的拌和物必须具有适宜摊铺的工作性。不同摊铺工艺的混凝土拌和物从搅拌机出料到运输、铺筑完毕的允许最长时间应符合表3-36的规定。不满足时应通过试验、加大缓凝剂或保塑剂的剂量。

表3-36 混凝土拌和物出料到运输、铺筑完毕的允许最长时间

施工气温(℃)	到运输完毕允许最长时间(h)		到铺筑完毕允许最长时间(h)	
	滑模、轨道	三辊轴机组、小机具	滑模、轨道	三辊轴机组、小机具
5~9	2.0	1.5	2.5	2.0
10~19	1.5	1.0	2.0	1.5
20~29	1.0	0.75	1.5	1.25
30~35	0.75	0.50	1.25	1.0

注:施工气温指施工时间的日间平均气温,使用缓凝剂延长凝结时间后,本表数值可增加0.25~0.5 h。

运送混凝土的车辆装料前,应清净厢罐,洒水润壁,排干积水。装料时,运料车应挪动车位,防止离析。搅拌楼卸料落差不应大于2 m。

混凝土运输过程中应防止漏浆、漏料和污染路面,途中不得随意耽搁。运料车运输应减小颠簸,防止拌和物离析。车辆起步和停车应平稳。

超过表3-36规定摊铺允许最长时间的混凝土不得用于路面摊铺。混凝土一旦在车内停留超过初凝时间,应采取紧急措施处置,严禁混凝土硬化在车厢(罐)内。

烈日、大风、雨天和低温天远距离运输时,运料车应遮盖混凝土,罐车宜加保温隔热套。

使用运料车运输混凝土最远运输半径不宜超过20 km。

运输车辆在模板或导线区调头或错车时,严禁碰撞模板或基准线,一旦碰撞,应告知测工重新测量纠偏。

车辆倒车及卸料时,应由专人指挥。卸料应到位,严禁碰撞摊铺机和前场施工设备及测量仪器。卸料完毕,车辆应迅速离开。

3.2.4 混凝土面层铺筑

水泥混凝土面层铺筑方法有小型机具铺筑、滑模机械铺筑、轨道摊铺机铺筑、三辊轴机组铺筑和碾压混凝土等。这些铺筑方式中,滑模摊铺、轨道摊铺和碾压混凝土均为技术层次、装备水平和施工要求高的水泥路面铺筑方式。

3.2.5 接缝施工

为避免温度变化引起水泥混凝土路面的变形,致使板内产生过大的应力,造成板的断裂或拱胀等破坏,水泥混凝土路面设置有横缝和纵缝,把整个路面分割成许多板块,如图3-29所示。

水泥混凝土路面的横缝包括施工缝、缩缝和胀缝三种形式,纵缝包括施工缝和缩缝两种形式。

3.2.5.1 横缝施工

(1)横向缩缝施工。为避免板因温度和湿度的降低而收缩时沿薄弱断面缩裂,防止产生不规则的裂缝,普通混凝土路面宜等间距布置横向缩缝。横向缩缝不宜采用斜缝。

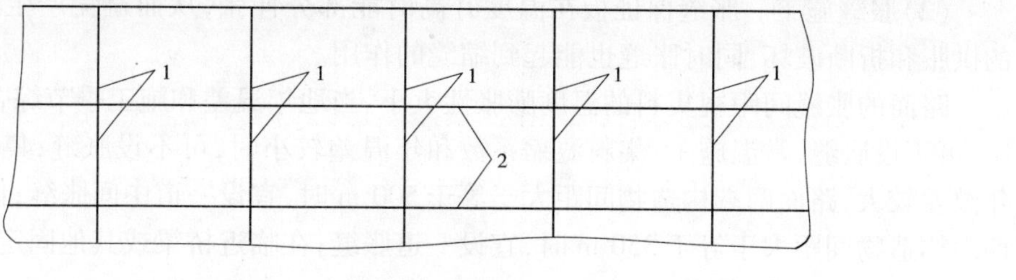

1—横缝;2—纵缝

图 3-29　路面接缝设置

不得不调整板长时,最大板长不宜大于 6.0 m,最小板长不宜小于板宽。

在中、轻交通的混凝土路面上,横向缩缝可采用不设传力杆假缝型,如图 3-30(a)所示。在特重和重交通公路、收费广场、邻近胀缝或路面自由端的 3 条缩缝应采用假缝加传力杆型。缩缝传力杆的施工方法可采用前置钢筋支架法或传力杆插入装置(DBI)法,支架法的构造见图 3-30(b)。钢筋支架应具有足够的刚度,传力杆应准确定位,摊铺之前应在基层表面放样,并用钢钎锚固,宜使用手持振捣棒振实传力杆高度以下的混凝土,然后机械摊铺。传力杆无防粘涂层一侧应焊接,有涂料一侧应绑扎。用 DBI 法置入传力杆时,应在路侧缩缝切割位置作标记,保证切缝位于传力杆中部。

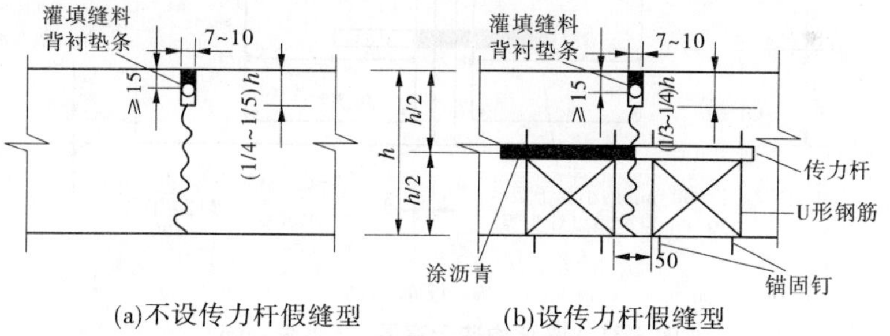

h—板厚

图 3-30　横向缩缝构造　(单位:mm)

横向缩缝的切缝方式有全部硬切缝、软硬结合切缝和全部软切缝三种,切缝方式的选用,应由施工期间该地区路面摊铺完毕到切缝时的昼夜温差确定,宜参照表 3-37 选用。

表 3-37　根据施工气温所推荐的切缝方式

昼夜温差(℃)	切缝方式	缩缝切深
<10	最长时间不得超过 24 h	硬切缝 1/4 ~ 1/5 板厚
10 ~ 15	软硬结合切缝,每隔 1 ~ 2 条提前软切缝,其余用硬切缝补切	软切深度不应小于 60 mm;不足者应硬切补深到 1/3 板厚,已断开的缝不补切
>15	宜全部软切缝,抗压强度为 1 ~ 1.5 MPa,人可行走。软切缝不宜超过 6 h	切缝深大于等于 60 mm,未断开的接缝,应硬切补深到不小于 1/4 板厚

注:降雨后刮风引起路面温度骤降,面板温差在表中规定范围内,应按表中方法,提早切缝。

(2)胀缝施工。胀缝保证板在温度升高时能部分伸张,从而避免产生路面板在热天的拱胀和折断破坏,同时胀缝也能起到缩缝的作用。

路面的胀缝间距视集料的温度膨胀性大小、当地年温差和施工季节综合确定:高温施工,可不设胀缝;常温施工,集料温缩系数和年温差较小时,可不设胀缝;集料温缩系数或年温差较大,路面两端构造物间距大于等于500 m时,宜设一道中间胀缝;低温施工,路面两端构造物间距大于等于350 m时,宜设一道胀缝;在临近桥梁或其他固定构造物或与其他道路相交处应设置胀缝。

普通混凝土路面的胀缝应设置胀缝补强钢筋支架、胀缝板和传力杆,胀缝构造如图3-31所示。钢筋混凝土和钢纤维混凝土路面可不设钢筋支架。胀缝宽20～25 mm,使用沥青或塑料薄膜滑动封闭层时,胀缝板及填缝宽度宜加宽到25～30 mm。传力杆一半以上长度的表面应涂防粘涂层,端部应戴活动套帽。胀缝板应与路中心线垂直,缝壁垂直;缝隙宽度一致;缝中完全不连浆。

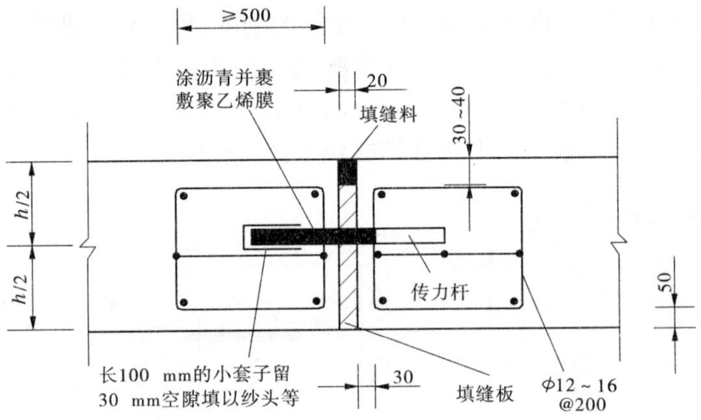

h—板厚

图3-31　胀缝构造示意图　(单位:mm)

胀缝应采用前置钢筋支架法施工,也可采用预留一块面板,高温时再铺封。前置法施工,应预先加工、安装和固定胀缝钢筋支架,并在使用手持振捣棒振实胀缝板两侧的混凝土后再摊铺。宜在混凝土未硬化时,剔除胀缝板上部的混凝土,嵌入(20～25)mm×20 mm的木条,整平表面。胀缝应连续贯通整个路面板宽度。

(3)横向施工缝施工。因施工不连续,每天摊铺结束或摊铺中断时间超过30 min时,应设置横向施工缝。

横向施工缝应与路中心线垂直,其位置宜与胀缝或缩缝重合。施工缝在缩缝处采用平缝加传力杆型,见图3-32(a);确有困难不能与缩缝或胀缝重合时,施工缝应采用设螺纹传力杆的企口缝形式,见图3-32(b);在胀缝处其构造与胀缝相同,见图3-31。

3.2.5.2　纵缝施工

纵缝是平行于行车方向的接缝,用来控制路面板因翘曲应力与荷载应力共同作用下产生不规则的纵向裂缝。

(1)纵向施工缝施工。当一次铺筑宽度小于路面和硬路肩总宽度时,应设纵向施工

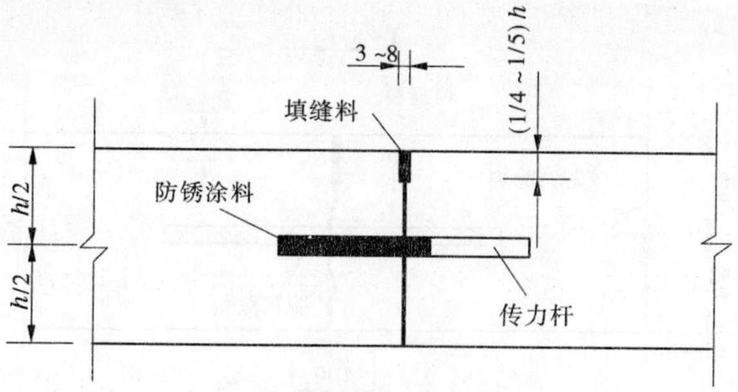

(a)设传力杆平缝型

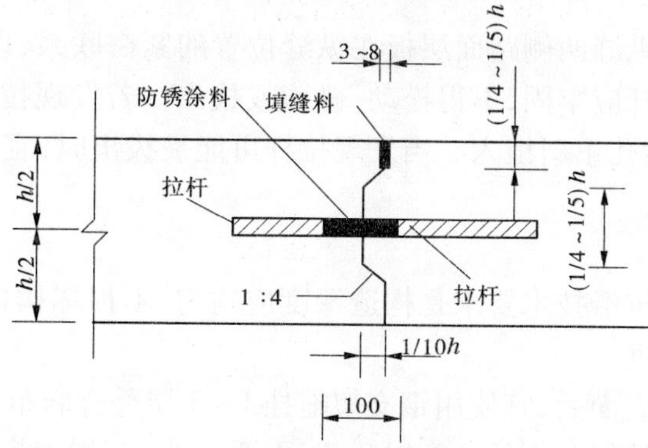

(b)设拉杆企口缝型

图 3-32　横向施工缝构造　(单位:mm)

缝,位置应避开轮迹,并重合或靠近车道线,构造可采用平缝加拉杆型,如图 3-33 所示。

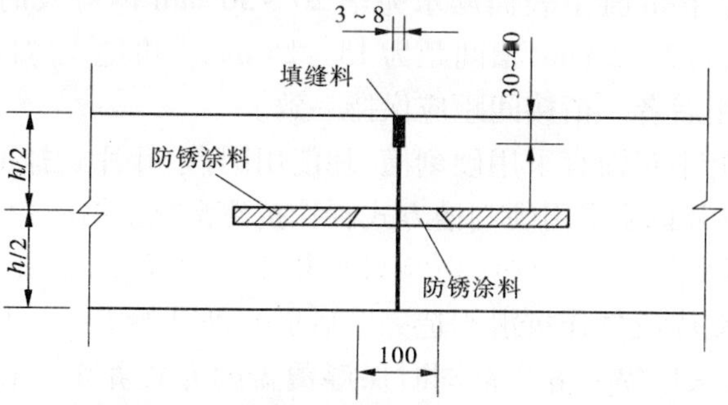

图 3-33　纵向施工缝构造　(单位:mm)

当所摊铺的面板厚度大于等于 260 mm 时,也可采用插拉杆的企口型纵向施工缝。采用滑模施工时,纵向施工缝的拉杆可用摊铺机的侧向拉杆装置插入。采用固定模板施工方式时,应在振实过程中,从侧模预留孔中手工插入拉杆。

(2)纵向缩缝施工。当一次摊铺宽度大于 4.5 m 时,应采用假缝拉杆型纵缝,即锯切纵向缩缝,纵缝位置应按车道宽度设置,并在摊铺过程中用专用的拉杆插入装置插入拉杆,如图 3-34 所示。钢筋混凝土路面、桥面和搭板的纵缝拉杆可由横向钢筋延伸穿过接缝代替。

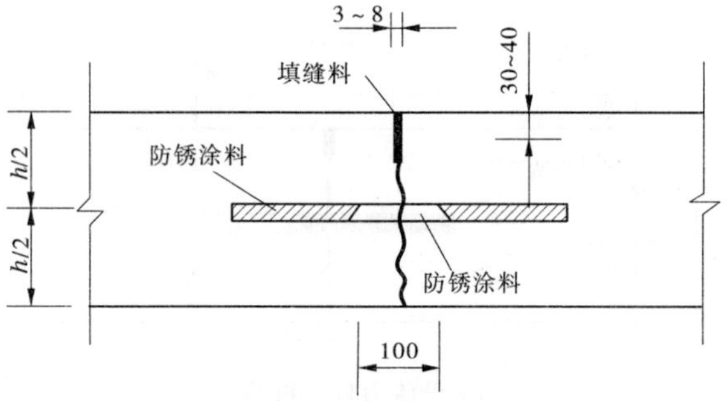

图 3-34　纵向缩缝构造　（单位：mm）

拉杆的作用是保证纵缝两侧路面层板在纵缝位置的紧密联系，以免沿路拱横坡向两侧滑动。插入的侧向拉杆应牢固，不得松动、碰撞或拔出。若发现拉杆松脱或漏插，应在横向相邻路面摊铺前，钻孔重新植入。当发现拉杆可能被拔出时，宜进行拉杆拔出力（握裹力）检验。

3.2.6　抗滑构造施工

混凝土面层的表面抗滑技术要求是构造深度应均匀，不损坏构造边棱，耐磨抗冻，不影响路面和桥面的平整度。

摊铺完毕或精整平表面后，宜使用钢支架拖挂 1～3 层叠合麻布、帆布或棉布，洒水湿润后做拉毛处理。布片接触路面的长度以 0.7～1.5 m 为宜，细度模数偏大的粗砂，拖行长度取小值；砂较细，取大值。人工修整表面时，宜使用木抹。用钢抹修整过的光面，必须再拉毛处理，以恢复细观抗滑构造。

当日施工进度超过 500 m 时，抗滑沟槽制作宜选用拉毛机械施工，没有拉毛机械时，可采用人工拉槽方式。在混凝土表面泌水完毕 20～30 min 内应及时进行拉槽。拉槽深度应为 2～4 mm，槽宽为 3～5 mm，槽间距为 15～25 mm。可施工等间距或非等间距抗滑槽，为减小噪声，宜使用后者。衔接间距应保持一致。

特重和重交通混凝土路面宜采用硬刻槽，凡使用圆盘、叶片式抹面机精平后的混凝土路面、钢纤维混凝土路面必须采用硬刻槽方式制作抗滑沟槽。

3.2.7　混凝土路面养生

混凝土路面铺筑完成或软作抗滑构造完毕后应立即开始养生。机械摊铺的各种混凝土路面、桥面及搭板宜采用喷洒养生剂同时保湿覆盖的方式养生。在雨天或养生用水充足的情况下，也可采用覆盖洒水湿养生方式，不宜使用围水养生方式。

3.2.7.1　喷洒养生剂养生

混凝土路面采用喷洒养生剂养生时，喷洒应均匀、成膜厚度应足以形成完全密闭水分的薄膜，喷洒后的表面不得有颜色差异。喷洒时间宜在表面混凝土泌水完毕后进行。当喷洒一种养生剂达不到 90% 以上有效保水率要求时，可采用两种养生剂各喷洒一层或喷一层养生剂再加覆盖的方法。

3.2.7.2　覆盖塑料薄膜养生

养生的初始时间，以不压坏细观抗滑构造为准。薄膜厚度（韧度）应合适，宽度应大于覆盖面600 mm。两条薄膜对接时，搭接宽度不应小于400 mm，养生期间应始终保持薄膜完整盖满。

3.2.7.3 覆盖洒水养生

宜使用保湿膜、土工毡、土工布、麻袋、草袋、草帘等覆盖物保湿养生并及时洒水，保持混凝土表面始终处于潮湿状态，并由此确定每天的洒水遍数。

昼夜温差大于10 ℃的地区或日平均温度小于等于5 ℃施工的混凝土路面应采取保温保湿养生措施。

3.2.7.4 养生时间

养生时间应根据混凝土弯拉强度增长情况而定，不宜小于设计弯拉强度的80%，应特别注重前7 d的保湿(温)养生。一般养生天数宜为14~21 d，高温天不宜少于14 d，低温天不宜少于21 d。掺粉煤灰的混凝土路面，最短养生时间不宜少于28 d，低温天应适当延长。

混凝土板养生初期，严禁人、畜、车辆通行，在达到设计强度40%后，行人方可通行。在路面养生期间，平交道口应搭建临时便桥。面板达到设计弯拉强度后，方可开放交通。

3.2.8 灌缝

混凝土板养生期满后，应及时灌缝。填缝料有常温类(如聚氨酯和硅树脂)和加热施工类(如沥青橡胶类、沥青玛琋脂类)。

灌缝前应先采用切缝机清除接缝中夹杂的砂石、凝结的泥浆等，再使用压力水和压缩空气彻底清除接缝中的尘土及其他污染物，以确保缝壁及内部清洁、干燥。

灌缝的形状系数宜控制在2左右，灌缝深度宜为15~20 mm，最浅不得小于15 mm。先挤压嵌入直径9~12 mm多孔泡沫塑料背衬条，再灌缝。灌缝顶面热天应与板面齐平；冷天应填为凹液面，中心低于板面1~2 mm。填缝必须饱满、均匀、厚度一致并连续贯通，填缝料不得缺失、开裂和渗水。

常温施工式填缝料的养生期，低温天宜为24 h，高温天宜为12 h。加热施工式填缝料的养生期，低温天宜为2 h，高温天宜为6 h。在灌缝料养生期间应封闭交通。

4 水泥混凝土路面的铺筑技术

水泥混凝土路面摊铺是将符合路面材料规范和摊铺要求的水泥混凝土均匀地摊铺在已修好的基层上，经振实、抹平等连续作业程序，铺筑成符合路面标准要求的水泥混凝土面层。根据摊铺设备的不同，水泥混凝土面层铺筑的方法有小型机具铺筑、轨道摊铺机铺筑、滑模机械铺筑、三辊轴机组铺筑和碾压混凝土铺筑等。

4.1 小型机具铺筑

小型机具施工是采用固定模板，人工布料，手持振捣棒、振动板或振捣梁振实，棍杠、修整尺、抹刀整平的混凝土路面施工工艺。小型机具施工是传统的水泥混凝土路面施工方式，施工技术简单成熟，施工便捷，不需要大型设备，主要靠人工。一般用于三、四级公路，等外公路，村镇内道路及广场建设中。

小型机具铺筑的施工程序为：安装模板、制作接缝、安放钢筋、混凝土的拌和与运输、混凝土摊铺与振实、整修表面与防滑、拆模、接缝施工、混凝土养生与填缝。

4.1.1 机具选择

小型机具性能应稳定可靠，操作简易，维修方便，机具配套应与工程规模、施工进度相适应。

选配的成套机械、机具应符合表3-38的要求。

表3-38　小型机具施工配套机械、机具配置

工作内容	主要施工机械、机具	
	机械、机具名称及规格	数量与生产能力
钢筋加工	钢筋锯断机、折弯机、电焊机	根据需要定规格和数量
测量	水准仪、经纬仪	根据需要定规格和数量
架设模板	与路面厚度等高，3 m长槽钢模板、固定钢钎	数量不少于3 d摊铺用量
搅拌	强制式搅拌楼，单车道≥25 m^3/h，双车道≥50 m^3/h	总搅拌生产能力及搅拌楼数量，根据施工规模和进度由计算确定
	装载机	2～3 m^3
	发电机	≥120 kW
	供水泵和蓄水池	单车道≥100 m^3，双车道≥200 m^3
运输	5～10 t自卸汽车	数量由匹配计算确定
振实	手持振捣棒，功率≥1.1 kW	每2 m宽路面不少于1根
	平板振动器，功率≥2.2 kW	每车道路面不少于1个
	振捣整平梁，刚度足够，2个振动器功率≥1.1 kW	每车道路面不少于1个振动器 每车道路面不少于1根振动梁
	现场发电机功率≥30 kW	不少于2台
提浆整平	提浆滚杠直径15～20 mm，表面光滑，无缝钢管，壁厚≥3 mm	长度适应铺筑宽度，一次摊铺单车道路面1根，双车道路面2根
	叶片式或圆盘式抹面机	每车道路面不少于1台
	3 m刮尺	每车道路面不少于1根
	手工抹刀	每米宽路面不少于1把
真空脱水	真空脱水机有效抽速≥15 L/s	每车道路面不少于1台
	真空吸垫尺寸不小于1块板	每台吸水机应配3块吸垫
抗滑构造	工作桥	不少于3个
	人工拉毛齿耙、压槽器	根据需要定数量
切缝	软锯缝机	根据需要定数量
	手推锯缝机	根据进度定数量
磨平	水磨石磨机	需要处理欠平整部位时
灌缝	灌缝机具	根据需要定规格和数量
养生	洒水车4.5～8.0 t	按需要定数量
	压力式喷洒机或喷雾器	根据需要定规格和数量
	工地运输车4～6 t	按需要定数量

4.1.2 摊铺、振实与整平

4.1.2.1 摊铺

混凝土拌和物摊铺前，应对模板的位置及支撑稳固情况，传力杆、拉杆的安设等进行全面检查。修复破损基层，并洒水润湿。用厚度标尺板全面检测板厚与设计值相符合，方可开始摊铺。

人工布料应用铁锹反扣，严禁抛掷和耧耙。人工摊铺混凝土拌和物的坍落度应控制为5～20 mm，拌和物松铺系数宜控制为1.10～1.25，料偏干时，取较高值；反之，取较低值。

因故造成1 h以上停工或达到2/3初凝时间，致使拌和物无法振实时，应在已铺筑好的面板端头设置施工缝，废弃不能被振实的拌和物。

4.1.2.2 振实

1）插入式振捣棒振实

在待振横断面上，每车道路面应使用2根振捣棒，组成横向振捣棒组，沿横断面连续振捣密实，并应注意路面板底、内部和边角处不得欠振或漏振。

振捣棒在每一处的持续时间，应以拌和物全面振动液化，表面不再冒气泡和泛水泥浆为限，不宜过振，也不宜少于30 s。振捣棒的移动间距不宜大于500 mm，至模板边缘的距离不宜大于200 mm。应避免碰撞模板、钢筋、传力杆和拉杆。

振捣棒插入深度宜离基层30～50 mm，振捣棒应轻插慢提，不得猛插快拔，严禁在拌和物中推行和拖拉振捣棒振捣。

振捣时，应辅以人工补料，应随时检查振实效果、模板、拉杆、传力杆和钢筋网的移位、变形、松动、漏浆等情况，并及时纠正。

2）振动板振实

在振捣棒已完成振实的部位，用振动板纵横交错两遍全面提浆振实，每车道路面应配备1块振动板。

振动板移位时，应重叠100～200 mm，振动板在一个位置的持续振捣时间不应少于15 s。振动板需由两人提拉振捣和移位，不得自由放置或长时间持续振动。移位控制以振动板底部和边缘泛浆厚度(3±1)mm为限。

缺料的部位，应辅以人工补料找平。

3）振动梁振实

每车道路面宜使用1根振动梁。振动梁应具有足够的刚度和质量，底部应焊接或安装深度4mm左右的粗集料压实齿，以保证(4±1)mm的表面砂浆厚度。

振动梁应垂直路面中线沿纵向拖行，往返2～3遍，使表面泛浆均匀平整。在振动梁拖振整平过程中，缺料处应使用混凝土拌和物填补，不得用纯砂浆填补；料多的部位应铲除。

4.1.2.3 整平饰面

每车道路面应配备1根滚杠（双车道2根）。振动梁振实后，应拖动滚杠往返2～3遍提浆整平。第一遍应短距离缓慢推滚或拖滚，以后应较长距离匀速拖滚，并将水泥浆始终赶在滚杠前方。多余水泥浆应铲除。

拖滚后的表面宜采用 3 m 刮尺，纵横各 1 遍整平饰面，或采用叶片式或圆盘式抹面机往返 2 ~ 3 遍压实整平饰面。抹面机配备每车道路面不宜少于 1 台。

在抹面机完成作业后，应进行清边整缝，清除粘浆，修补缺边、掉角。应使用抹刀将抹面机留下的痕迹抹平，当烈日暴晒或风大时，应加快表面的修整速度，或在防雨篷遮荫下进行。精平饰面后的面板表面应无抹面印痕，致密均匀，无露骨，平整度应达到规定要求。

4.1.3 真空脱水作业

小型机具铺筑三、四级公路混凝土路面，应优先采用在拌和物中掺外加剂，无掺外加剂条件时，应使用真空脱水工艺，该工艺适用于面板厚度不大于 240 mm 的混凝土面板施工。

真空脱水后，应采用振动梁、滚杠或叶片、圆盘式抹面机重新压实精平 1 ~ 2 遍。

真空脱水整平后的路面，应采用硬刻槽方式制作抗滑构造。

4.2 轨道摊铺机铺筑

轨道摊铺机可用于高等级公路及一般公路水泥混凝土面层的铺筑。从水泥混凝土路面大型机械化施工技术的发展看，轨道摊铺机铺筑方式有被滑模摊铺机取代的明显趋势，凡是可使用轨道摊铺机的场合，均可使用滑模摊铺机。

4.2.1 机械选型与配套

轨道摊铺机的选型根据路面车道数或设计宽度可选用单车道轨道摊铺机、双车道轨道摊铺机和三车道轨道摊铺机。最小摊铺宽度不得小于单车道 3.75 m。

轨道摊铺机采用固定轨道和固定模板，靠固定在摊铺基层上的轨道模板来控制摊铺厚度和平整度进行摊铺作业。优点是结构简单、价格低、可靠性好，易于维修，操作容易，可以倒车反复做路面，对混合料的要求相对较低；缺点是施工需要大量的钢轨和模板，轨道模板过重，劳动强度大、自动化程度低，施工速度和施工质量相对较低。

4.2.2 铺筑作业

4.2.2.1 布料

使用轨道摊铺机前部配备的螺旋布料器或可上下左右移动的刮板布料时，料堆不得过高、过大，亦不得缺料。可使用挖掘机、装载机或人工辅助布料。

4.2.2.2 振实作业

轨道摊铺机应配备振捣棒组，振捣方式有斜插连续拖行及间歇垂直插入两种。当面板厚度超过 150 mm、坍落度小于 30 mm 时，必须插入振捣；连续拖行振捣时，宜将作业速度控制为 5 ~ 1.0 m/min，并随着坍落度的大小而增减。间歇振捣时，当一处混凝土振捣密实后，将振捣棒组缓慢拔出，再移动到下一处振实，移动距离不宜大于 500 mm。

轨道摊铺机应配备振动板或振动梁对混凝土表面进行振捣和修整。经振捣棒组振实的混凝土，宜使用振动板振动提浆，并密实饰面。

4.2.2.3 整平饰面

往复式整平滚筒前的混凝土堆积物，使之涌向横坡高的一侧，以保证路面横坡高端有足够的料找平。

应及时清理因整平推挤到路面边缘的余料，以保证整平精度和整平机械在轨道上的作业行驶。

轨道摊铺机上宜配备纵向或斜向抹平板。纵向抹平板随轨道摊铺机作业行进可左右贴表面滑动并完成表面修整;斜向抹平板作业时,抹平板沿斜向左右滑动,同时随机身行进,完成表面修整。

4.3　滑模机械铺筑

采用滑模摊铺机铺筑混凝土路面,不需架设边缘固定模板,能够一次完成布料摊铺、振捣密实、挤压成形、抹面修饰等混凝土路面摊铺功能,是我国在高等级公路水泥混凝土路面施工中广泛采用的工程质量最高、施工速度最快、装备最现代化的高新技术。

4.3.1　机械配备

滑模摊铺机械化程度高,施工工艺复杂,其机械配套原则是:按工艺要求配齐,缺一不可,生产稳定可靠,故障率低。

滑模摊铺机有单车道、双车道、三车道及路缘石等类型,高速公路、一级公路施工,宜选配能一次摊铺2~3个车道宽度(7.5~12.5 m)的滑模摊铺机;二级和二级以下公路路面的最小摊铺宽度不得小于单车道设计宽度。硬路肩的摊铺宜选配中、小型多功能滑模摊铺机,并宜连体一次摊铺路缘石。

滑模摊铺路面时,可配备1台挖掘机或装载机辅助布料。

可采用拉毛养生机或人工软拉槽制作抗滑沟槽。工程规模大、日摊铺进度快时,宜采用拉毛养生机。高速公路、一级公路宜采用刻槽机进行硬刻槽,其刻槽作业宽度不宜小于500 mm,所配备的硬刻槽机数量及刻槽能力应与滑模摊铺进度相匹配。

滑模摊铺混凝土路面的切缝,可使用软锯缝机、支架式硬锯缝机和普通锯缝机。配备的锯缝机数量及切缝能力应与滑模摊铺进度相适应。

搅拌楼容量应满足摊铺机施工速度1 m/min的要求。

滑模摊铺系统机械配套宜符合表3-39的要求。

表3-39　滑模摊铺机施工主要机械和机具配套

工作内容	主要施工机械设备	
	名称	机型及规格
钢筋加工	钢筋锯断机、折弯机、电焊机	根据需要定规格和数量
测量 基准线	水准仪、经纬仪、全站仪	根据需要定规格和数量
	基准线、线桩及紧线器	300个桩、5个紧线器、3 000 m基准线
搅拌	强制式搅拌楼	≥50 m^3/h,数量由计算确定
	装载机	2~3 m^3
	发电机	≥120 kW
	供水泵和蓄水池	≥250 m^3
运输	运输汽车	4~6 m^3,数量由匹配计算确定
	自卸汽车	4~24 m^3,数量由匹配计算确定

续表 3-39

工作内容	主要施工机械设备	
	名称	机型及规格
摊铺	布料机、挖掘机、吊车等布料设备	根据需要定规格和数量
	滑模摊铺机 1 台	
	手持振捣棒、整平梁、模板	根据人工施工接头需要定
抗滑	拉毛养生机 1 台	与滑模摊铺机同宽
	人工拉毛齿耙、工作桥	根据需要定规格和数量
	硬刻槽机 刻槽宽度≥500 mm，功率≥7.5 kW	数量与摊铺进度匹配
切缝	软锯缝机	根据需要定规格和数量
	常规锯缝机或支架锯缝机	根据需要定规格和数量
	移动发电机	功率 12 ~ 60 kW，数量由施工需要定
磨平	水磨石磨机	需要处理欠平整部位时
灌缝	灌缝机或插胶条工具	根据需要定规格和数量
养生	压力式喷洒机或喷雾器	根据需要定规格和数量
	工地运输车	4 ~ 6 t，按需要定数量
	洒水车	4.5 ~ 8 t，按需要定数量

知识链接：滑模式混凝土摊铺机

滑模式混凝土摊铺机采用随机滑动模板，在已经铺筑好的基层上，直接行走进行摊铺作业。滑模摊铺机是目前技术最先进、施工质量最优的水泥混凝土摊铺机械，多用于高等级公路路面工程施工，也适用于城市道路等水泥混凝土路面面层施工。

滑模式摊铺机的优点是：自动化程度高，可实现自动找平、自动导向、自动调速等自动控制，可一次成型地完成各种道路施工工序；缺点是：结构较复杂，对操作人员素质和水泥混凝土质量要求相对较高。

这类摊铺机不论结构形式如何，都是由机架、动力系统、传动系统、行走－转向系统、操纵系统、布料机构、计量整平机构、振捣机构、成型抹平机构及附属机构等组成的。如图 3-35所示为滑模式水泥混凝土摊铺机。

4.3.2 基准线设置

滑模摊铺混凝土路面的施工应设置基准线。设置基准线的目的是为滑模摊铺建立一个高程、纵横坡、板厚、板宽、摊铺中线、弯道、连续平整度等基本几何位置的基准参考系。

4.3.2.1 基准线设置形式

基准线按照所摊铺路面横坡方向和基准线位置可分为单向坡双线式、单向坡单线式和双向坡双线式三种。

图 3-35 滑模式水泥混凝土摊铺机

单向坡双线式:所铺路面横向坡度为单向坡,基准线位于摊铺机两侧,两根基准线间的横坡应与路面横坡一致。

单向坡单线式:只在摊铺机一侧设置基准线,适用于在已经摊铺好的水泥混凝土面板边缘摊铺另一幅水泥混凝土面板,要保证路面横坡与前幅路面一致。

双向坡双线式:所摊铺面板为双向坡,基准线位于摊铺机两侧,两根基准线是平行的,基准线上没有横坡,路拱靠滑模式摊铺机调整后自动铺成。

4.3.2.2 基准线设置技术要求

设置基准线时,拉线到摊铺面板边缘的距离,应根据滑模式摊铺机侧模到传感器的位置而定,一般 2~4 履带滑模摊铺机,需 650~1 000 mm,这个宽度称为基准线横向支距。

基准线桩必须牢固打入基层 10~15 cm,当打入困难时,应采用手电锤打孔后再打入。基准线桩纵向间距,直线段不应大于 10 m,竖、平曲线路段视曲线半径大小应加密布置,最小 2.5 m。线桩固定时,基层顶面到夹线臂的高度宜为 450~750 mm。基准线桩夹线臂夹口到桩的水平距离宜为 300 mm。基准线桩应钉牢固。

单根基准线的最大长度不宜大于 450 m。基准线拉力不应小于 1 000 N。

基准线设置后,严禁扰动、碰撞和振动。一旦碰撞变位,应立即重新测量纠正。多风季节施工,应缩小基准线桩间距。

4.3.2.3 摊铺准备

所有施工设备和机具均应处于良好状态,并全部就位。

基层、封层表面及履带行走部位应清扫干净。摊铺面板位置应洒水湿润,但不得积水。

横向连接摊铺时,前次摊铺路面纵缝的溜肩胀宽部位应切割顺直。侧边拉杆应校正扳直,缺少的拉杆应钻孔锚固植入。纵向施工缝的上半部缝壁应满涂沥青。

4.3.2.4 布料

滑模摊铺机前的正常料位高度应在螺旋布料器叶片最高点以下,亦不得缺料。卸料、布料应与摊铺速度相协调。

当坍落度为 10~50 mm 时,布料松铺系数宜控制为 1.08~1.15。布料机与滑模摊铺机之间施工距离宜控制为 5~10 m。

摊铺钢筋混凝土路面、桥面或搭板时,严禁任何机械开上钢筋网。

4.3.2.5 滑模摊铺机的施工参数设定及校准

振捣棒下缘位置应在挤压板最低点以上,振捣棒的横向间距不宜大于 450 mm,均匀排列;两侧最边缘振捣棒与摊铺边沿距离不宜大于 250 mm。

挤压底板前倾角宜设置为 3°左右。提浆夯板位置宜在挤压底板前缘以下 5 ~ 10 mm 之间。

两边缘超铺高程根据拌和物稠度宜在 3 ~ 8 mm 间调整。搓平梁前沿宜调整到与挤压板后沿高程相同,搓平梁的后沿比挤压底板后沿低 1 ~ 2 mm,并与路面高程相同。

滑模摊铺机首次摊铺路面,应挂线对其铺筑位置、几何参数和机架水平度进行调整和校准,正确无误后,方可开始摊铺。

在开始摊铺的 5 m 内,应在铺筑行进中对摊铺出的路面标高、边缘厚度、中线、横坡度等参数进行复核测量。所摊铺的路面精确度应控制在规定范围内。

4.3.2.6　铺筑作业技术要领

操作滑模摊铺机应缓慢、匀速、连续不间断地作业。严禁料多追赶,然后随意停机等待,间歇摊铺。摊铺速度应根据拌和物稠度、供料多少和设备性能控制为 0.5 ~ 3.0 m/min,一般宜控制在 1 m/min 左右。拌和物稠度发生变化时,应先调振捣频率,后改变摊铺速度。

应随时调整松方高度板控制进料位置,开始时宜略设高些,以保证进料。正常摊铺时应保持振捣仓内料位高于振捣棒 100 mm 左右,料位高低上下波动宜控制在 ±30 mm 之内。

正常摊铺时,振捣频率可在 6 000 ~ 11 000 r/min 调整,宜采用 9 000 r/min 左右,应防止混凝土过振、欠振或漏振。应根据混凝土的稠度大小,随时调整摊铺的振捣频率或速度。摊铺机起步时,应先开启振捣棒振捣 2 ~ 3 min,再缓慢平稳推进。摊铺机脱离混凝土后,应立即关闭振捣棒组。

滑模摊铺机满负荷时可铺筑的路面最大纵坡为:上坡 5%,下坡 6%。上坡时,挤压底板前仰角宜适当调小,并适当调小轻抹平板压力;下坡时,前仰角宜适当调大,并适当调大抹平板压力。板底不小于 3/4 长度接触路表面时抹平板压力适宜。

滑模摊铺机施工的最小弯道半径不应小于 50 m,最大超高横坡不宜大于 7%。

单车道摊铺时,应视路面设计要求配置一侧或双侧打纵缝拉杆的机械装置。2 个以上车道摊铺时,除侧向打拉杆的装置外,还应在假纵缝位置配置拉杆自动插入装置。

做软拉抗滑构造时,表面砂浆层厚度宜控制在 4 mm 左右,硬刻槽路面的砂浆表层厚度宜控制为 2 ~ 3 mm。

养护 5 ~ 7 d 后,方允许摊铺相邻车道。

4.3.2.7　问题处置

摊铺中应经常检查振捣棒的工作情况和位置。路面出现麻面或拉裂现象时,必须停机检查或更换振捣棒。摊铺后,路面上出现发亮的砂浆条带时,必须调高振捣棒位置,使其底缘在挤压底板的后缘高度以上。

摊铺宽度大于 7.5 m 时,若左右两侧拌和物稠度不一致,摊铺速度应按偏干一侧设置,并应将偏稀一侧的振捣棒频率迅速调小。

应通过调整拌和物稠度、停机待料时间、挤压底板前仰角、起步及摊铺速度等措施控制和消除横向拉裂现象。

摊铺中的滑模摊铺机停机等料最长时间超过当时气温下混凝土初凝时间的4/5时，应将滑模摊铺机迅速开出摊铺工作面，并做施工缝。

4.3.2.8　抹面及修整

滑模摊铺过程中应采用自动抹平板装置进行抹面。对少量局部麻面和明显缺料部位，应在挤压板后或搓平梁前补充适量拌和物，由搓平梁或抹平板机械修整。滑模摊铺的混凝土面板在下列情况下，可用人工进行局部修整：

(1)用人工操作抹面抄平器，精整摊铺后表面的小缺陷，但不得在整个表面加薄层修补路面标高。

(2)对纵缝边缘出现的倒边、塌边、漏肩现象，应顶侧模或在上部支方铝管进行边缘补料修整。

(3)对起步和纵向施工接头处，应采用水准仪抄平并采用大于3 m的靠尺边测边修整。

4.3.2.9　切缝

滑模摊铺结束后，必须及时清洗滑模摊铺机，进行当日保养等，并宜在第二天硬切横向施工缝，也可当天软作施工横缝。

应丢弃端部的混凝土和摊铺机振动仓内遗留下的纯砂浆，两侧模板应向内收进20～40 mm，收口长度宜比滑模摊铺机侧模板略长。施工缝部位应设置传力杆，并应满足路面平整度、高程、横坡和板长的要求。

4.4　三辊轴机组铺筑

三辊轴机组(见图3-36)是介于小型机具和摊铺机之间的一种中型施工设备。三辊轴机组施工是采用振捣机、三辊轴整平机等铺筑混凝土路面，其施工工艺的机械化程度适中，设备投入少，技术易掌握，适用于二、三、四级公路及县、乡公路水泥混凝土路面的施工。

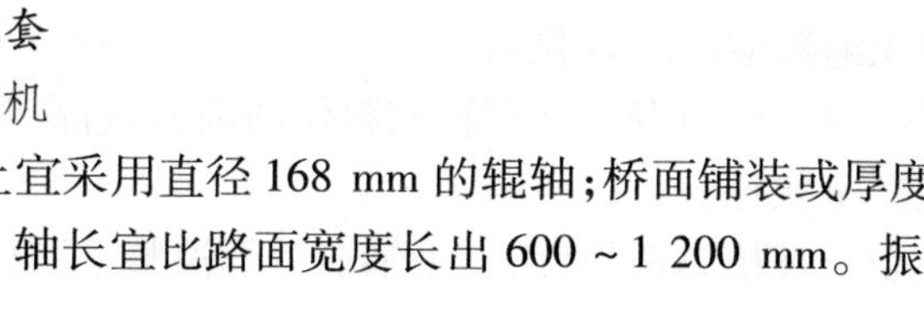

图3-36　三辊轴摊铺机

4.4.1　设备选择与配套

4.4.1.1　三辊轴整平机

板厚200 mm以上宜采用直径168 mm的辊轴；桥面铺装或厚度较小的路面可采用直径为219 mm的辊轴。轴长宜比路面宽度长出600～1 200 mm。振动轴的转速不宜大于380 r/min。

4.4.1.2　振捣设备

三辊轴机组铺筑混凝土面板时，必须同时配备一台安装插入式振捣棒组的排式振捣机，振捣棒的直径宜为50～100 mm，间距不应大于其有效工作半径的1.5倍，并不大于500 mm。插入式振捣棒组的振动频率可在50～200 Hz选择，当面板厚度较大和坍落度较低时，宜使用100 Hz以上的高频振捣棒。该机宜同时配备螺旋布料器和松方控制刮板，并具备自动行走功能。

当桥面铺装厚度小于150 mm时，可采用振捣梁。振捣频率宜为50～100 Hz，振捣加速度宜为(4～5)g(g为重力加速度)。

4.4.1.3 其他设备

当一次摊铺双车道路面时应配备纵缝拉杆插入机，并配有插入深度控制和拉杆间距调整装置。

4.4.2 工艺流程

三辊轴机组施工工艺流程：测量放样→安装模板→混凝土拌和和运输→布料机具布料→排式振捣机振捣→拉杆安装→人工补料→三辊轴整平→(真空脱水)→(精平饰面)→拉毛→切缝→养生→(硬刻槽)→填缝。

4.4.3 铺筑作业技术要求

卸料应均匀，并由专人指挥车辆。布料应与摊铺速度相适应，不适应时应配备适当的布料机械。坍落度为10～40 mm的拌和物，松铺系数为1.12～1.25。坍落度大时取低值，坍落度小时取高值。超高路段，横坡高侧取高值，横坡底侧取低值。

混凝土拌和物布料长度大于10 m时，可开始振捣作业。密排振捣棒组间歇插入振实时，每次移动距离不宜超过振捣棒有效作用半径的1.5倍，并不得大于500 mm，振捣时间宜为15～30 s。排式振捣机连续拖行振实时，作业速度宜控制在4 m/min以内。

排式振捣机应匀速缓慢、连续不断地振捣行进。其作业速度以拌和物表面不露粗集料，液化表面不再冒气泡并泛出水泥浆为准。

面板振实后，应随即安装纵缝拉杆。单车道摊铺的混凝土路面，在侧模预留孔中应按设计要求插入拉杆；一次摊铺双车道路面时，除应在侧模孔中插入拉杆外，还应在中间纵缝部位，使用拉杆插入机在1/2板厚处插入拉杆，插入机每次移动的距离应与拉杆间距相同。

4.4.4 三辊轴整平机作业

三辊轴整平机按作业单元分段整平，作业单元长度宜为20～30 m，振捣机振实与三辊轴整平两道工序之间的时间间隔不宜超过15 min。

三辊轴滚压振实料位宜高于模板顶面5～20 mm，过高时应铲除，过低时应及时补料。

三辊轴整平机在一个作业单元长度内，应采用前进振动、后退静滚方式作业，宜分别滚压2～3遍。最佳滚压遍数应经过试验确定。

在三辊轴整平机作业时，应由专人处理轴前料位的高低，过高时，应辅以人工铲除，轴下有间隙时，应使用混凝土找补。

滚压完成后，将振动辊轴抬离模板，用整平轴前后静滚整平，直到平整度符合要求，表面砂浆厚度均匀。

表面砂浆厚度宜控制在(4±1)mm，三辊轴整平机前方表面过厚、过稀的砂浆必须刮除丢弃。

应采用3～5 m刮尺，在纵、横两个方向进行精平饰面，每个方向不少于2遍。也可采用旋转抹面机密实精平饰面2遍。刮尺、刮板、抹面机、抹刀饰面的最迟时间不得迟于

表3-36规定的铺筑完毕允许最长时间。

4.5 碾压混凝土铺筑

碾压混凝土的路面是采用特干硬性水泥混凝土拌和物,使用沥青摊铺机铺筑、压路机械碾压密实成型的混凝土路面施工工艺。目前,碾压混凝土技术尚存在一些没有彻底解决的问题:裂缝、离析与局部早期损坏成坑,板底密实度不佳和动态平整度不高等。因此,碾压混凝土仅适用于二级以下水泥混凝土路面或复合式路面下面层,亦可用于高速公路、一级公路复合式路面的下面层和贫混凝土基层。

4.5.1 机械选型与配套

宜选用预压密实度高的沥青摊铺机,根据路面摊铺宽度可选用1~2台。

配置的主要压实机械有:自重10~12 t振动压路机1~2台,15~25 t轮胎压路机1台,1~2 t小型振动压路机(或钢轮压路机)1台。

4.5.2 碾压铺筑工艺流程

碾压混凝土施工的一般工艺流程是:混凝土拌和→运输→沥青摊铺机摊铺→打入拉杆→钢轮压路机初压→振动压路机复压→轮胎压路机终压→抗滑构造处理→养生→切缝→填缝。

4.5.3 摊铺作业

基准线设置要求同滑模摊铺。

碾压混凝土路面铺筑松铺系数应根据混凝土配合比、施工机械由试铺确定。采用高密实度摊铺机时,松铺系数宜控制为1.05~1.15。摊铺前应洒水湿润基层。

摊铺作业应均匀、连续,摊铺过程中不得随意变换速度或停顿。

摊铺速度宜控制为0.6~1.0 m/min。

螺旋分料器转速应与摊铺速度相适应,保证两边缘料位充足。

拉杆设置应与摊铺同时进行,并根据设计间距设醒目的定位标记,准确打入拉杆。

铺筑弯道路段时,应及时调整左右两侧分料器的转速,保证两侧供料均衡;弯道超高路面摊铺应确保超高部位的供料充足。

摊铺过后,应立即对所摊铺混凝土表面进行检查。局部缺料部位,应及时补料;局部粗料集中的部位,应采用湿筛砂浆进行弥补。

4.5.4 碾压

碾压段长度以30~40 m为宜。直线段碾压时,压路机应从外侧向路中心碾压;平曲线有超高路段,由底侧向高侧、自内向外碾压,压完全宽为1遍;碾压作业应均匀、速度稳定,并按初压、复压和终压三个阶段进行。

初压应采用钢轮压路机或振动压路机静压,宜重叠1/3~1/4轮宽,初压遍数宜为2遍。

复压应采用振动压路机振动碾压,宜重叠1/3~1/2轮宽。振动压路机起步、倒车和转向均应缓慢,严禁中途急停、急拐、紧急起步及快速倒车。复压遍数按检测达到规定压实度进行控制,一般宜为2~6遍。

终压应采用轮胎压路机静压。终压遍数应以弥合表面微裂纹和消除轮迹为停压标准,一般宜为2~3遍。

初压、复压和终压作业应密切衔接配合、一气呵成；中间不应停顿、等候和拖延，也不得相互干扰。宜尽量缩短全部碾压作业完成时间。如有局部晒干和风干迹象，应及时喷雾。压实后表面应及时覆盖，并洒水养生。

4.5.5　横向施工缝设置

横向施工缝设置形式宜为“台阶式”。其施工工序如下：

(1)在施工终点处设纵向斜坡，作为压路机碾压过渡段；碾压结束后，将平整度合格部位以外斜坡刨除。

(2)第二天摊铺开始，后退 150 ~ 200 mm 切割施工缝，切割深度宜为 80 ~ 100 mm，将切缝外侧混凝土刨除，形成台阶。

(3)涂刷水泥浆后，纵向连接摊铺新路面。硬化后切施工缝。

4.5.6　胀缝设置

在邻近构造物、小半径平曲线两端和凹形竖曲线纵坡变换处，应至少各设 2 条胀缝，其余路段可不设置胀缝。胀缝形式可为混凝土枕垫式（见图 3-37）或钢板枕垫式（见图 3-38）两种。

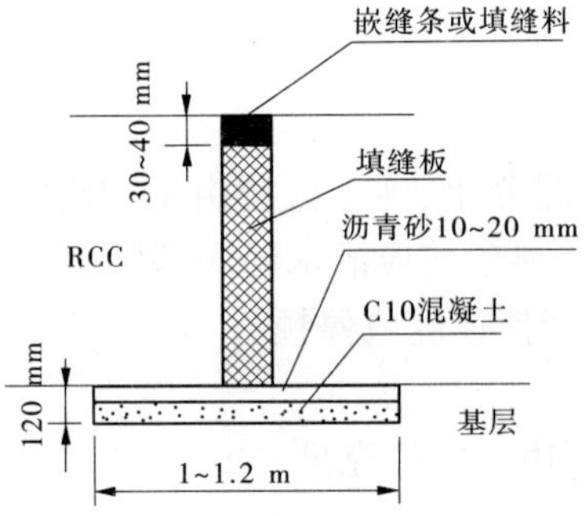

图 3-37　混凝土枕垫式胀缝

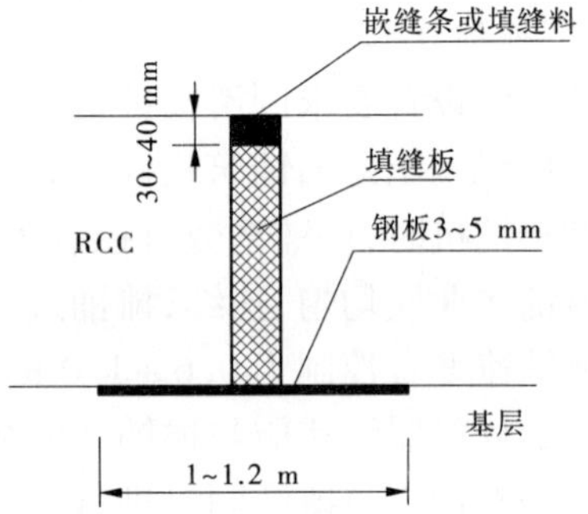

图 3-38　钢板枕垫式胀缝

4.5.7　缩缝设置

碾压混凝土路面纵向缩缝中应设拉杆，面板尺寸可与普通混凝土路面相同，也可略大，但最大不宜超过 6 m × 8 m。纵、横向缩缝应采用硬切缝，硬切缝及填缝要求与普通混凝土路面相同。面层抗滑构造可采用硬刻槽或缓凝裸露集料法制作，三、四级公路和基层可不做抗滑处理。

4.5.8　路面铺筑质量控制

应严格控制 *VC* 值、松铺系数、离析和碾压遍数，保证碾压作业完成后的整个混凝土路面板厚度一致、均匀密实，密实度必须达到配合比设计的规定值。板厚和匀质性可用钻芯检验。其中，*VC* 值是碾压混凝土的振动压实指标，是指按试验规程，在规定的振动台上将碾压混凝土振动达到合乎标准的时间。

碾压成形后的面板应达到公路等级所规定的平整度。

碾压终了后的面板表面不应有可见微裂纹或轮迹。

5 水泥混凝土路面的施工质量控制

各级公路各种混凝土路面铺筑方式的施工均应建立健全质量监测、管理和保证体系，应按铺筑进度做出质检仪器和人员数量动态计划。施工中应按计划落实质检仪器和人员，对施工各阶段的各项质量指标应做到及时检查、控制和评定，以达到所规定的质量标准，确保施工质量及其稳定性。

施工全过程的质量动态检测、控制和管理内容应包括施工准备、铺筑试验路段和施工过程中的各项技术指标的检验，出现施工技术问题的报告、论证和解决等。

5.1 混凝土配合比设计

公路水泥混凝土配合比设计计划分为实验室基准配合比设计、搅拌楼试拌配合比设计和施工现场配合比调整与验证三个阶段。普通混凝土配合比设计适用于滑模摊铺机、轨道摊铺机、三辊轴机组及小型机具四种施工方式。

5.1.1 实验室基准配合比设计

普通混凝土路面的配合比设计在兼顾经济性的同时应满足弯拉强度、工作性和耐久性要求，通过试验确定混凝土单位体积内各种材料的组成用量，然后在实验室进行各项试配检验、调整及验证。

5.1.2 搅拌楼试拌配合比设计

实验室的基准配合比应通过搅拌楼实际拌和检验和不小于200 m试验路段的验证，并应根据料场砂石料含水量、拌和物实测视密度、含气量、坍落度及其损失，调整单位用水量、砂率或外加剂掺量。调整时，水灰(胶)比、单位水泥用量不得减小。考虑施工中原材料含泥量、泥块含量、含水量变化和施工变异性等因素，单位水泥用量应适当增加5 ~ 10 kg。满足试拌试铺的工作性、28 d(至少7 d)配制弯拉强度、抗压强度和耐久性等要求的配合比，经监理或建设方批准后方可确定为施工配合比。

5.1.3 施工现场配合比调整与验证

根据施工季节、气温和运距等的变化，可微调缓凝(高效)减水剂、引气剂或保塑剂的掺量，保持摊铺现场的坍落度始终适宜于铺筑，且波动最小。

降雨后，应根据每天不同时间的气温及砂石料实际含水量变化，微调加水量，同时微调砂石料称量，其他配合比参数不得变更，维持施工配合比基本不变。雨天或砂石料变化时应加强控制，保持现场拌和物工作性始终适宜摊铺和稳定。

5.2 铺筑试验路段

二级和二级以上公路混凝土路面工程，使用滑模、轨道、碾压、三辊轴机组机械施工时，在正式摊铺混凝土路面前，必须铺筑试验路段。试验路段长度不应短于200 m，高速公路、一级公路宜在主线路面以外进行试铺。路面厚度、摊铺宽度、接缝设置、钢筋设置等均应与实际工程相同。

试验路段分为试拌及试铺两个阶段，通过试验路段应达到下述目的：

(1)通过试拌检验搅拌楼性能及确定合理搅拌工艺，检验适宜摊铺的搅拌楼拌和参数：上料速度、拌和容量、搅拌均匀所需时间、新拌混凝土坍落度、振动黏度系数、含气量、泌水性、*VC* 值和生产使用的混凝土配合比等。

(2)通过试铺检验主要机械的性能和生产能力,检验辅助施工机械组配合理性,检验路面摊铺工艺和质量、模板架设固定方式或基准线设置方式、摊铺机械(具)的适宜工作参数(松铺厚度、摊铺速度、振捣时间与频率、滚压遍数、碾压遍数、压实度、中间和侧向拉杆置入情况等)。检验整套施工工艺流程。

(3)使工程技术及工作人员熟悉并掌握各自的操作要领。

(4)按施工工艺要求检验施工组织形式和人员编制。

(5)建立混凝土原材料、拌和物、路面铺筑全套技术性能检验手段,熟悉检验方法。

(6)检验通信联络和生产调度指挥系统。

试铺中,施工人员应认真做好记录,监理工程师或质监部门应监督检查试验段的施工质量,及时与施工单位商定并解决问题。试验段铺筑后,施工单位应提出试验路段总结报告,上报监理和业主批复,取得正式开工认可。

5.3　施工质量管理与检查

混凝土路面铺筑必须得到正式开工令后方可开工。

施工单位应随时对施工质量进行自检。当施工、监理、监督人员发现异常情况时,应加大检测频率,找出原因,及时处理。高速公路、一级公路应利用计算机实行动态质量管理。

混凝土路面的检验项目、方法和频率如表3-40所示。

表3-40　混凝土路面的检验项目、方法和频率

项次	检验项目	检验方法和频率	
		高速公路、一级公路	其他公路
1	弯拉强度	每班留2~4组试件,日进度<500m取2组,≥500 m取3组,≥1 000 m取4组,测f_{cs}、f_{min}、C_v	每班留2~3组试件,日进度<500 m取1组,≥500 m取2组,≥1 000 m取3组,测f_{cs}、f_{min}、C_v
	钻芯劈裂强度	每车道每3 km钻取1个芯样,硬路肩为1个车道,测平均f_{cs}、f_{min}、C_v、板厚h	每车道每3 km钻取1个芯样,硬路肩为1个车道,测平均f_{cs}、f_{min}、C_v、板厚h
2	板厚度	路面摊铺宽度内每100 m左右各2处,连接摊铺每100 m单边1处,参考芯样	路面摊铺宽度内每100 m左右各1处,连接摊铺每100 m单边1处,参考芯样
3	3 m直尺平整度	每半幅车道100 m^2处10尺	每半幅车道200 m^2处10尺
	动态平整度	所有车道连续检测	所有车道连续检测
4	抗滑构造深度	铺砂法:每幅200 m 2处	铺砂法:每幅200 m 1处
5	相邻板高差	尺测:每200 m纵横缝2条,每条3处	尺测:每200 m纵横缝2条,每条2处

注:f_{cs}为平均弯拉(劈裂)强度,f_{min}为最小弯拉(劈裂)强度,C_v为实测弯拉(劈裂)强度统计变异系数。

续表 3-40

项次	检验项目	检验方法和频率	
		高速公路、一级公路	其他公路
6	连接摊铺纵缝高差	尺测:每 200 m 纵向工作缝,每条 3 处,每处间隔 2 m 3 尺,共 9 尺	尺测:每 200 m 纵向工作缝,每条 2 处,每处间隔 2 m 3 尺,共 9 尺
7	接缝顺直度	20 m 拉线测:每 200 m 6 条	20 m 拉线测:每 200 m 4 条
8	中心平面偏位	经纬仪:每 200 m 6 点	经纬仪:每 200 m 4 点
9	路面宽度	尺测:每 200 m 6 处	尺测:每 200 m 4 处
10	纵断面高程	水准仪:每 200 m 6 点	水准仪:每 200 m 4 点
11	横坡度	水准仪:每 200 m 6 个断面	水准仪:每 200 m 4 个断面
12	断板率	断板面板块占总块数比例	断板面板块占总块数比例
13	脱皮、裂纹、露石、缺边、掉角	量实际面积,并计算与总面积之比	量实际面积,并计算与总面积之比
14	路缘石顺直度和高度	20 m 拉线测:每 200 m 4 处	20 m 拉线测:每 200 m 2 处
15	灌缝饱满度	尺测:每 200 m 接缝测 6 处	尺测:每 200 m 接缝测 4 处
16	切缝深度	尺测:每 200 m 6 处	尺测:每 200 m 4 处
17	胀缝表面缺陷	每条观察填缝及啃边断角	每条观察填缝及啃边断角
18	胀缝板连浆	每条胀缝板安装时测量	每条胀缝板安装时测量
	胀缝板倾斜	尺测:每块胀缝板每条两侧	尺测:每块胀缝板每条两侧
	胀缝板弯曲和位移	尺测:每块胀缝板每条 3 处	尺测:每块胀缝板每条 3 处
19	传力杆偏斜	钢筋保护层仪:每车道 4 根	钢筋保护层仪:每车道 3 根

混凝土路面除应按表 3-40 规定的检查项目和频率检测外,其中平整度、弯拉强度和板厚三大关键质量指标的自检要求尚应符合下列规定:

(1)平整度。用 3 m 直尺检测平整度作为施工过程中质量控制检测项目,用平整度仪检测动态平整度作为二级和二级以上公路交工验收时工程质量的评定依据。

(2)弯拉强度。应从搅拌楼生产的拌和物中随机取样,并按《公路工程水泥及水泥混凝土试验规程》(JTG E30—2005)规定的标准方法检测混凝土路面弯拉强度。

(3)板厚。应在面层摊铺前通过基准线或模板严格控制板厚,检验标准为:行车道横坡低侧面板厚度和厚度平均值两项指标均应满足设计厚度允许偏差。同时,板厚统计变异系数应符合设计规定。

在路面铺筑过程中,各技术指标的质量检验评定标准应符合表 3-41 的规定。

表 3-41　各级公路混凝土路面铺筑质量要求

项次	检验项目		允许值	
			高速公路、一级公路	其他公路
1	弯拉强度(MPa)		100%符合规范规定	
2	板厚度(mm)		代表值≥ -5;极值≥ -10,C_v 值符合设计规定	
3	平整度	σ(mm)	≤1.2	≤2.0
		IRI(m/km)	≤2.0	≤3.2
		3 m 直尺最大间隙 Δh(mm)	≤3(合格率应≥90%)	≤5(合格率应≥90%)
4	抗滑构造深度(mm)	一般路段	0.70~1.10	0.50~0.90
		特殊路段①	0.80~1.20	0.60~1.00
5	相邻板高差(mm)		≤2	≤3
6	连接摊铺纵缝高差(mm)		平均值≤3;极值≤5	平均值≤5;极值≤7
7	接缝顺直度(mm)		≤10	
8	中线平面偏位(mm)		≤20	
9	路面宽度(mm)		≤ ±20	
10	纵断面高程(mm)		±10	±15
11	横坡度(%)		±0.15	±0.25
12	断板率(‰)		≤2	≤4
13	脱皮、印痕、裂纹、露石、缺边、掉角(‰)		≤2	≤3
14	路缘石顺直度和高度(mm)		≤20	≤20
15	灌缝饱满度(mm)		≤2	≤3
16	切缝深度(mm)		≥50	≥50
17	胀缝表面缺陷		不应有	不宜有
18	胀缝板连浆(mm)		≤20	≤30
	胀缝板倾斜(mm)		≤20	≤25
	胀缝板弯曲和位移(mm)		≤10	≤15
19	传力杆偏斜(mm)		≤10	≤13

注:①特殊路段指高速公路及一级公路的立交、平交、变速车道等处;其他公路是指急弯、陡坡、交叉口或集镇附近。

5.4　交工质量检查验收

混凝土路面完工后,施工单位应提交全线检测结果、施工总结报告及全部原始记录等齐全资料,申请交工验收。

案例分析

一、背景材料

某二级公路全长28 km,路面结构形式为:底基层采用级配碎石,基层采用水泥稳定碎石,面层采用C30水泥混凝土。该公路通车3年左右,全线较多路段的水泥混凝土路面均出现裂缝,裂缝以横向裂缝为主,部分水泥混凝土面板发生了断板现象。建设单位注意到,挖方路段比填方路段的裂缝及断板现象更加严重。建设单位立即成立了调查小组,对该项目设计图纸、施工过程、试验记录、监理日志等进行了全面分析。经过分析总结,认为产生裂缝及断板的原因是:

(1)全线超载比较严重,尤其是运输煤炭的货车较多。

(2)由于挖方多为石质挖方,路基多为坚硬的砂岩,根据设计图纸,为了节约造价,位于挖方路段的路面基层采用15 cm厚的水泥稳定碎石,比填方路段的基层减薄了10 cm。基层的厚度及强度不足是产生断板及裂缝的原因之一。

(3)挖方路段地下水较丰富,且地下水的毛细现象严重。

(4)石质挖方路段多采用放炮施工,路基顶面没有形成平整的横坡。

(5)根据施工记录,夏季施工时温度较高,加上施工单位切缝设备不足,导致切缝不及时。

(6)切缝深度过深,导致断板。

(7)由于该路段附近水源紧张,混凝土面层施工时,没有在基层上洒水,或洒水不够。

(8)进行混凝土面板灌缝处理的沥青热稳定性差、易流淌。

(9)基层标高控制不严,部分标高超过基层设计标高1 cm。

(10)不同路段的集料的含水量不一致。施工时没有根据集料的含水量调整配合比。

(11)填方路段填料为土夹石,不容易控制压实度。

(12)夏季施工没有进行覆盖养生。

二、问题提出

1. 以上关于水泥混凝土面板开裂和断板的原因分析,你认为都正确吗?如果有不正确的,请你改正过来。

2. 请你从混凝土强度、路面排水的角度进一步分析和阐述上面原因中第(7)、(8)、(9)、(10)条为什么是产生混凝土开裂或断板的原因?

三、问题解决

1. 第(3)条不正确,虽然地下水毛细现象严重,但该路面底基层无毛细现象。第(6)条不正确,切缝深度不够才会导致路面板开裂或断板。其余均正确。

2. 开裂或断板的原因分析:

第(7)条,由于干燥的基层会吸收水泥混凝土拌和物中的水分,板底混凝土强度降低,导致开裂。

第(8)条,灌缝处理不好,会导致地面水通过板间接缝进入路面结构层内部,导致开裂和断板。

第(9)条,基层标高超高,会导致面层水泥混凝土板厚度不够,从而整体强度不足,导致断板。

第(10)条,集料的含水量不一致,导致混凝土配合比控制不严,过大的水灰比对混凝土强度不利,过小的水灰比会引起较大的混凝土收缩,所以容易引起开裂或断板。

课后训练

一、填空题

1. 水泥混凝土路面,包括:＿＿＿＿＿、＿＿＿＿＿、＿＿＿＿＿、＿＿＿＿＿和＿＿＿＿＿等多种形式。

2. 水泥混凝土路面混凝土的基本组成材料有:＿＿＿＿＿、＿＿＿＿＿、＿＿＿＿＿、＿＿＿＿＿、化学外加剂和＿＿＿＿＿6 种。

3. 水泥应采用抗折强度高、收缩小、耐磨性强、抗冻性好的＿＿＿＿＿、硅酸盐水泥、＿＿＿＿＿。

4. 机械设备配套原则是:＿＿＿＿＿,＿＿＿＿＿,＿＿＿＿＿,＿＿＿＿＿。

5. 滑模摊铺水泥混凝土路面施工,施工基准设施宜采用＿＿＿＿＿为主。基准线形式有:＿＿＿＿＿、＿＿＿＿＿、＿＿＿＿＿。

6. 水泥混凝土路面常用填缝材料有:＿＿＿＿＿、＿＿＿＿＿、＿＿＿＿＿等。

二、选择题

1. 水泥混凝土路面,常见的胀缝类型有(　　)。
   A. 传力杆滑动型　　B. 边缘钢筋型
   C. 厚边型　　D. 假缝传力杆型

2. 属于高级路面的是(　　)。
   A. 水泥混凝土路面　　B. 沥青混凝土路面
   C. 沥青表面处治　　D. 沥青贯入式路面

3. 水泥混凝土路面与沥青混凝土路面相比有哪些优点?(　　)。
   A. 使用年限长　　B. 行车噪声小
   C. 维修方便　　D. 夜晚行车可视性好

4. 水泥混凝土纵缝分为(　　)。
   A. 缩缝　　B. 胀缝
   C. 施工缝　　D. 假缝

5. 水泥混凝土加热型填缝料有(　　)。
   A. 沥青玛𤧛脂类　　B. 橡胶沥青类
   C. 聚(氨)酯类　　D. 乳化沥青橡胶类

6. 路面与路基满足的基本要求的不同之处为(　　)。
   A. 需具备强度与刚度　　B. 需满足水温稳定性和整体稳定性
   C. 需具备耐久性　　D. 需具备一定的表面性能

7. 下列为水泥混凝土路面粗集料检测项目的是(　　)。

A. 压碎值　　　　B. 磨光值
C. 针片状含量　　　　D. 含泥量

8. 只在接缝区和局部范围(边缘和角隅)处配置钢筋的混凝土路面叫(　　)路面。
A. 普通混凝土　　　　B. 钢筋混凝土
C. 连续配筋混凝土　　　　D. 预应力混凝土

三、问答题

1. 与其他类型路面相比,混凝土路面具有什么优点?
2. 混凝土路面主要有哪几个方面缺点?
3. 简述滑模摊铺现场配套设备类型及其优缺点。
4. 简述水泥混凝土路面施工的方法。
5. 水泥混凝土路面工程铺筑试验路段的目的是什么?
6. 简述水泥混凝土路面原材料检验要点。
7. 简述水泥混凝土路面施工质量检查验收基本要求。

四、案例分析

某一级公路,路面面层采用 C30 水泥混凝土。该项目施工单位面层施工过程如下:

第一步,该施工单位按要求进行水泥混凝土配合比设计,采用实验室确定的"实验室配合比"直接配料。

第二步,施工单位按要求架设模板。

第三步,确定好最佳拌和时间,配备一座间歇式搅拌楼拌和。

第四步,对搅拌混凝土进行现场取样,做水泥混凝土抗压强度试验。

第五步,采用自卸汽车将新拌混凝土在规定的时间内合格地运到摊铺现场。

第六步,采用小型机具铺筑法进行摊铺和振捣施工。

第七步,整平饰面,振动、提浆、整平后用圆盘式抹面机往返 2 ~ 3 遍进行压实整平饰面。

第八步,按要求进行各类接缝的设置与施工。

第九步,按要求进行混凝土的养生。

第十步,养生期满后,采用软拉毛机械进行抗滑沟槽施工。

第十一步,清除混凝土板缝中夹杂的砂石、泥浆、尘土及其他污染物后进行灌缝施工及灌缝养生。

问题:

(1)施工单位进行配料所采用的配合比正确吗?说明理由。水泥混凝土配合比设计分哪几个阶段完成?

(2)水泥混凝土路面抗滑构造施工有哪些方法?简述各自适用条件。

(3)请列出水泥混凝土路面质量检测的项目。

任务5　路面排水施工

【任务描述】

路面排水施工包括路面表面排水、中央分隔带排水和路面内部排水，公路施工员应具备从事路面排水施工的能力。

【任务分析】

1. 路面表面排水设施的设置及施工。

2. 中央分隔带排水施工。

3. 路面内部排水施工。

【任务实施】

1　路面表面排水

路面表面排水的主要目的是迅速把降落在路面和路肩表面的降水排走，以免造成路面积水而影响行车安全。路面表面排水包括如下方式。

1.1　路面横坡漫流排水

降落在路面上的雨水通过路面横向坡度向两侧漫流方式排走，避免行车道路面范围内出现积水。

(1)对无中央分隔带的公路，在未设超高路段上，行车道的路面应沿路中心线向两侧设置双向横坡；在设置超高的路段上，应设置向弯道内侧倾斜的单向横坡。

(2)对设置中央分隔带的公路，各个行车方向的路面应分别设置单向横坡，但单向车道数超过三车道时，也可分别设置双向横坡。设置拦水带时，右侧硬路肩的横向坡度宜采用5%，以利于排水。

1.2　路堤边坡横向漫流排水

在路线纵坡平缓、汇水量不大、路堤较低且边坡不受冲刷的情况下，在路堤边坡上采用横向漫流的方式排除路面表面水。

1.3　路堤拦水带、泄水口和急流槽排水

在路堤较高、边坡坡面未做防护而易遭受水流冲刷，或者坡面虽已采取防护措施但仍有可能受到冲刷时，应沿路肩外侧边缘设置拦水带汇集路面表面水，然后通过八字泄水口和急流槽排离路堤。

1.3.1　拦水带

拦水带可由沥青混凝土现场浇筑或由水泥混凝土预制块铺砌而成，如图3-39(a)、(b)所示。设置拦水带汇集路面表面水时，拦水带过水断面内的水面，在高速公路及一级公路上不得漫过右侧车道外边缘，在二级和二级以下公路上不得漫过右侧车道中心线。

1.3.2　路肩排水沟

当硬路肩汇水量大，或硬路肩狭窄，或爬坡、加速车道占用了路肩过水断面时，可以采用路肩排水沟的方式代替拦水带，如图3-39(c)所示。

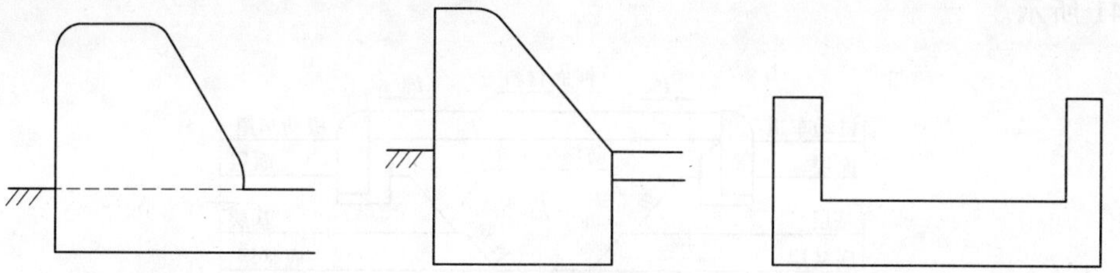

(a)现浇(铺)拦水带　(b)预制拦水带　(c)预制路肩排水沟

图3-39　拦水带与路肩排水沟示意

1.3.3　泄水口与急流槽

泄水口是路面排水系统的出水口,泄水口的间距以20~50 m为宜,一般为对称八字形,泄水口连接急流槽,排除汇集到路肩处的路面积水。当纵坡较大时,可采用不对称八字泄水口和急流槽以利于排水,如图3-40所示。

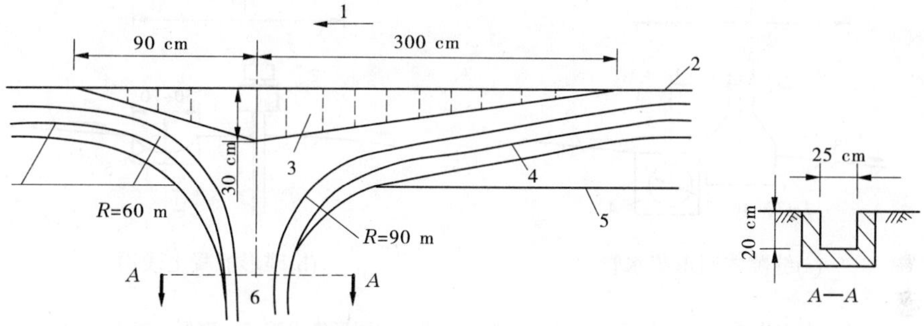

(a)泄水口平面图　(b)急流槽断面图

1—水流流向;2—硬路肩边缘;3—低凹区;4—拦水带顶;5—路堤边坡坡顶;6—急流槽

图3-40　纵坡上的不对称八字泄水口拦水带与急流槽示意图

在道路交叉口、匝道口和桥梁等构造物连接处,超高路段和一般路段的横坡转换处,应设置泄水口以避免路面表面水横向流过行车道或结构物。

在纵坡变换的凹形竖曲线底部,应在最低点设泄水口。

2　中央分隔带排水

为保证高速公路和一级公路的行车安全和应有的功能,应设置中间带,中间带由中央分隔带和路缘带组成。中央分隔带以路缘石线等设施分界,在构造上起到分隔往返交通的作用。中央分隔带排水的目的是防止降落在分隔带上的表面水渗入下部土体,进而影响两侧行车道路基路面和部分构造物的安全稳定。中央分隔带排水形式的选择是根据中央分隔带的宽度和表面有无铺砌决定的。

2.1　表面铺面封闭的中央分隔带排水

降雨量较小,中央分隔带较窄(<3 m)且表面采用铺面封闭时,在不设超高路段上,分隔带铺面应采用向两侧外倾的横坡,排向两侧行车道(同路面横坡),其坡度与路面的横坡度相同,铺面材料可采用沥青处治材料或其他封闭材料,可不另设地下排水设施,如

图 3-41 所示。

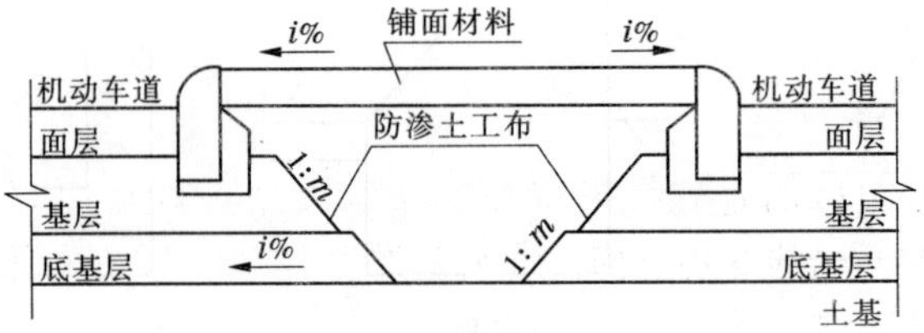

图 3-41　设铺面中央分隔带防排水系统示意图

在超高路段上,可在分隔带迎流上侧边缘处设置缘石或泄水口,或者在分隔带内设置缝隙式圆形集水管或碟形混凝土浅沟和泄水口(见图 3-42),以拦截和排泄上侧半幅路面的表面水。缘石过水断面的泄水口可采用开口式、格栅式或组合式;碟形混凝土浅沟的泄水口采用格栅式。

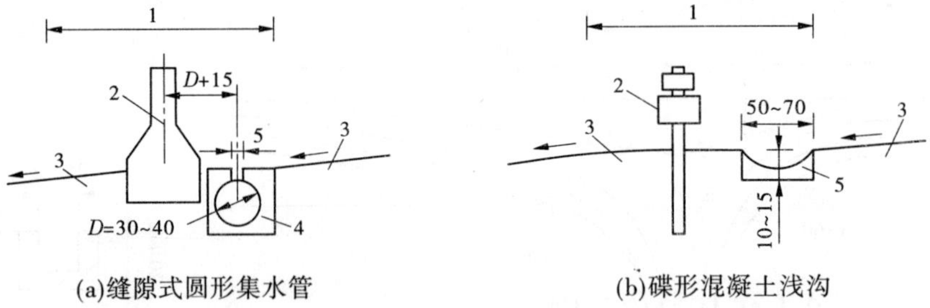

1—中央分隔带;2—缘石;3—超高横坡;4—缝隙式圆形集水管;5—碟形混凝土浅沟

图 3-42　超高路段上设置缝隙式圆形集水管或碟形混凝土浅沟　(单位:cm)

2.2　不设铺面且未采用表面排水的中央分隔带

降雨量较大的地区,降雨渗入后不能及时排除,会造成路基土含水量过大等不利影响,降低路基路面承载能力,因此中央分隔带内应设置完善的防排水设施。

对中央分隔带较窄(<3 m)且表面未采用铺面(表面种植绿化)封闭的中央分隔带,为排除渗入分隔带内的表面水,分隔带内部宜设置由防水层、纵向排水渗沟、集水槽和横向排水管等组成的防排水系统,由纵向排水渗沟汇集地下水,并隔一段距离通过横向排水管将渗沟内的水排出路外,如图 3-43 所示。

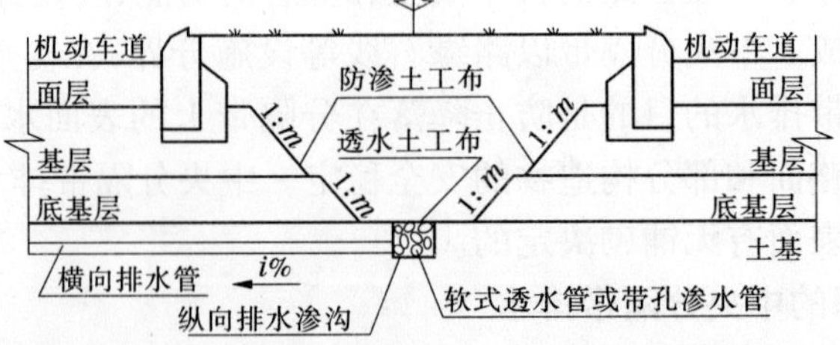

图 3-43　不设铺面中央分隔带防排水系统示意图

宽度大于 3 m 的中央分隔带表面宜设置成浅碟形,横坡度宜为 1:4 ~ 1:6 ,通过内倾的横向坡度使分隔带的表面水汇集在分隔带中间排水沟中，并通过纵坡排流到泄水口或横穿路界的桥涵水道中。

3　路面内部排水

路面内部排水的目的是排除滞留在路面结构层内（接缝、裂隙、空隙、路基、路肩渗入）的水分，包括路面边缘排水系统、排水基层和排水面层三种形式。以下几种情况应设置路面内部排水系统：

（1）多雨或严重冰冻地区，路基由透水性差的细粒土组成，且处于潮湿路段的二级及二级以上公路。

（2）路基两侧有滞水，可能渗入路面结构内的路段。

（3）需要排除积滞在路面结构内水分的路面改建工程。

3.1　路面边缘排水系统

路面边缘排水系统是由沿路面边缘设置的透水性填料集水沟、纵向排水管、横向出水管和反滤织物（土工布）所组成的，如图3-44所示。该系统是将渗入路面结构内的自由水，先沿路面结构层内空隙或某一透水层横向流入纵向集水沟和排水管，再由横向出水管引排出路基。

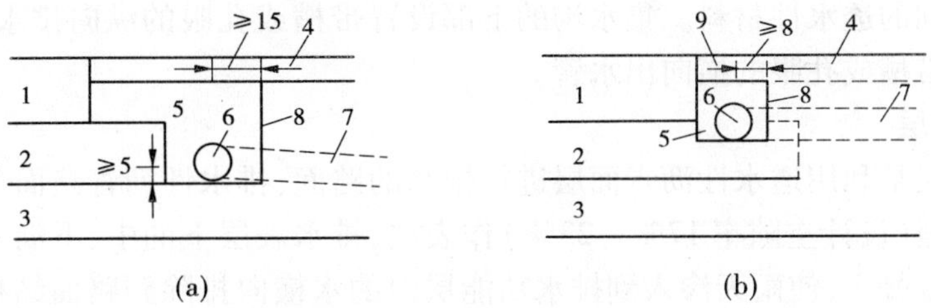

1　面层，2　基层，3　垫层，4　路肩面层，5　集水沟，6　排水管，7　出水管，8　反滤织物，9　回填路肩面层

图3-44　路面边缘排水系统　（单位：cm）

集水沟底面的最小宽度，对于新建路面不应小于30 cm；对于改建路面应能保证排水管两侧各有至少5 cm宽的透水性填料。透水性填料底面和外侧围以反滤织物（土工布），以防止路面垫层、基层及路肩内的细料侵入而堵塞填料空隙或管孔。反滤织物可选用由聚酯类、丙烯材料制成的无机纺织物。

纵向排水管通常选用聚氯乙烯或聚乙烯塑料管（带孔口或槽口），排水管的埋置深度，应保证不被车辆或施工机械压裂，并应低于当地冰冻深度。在非冰冻地区，新建路面时，排水管管底通常与基底底面齐平；改建路面时，管中心应低于基层顶面。排水管的纵坡应与路线纵坡相同，不得小于0.25%。

横向出水管选用不带槽或孔的聚氯乙烯或聚乙烯塑料管，出水管的横坡度不宜小于5%。出水管的外露断头用镀锌铁丝网或格栅罩住。出水口的下方应铺设水泥混凝土防冲刷垫板，或者对泄水道的坡面进行浆砌片石防护，以防止水流冲刷路基边坡和植物生长。

3.2　排水基层

排水基层是直接在面层下设置透水性排水基层，在其边缘设置纵向集水沟，然后由横向出水管将水排出到路基之外，如图 3-45 所示。

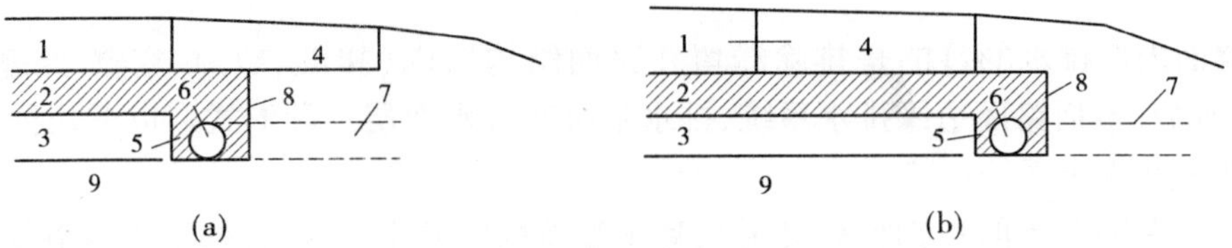

1—面层；2—排水基层；3—不透水垫层；4—路肩面层；5—集水沟；
6—排水管；7—出水管；8—反滤织物；9—路基

图 3-45　排水基层排水系统

排水基层由水泥或沥青处治不含或含少量粒径 4.75 mm 以下细料的开级配碎石集料组成，或由未经结合料处治的开级配集料组成。基层厚度一般为 8 ~ 15 cm，最小厚度不得小于 6 cm（碎石经沥青处治）或 8 cm（碎石经水泥处治）。其宽度应视面层施工的需要，可超出面层宽度的 30 ~ 90 cm。

纵向集水沟可设在面层边缘外侧、路肩下或路肩边缘外侧。集水沟中的填料采用与排水基层相同的透水性材料。集水沟的下部设置带槽或孔眼的纵向排水管，并间隔适当距离设置不带槽或孔眼的横向出水管。

3.3　排水面层

排水面层是利用透水性沥青面层进行排水的路面，排水性沥青路面采用大空隙开级配沥青混合料（设计空隙率 17% ~ 23%）作表层，排水表层下的中、下沥青面层必须采用密实型沥青混凝土，使雨天渗入到排水功能层内的水横向排除到路面结构以外。排水性沥青面层能够在混合料内部形成排水通道，其实质为单一粒径碎石按照嵌挤机理形成骨架 - 空隙结构的开级配沥青混合料，是一种高性能、高品质的高等级公路路面结构类型。

排水性沥青面层结构如图 3-46 所示。

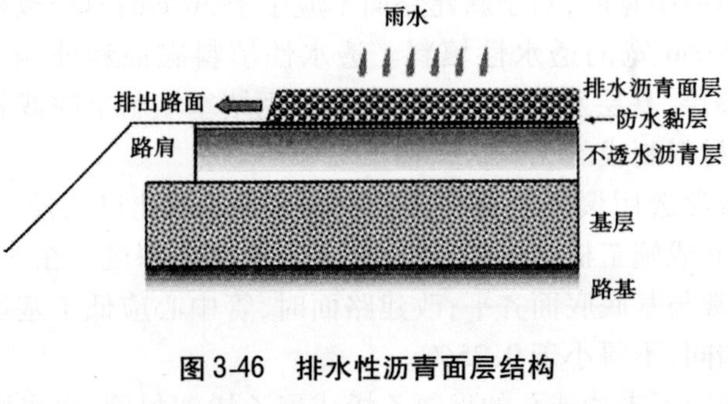

图 3-46　排水性沥青面层结构

课后训练

一、选择题

1. 属于公路路面排水设施的是(　　)。

A. 边沟　　B. 截水沟

C. 排水沟　　D. 路肩排水设施

2. 用于公路路面表面排水的设施包括(　　)。

A. 泄水口　　B. 急流槽

C. 渗沟　　D. 拦水带

3. 属于路面内部排水的设施有(　　)。

A. 路面边缘排水系统　　B. 排水面层

C. 排水基层　　D. 碟形混凝土浅沟

二、简答题

1. 路面表面排水主要有哪些措施?

2. 中央分隔带排水有哪几种情况?

3. 路面内部排水的主要方法有哪些?

单元小结

路面是道路的重要组成部分,是在路基的顶部用各种材料或混合料分层铺筑的供车辆行驶的一种层状结构物。路面的性能影响行车速度、安全、舒适性和运输成本,因此认真组织、严格施工,使路面在设计使用年限内具有良好的使用性能,具有重要的意义。

路面施工包括垫层、基层(底基层)和面层的施工。本单元根据公路工程路面施工过程,介绍了路面基层、面层的材料要求;重点介绍了半刚性基层、粒料类基层、沥青稳定基层的施工技术,以及沥青路面、水泥混凝土路面的施工技术;介绍了路面排水施工技术。培养学生掌握路面工程施工的基本程序、工艺和方法,具备编制路面施工基本文件和路面施工资料的能力,具备从事公路路面施工现场管理的能力。

部分课后训练参考答案

学习单元2

任务2

二、单选题

1. D　2. C　3. D　4. A　5. C　6. C　7. C　8. C　9. B　10. B

三、多选题

1. ABC　2. AC　3. ABC　4. AD　5. AB

五、案例分析

1. 地面横坡陡于1∶5时，原地面应挖成台阶（台阶宽度不小于1 m），并用小型夯实机加以夯实。填筑应由最低一层台阶填起，并分层夯实，然后逐台向上填筑，分层夯实，所有台阶填完之后，即可按一般填土进行。

2. 该工程未能有效控制压实质量。因为根据选择的填料和压实机具，应该分三层或四层碾压。

3. 不符合工序检查的要求。因为分层碾压时，每一压实层都要进行相关检测。

4. 不能认定合格，因为存在漏项，漏了压实度和弯沉值。

任务3

二、选择题

1. B　2. A　3. BC　4. ABD　5. BCD　6. C

四、案例分析

1. 采用“方格型”布置，按水平方向控制炮杆位置错误。

应改为：采用“一字型”布置，按边坡坡度控制炮杆位置。

2. 不恰当。因为除考虑《爆破安全规程》（GB 6722—2011）中露天爆破安全距离不得小于200 m外，还应考虑个别飞散物影响，地震波、空气冲击波的影响，经计算后再确定安全距离。

3. 工作天数 = 140 000/（2 × 720）= 97.2（d）≈ 98 d。

4. 实测项目还有压实度、平整度、边坡坡度、边坡平顺度。

任务 4

二、多选题

1. BCE 2. BC 3. AD 4. ABD 5. BC 6. ABD

四、案例分析

1. 不合理。原因有:软基深度较深、面积大(工程经济性较差)。地表无常年积水、土质呈软塑—可塑状态(施工速度慢)。

2. 砂井施工工艺的先后顺序为:整平原地面—机具定位—桩管沉入—加料压实—拔管。

任务 5

二、单选题

1. D 2. B 3. A 4. D 5. A

任务 6

一、选择题

1. D 2. BC 3. ABCD 4. B 5. C 6. D 7. A 8. B

任务 7

一、选择题

1. ABC 2. ABD 3. AC 4. BD

三、案例分析

1. 第 1 条和第 2 条是针对雨期施工提出的措施,第 3 条和第 4 条是针对冬期施工提出的措施。

2. 施工方技术员提出的针对雨期施工措施合理,针对冬期施工提出的措施不合理,因为该工程不属于冬期施工范畴。

3. 其他措施:

(1)雨期路堤施工地段除施工车辆外,应严格控制其他车辆在施工场地通行。

(2)保持场地不积水,如原地面松软,应采取换填措施。

(3)当天填筑的土层应当天完成压实。

学习单元 3

任务 1

一、选择题

1. BC 2. AD 3. D 4. A

任务 2

二、多选题

1. ABCD　2. BC　3. BCD　4. ABCD　5. AC　6. AB　7. AB　8. AC　9. B
10. BCD

四、案例分析

1. 不正确。应该是按②→①→③→④→⑤→⑦→⑧→⑥的顺序进行施工。

2. 纵缝严禁斜接，纵缝必须垂直相接。路幅较宽一台摊铺机不够宽时，为了避免形成纵缝，宜采用两台摊铺机一前一后相隔 5 ~ 10 m，同步梯队向前摊铺，并同时碾压。

任务 3

一、单选题

1. A　2. B　3. A　4. C　5. D　6. B　7. C　8. D　9. A

二、多选题

1. AB　2. BC　3. AB　4. CD　5. BCD　6. ABD

五、案例分析

1. 沥青路面透层的作用：为使沥青面层与非沥青面层材料基层结合良好，在基层上浇洒乳化沥青、液体沥青而形成的透入基层表面的薄层。

沥青路面粘层的作用：使上下层沥青结构层或沥青结构层与结构物完全黏结成一个整体。

沥青路面封层的作用：一是封闭某一层起着保水防水作用；二是起基层与沥青表面层之间的过渡和有效连接作用；三是路的某一层表面破坏离析松散处的加固补强；四是基层在沥青面层铺筑前，要临时开放交通，防止其因天气或车辆作用而破坏。

2. 施工不正确。施工透层沥青时，应注意以下事项：

(1) 如遇大风或将要下雨，不能喷洒透层油。

(2) 气温不低于 10 ℃时不宜喷洒透层油。

(3) 应按设计喷油量一次均匀洒布，当有漏洒时，应人工补洒。

(4) 透层油补洒后应待充分渗透，一般不少于 24 h 后才能摊铺上层，但也不能在透层油喷洒后很久不做上层施工，应尽早施工。

错误做法一：施工透层沥青时，工地现场连续 3 d 下起了大雨，第 4 天上午雨量变小后，项目部决定开始浇洒透层沥青。

正确做法：应晴天浇洒，避开大风天和雨天。

错误做法二：上午浇洒透层沥青，下午随即摊铺上层。

正确做法：透层油布洒后应待充分渗透，一般不少于 24 h 后才能摊铺上层。

3. 沥青混凝土路面施工中质量控制关键点：①基层强度、平整度、高程的检查与控制；②沥青混凝土材料的检查与试验；③集料的级配、混凝土配合比设计和试件的试验；④路面施工机械设备配置与组合；⑤沥青混凝土的摊铺厚度控制和摊铺中的离析控制；⑥沥青混凝土的运输和温度控制；⑦沥青混凝土的碾压与接缝施工。

任务4

二、选择题

1. ABC　2. AB　3. AD　4. AC　5. AB　6. CD　7. ACD　8. A

四、案例分析

1. 不正确。

2. 摊铺完毕或精整平表面后，宜使用钢支架拖挂1～3层叠合麻布、帆布或棉布，洒水湿润后做拉毛处理。人工修整表面时，宜使用木抹。用钢抹修整过的光面，必须再做拉毛处理，以恢复细观抗滑构造。当日施工进度超过500 m时，抗滑沟槽制作宜选用拉毛机械施工，没有拉毛机时，可采用人工拉槽方式。特重和重交通混凝土路面宜采用硬刻槽，凡使用圆盘、叶片式抹面机精平后的混凝土路面、钢纤维混凝土路面必须采用硬刻槽方式制作抗滑沟槽。

3. 弯拉强度，板厚度，平整度，抗滑构造深度，相邻板高差，纵、横缝顺直度，中线平面偏位，路面宽度。

任务5

一、选择题

1. D　2. ABD　3. ABC

参考文献

[1] 中华人民共和国交通部. JTG C10—2007 公路勘测规范[S]. 北京:人民交通出版社,2007.
[2] 中华人民共和国交通部. JTG B01—2014 公路工程技术标准[S]. 北京:人民交通出版社,2014.
[3] 中华人民共和国交通部. JTJ 034—2000 公路路面基层施工技术规范[S]. 北京:人民交通出版社,2000.
[4] 中华人民共和国交通部. JTG F40—2004 公路沥青路面施工技术规范[S]. 北京:人民交通出版社,2004.
[5] 中华人民共和国交通部. JTG E60—2008 公路路基路面现场测试规程[S]. 北京:人民交通出版社,2008.
[6] 中华人民共和国交通部. JTG F80/1—2004 公路工程质量检验评定标准[S]. 北京:人民交通出版社,2004.
[7] 中华人民共和国交通部. JTG D50—2006 公路沥青路面设计规范[S]. 北京:人民交通出版社,2004.
[8] 中华人民共和国交通部. JTG E04 - 2007 公路土工试验规程[S]. 北京:人民交通出版社,2007.
[9] 中华人民共和国交通部. JTG F30—2003 公路水泥混凝土路面施工技术规范[S]. 北京:人民交通出版社,2003.
[10] 中华人民共和国交通部. JTG D40—2002 公路水泥混凝土路面设计规范[S]. 北京:人民交通出版社,2002.
[11] 中国工程建设标准化协会公路工程委员会. SHC F40-01—2002 公路沥青玛瑞脂碎石路面技术指南[S] . 北京:人民交通出版社,2002.
[12] 文德云. 路基路面施工技术[M]. 北京:人民交通出版社,2006.
[13] 俞高明,杨仲元. 公路施工技术[M]. 2 版. 北京:人民交通出版社,2009.
[14] 务新超. 公路施工组织设计与管理[M]. 北京:高等教育出版社,2010.
[15] 全国一级建造师执业资格考试用书编写委员会. 公路工程管理与实务[M]. 3 版. 北京:中国建筑工业出版社,2014.
[16] 吴继锋,谭建领. 路桥工程施工技术[M]. 郑州:黄河水利出版社,2008.
[17] 贾晓敏. 公路施工技术[M]. 武汉:武汉理工大学出版社,2006 .
[18] 栗振峰. 路基路面工程[M]. 北京:人民交通出版社,2005.
[19] 王秉纲,张起森. 公路施工手册[M]. 北京:人民交通出版社,2008.
[20] 田国峰. 路基路面工程[M]. 郑州:黄河水利出版社,2014.
[21] 中华人民共和国住房和城乡建设部. JGJ/T 221—2010 纤维混凝土应用技术规程[S]. 北京:中国建筑工业出版社,2010.